図解で早わかり

最新
労働法の
しくみと実務

弁護士
森 公任[監修]

三修社

本書に関するお問い合わせについて
　本書の記述の正誤、内容に関するお問い合わせは、お手数ですが、小社あてに郵便・ファックス・メールでお願いします。お電話でのお問い合わせはお受けしておりません。内容によっては、ご質問をお受けしてから回答をご送付するまでに１週間から２週間程度を要する場合があります。
　なお、本書でとりあげていない事項や個別の案件についてのご相談、監修者紹介の可否については回答をさせていただくことができません。あらかじめご了承ください。

はじめに

　労働者の働き方について規定する様々な法律・命令・通達などを総称して「労働法」といいます。中でも、労働者の「賃金、就業時間、休息その他の勤労条件に関する基準」(憲法27条2項)について規定し、わが国の労働法の根幹となる法律が「労働基準法」です。

　労働法は、労働者が生活と健康を守りながら仕事をすることを保障するという重要な役割を果たしています。労働者は、自分の身を守るために、最低限の労働関係のルールを理解しておく必要があります。

　一方で、労働法を遵守していれば、使用者は加害者にならずにすみますし、労働者が法の範囲を超えた要求をしてくる場合には、それを抑制することもできます。労働法は、使用者側（管理者）にとっても大切な法律だといえます。

　本書は、労働基準法を中心に、労働者や企業の管理者が知っておくべき労働法の全体像について平易に解説した入門書です。

　労働基準法、労働契約法、労働組合法などの法律や労働協約、労使協定、就業規則などの基本事項から、募集・採用・労働契約、労働時間、賃金、休日・休暇・休業、退職、解雇の問題まで、重要事項を網羅的に取り上げています。また、パートタイマー、労働者派遣、外国人労働者などの非正規社員をめぐる法律問題や、在宅勤務、副業などの新しい働き方、安全衛生管理、ハラスメント、労災、配置転換、出向、労働基準監督署の調査なども取り上げています。

　なお、働き方改革法、労働基準法をはじめ、男女雇用機会均等法、育児・介護休業法、高齢者雇用安定法、入管法、パワハラ防止法、労働者災害補償保険法など、近年の重要な法改正についてもフォローして、わかりやすく説明することを心がけています。

　本書をご活用いただき、皆様のお役に立てていただければ、監修者として幸いです。

監修者　弁護士　森　公任

CONTENTS

はじめに

PART 1　労働法の全体像

1　労働法とは	10
2　働き方改革法	12
3　労働基準法	14
4　労働者と使用者の関係	18
5　労働契約法	20
6　労働法と就業規則の関係	22
7　労働組合	24
8　労働協約と労使協定	26
9　就業規則の作成・変更	28
10　労働安全衛生法	30
Column　トラブル解決に役立つ手続き	34

PART 2　募集・採用・労働契約

1　労働契約を締結するときの注意点	36
2　従業員の採用	38
3　契約期間の定め	40
4　試用期間	42
5　不採用や内定取消をめぐる問題点	46

6	男女雇用機会均等法	50
Column	トランスジェンダーをめぐる法律問題	54

PART 3　非正規雇用

1	短時間・地域限定正社員制度	56
2	パートタイマーを雇う際の注意点	58
3	パートタイマーの採用手続き	62
4	パートタイマーの雇止めと無期転換ルール	66
5	パートタイマーの待遇確保	70
6	高年齢者雇用安定法と継続雇用制度	74
7	外国人雇用	78
8	労働者派遣のしくみ	84
9	派遣契約の締結と解除	86
Column	フリーランス新法	88

PART 4　労働時間

1	労働時間のルールと管理	90
2	社員の勤怠管理	92
3	労働時間・休憩・休日の規定の適用除外	94
4	勤務間インターバル制度	96
5	変形労働時間制	98

6	1か月単位の変形労働時間制	100
7	1年単位の変形労働時間制	104
8	1週間単位の非定型的変形労働時間制	108
9	フレックスタイム制度	110
10	事業場外みなし労働時間制	114
11	専門業務型裁量労働制	118
12	企画業務型裁量労働制	122
13	特定高度専門業務・成果型労働制	126
14	妊娠中、産前産後の保護制度	128
15	子育て期間中の労働時間の配慮	130
Column	年少者の労働時間	134

PART 5　賃　金

1	賃　金	136
2	平均賃金	140
3	割増賃金	142
4	三六協定①	144
5	三六協定②	148
7	固定残業手当	150
8	年俸制	152
9	欠勤・遅刻・早退の場合の取扱い	154
Column	賃金の出来高払い制	156

PART 6　休日・休暇・休業

1	休日と休暇	158
2	振替休日と代休	160
3	年次有給休暇	162
4	休職	166
5	休業手当	168
6	育児休業	170
7	介護休業	174
Column	介護休暇とは	176

PART 7　退職・解雇・懲戒処分

1	退職・解雇	178
2	普通解雇・懲戒解雇・整理解雇	180
3	懲戒処分の種類と制約	184
4	内部告発	186
Column	解雇・退職に関する書面	190

PART 8　在宅勤務・副業などの新しい働き方

1	テレワーク勤務の必要性	192
2	テレワークの適切な導入及び実施の推進のためのガイドラインの概要	196
3	在宅勤務の導入手順	202
4	副業・兼業	206

5	副業・兼業の促進に関するガイドラインの概要	210
6	労働時間のルールと管理の原則	212
7	労働時間の通算	216
8	副業と労災保険	218
9	副業と雇用保険・社会保険	220
10	テレワーク・副業の場合の機密情報管理	222
Column	勤務時間中に副業をしている労働者への対処法	226

PART 9　安全衛生管理・ハラスメント・労災

1	安全衛生管理	228
2	ストレスチェック	230
3	セクシュアル・ハラスメント	232
4	マタニティ・ハラスメント	236
5	パワハラ防止法（労働施策総合推進法）	238
6	労災保険制度	242
7	過労死・過労自殺	244
Column	労働審判	246

PART 10　配転・出向・労基署調査

1	配置転換と転勤	248
2	出向	252
3	労働基準監督署の調査	254

PART 1

労働法の全体像

PART1 1 労働法とは

労働法の全体像

従業員にとっても経営者にとっても大切な法律である

労働法の役割
労働法は、労働者が生活と健康を守りながら仕事をすることを保障するという重要な役割を果たしている。

■ 労働基準法などの法律がある

労働者の働き方について定めているルールが労働法です。労働基準法など、多数の法律と命令、通達などの総称です。主な労働関係の法律には以下のものがあります。

① **労働基準法**

労働関係の法律の中でも根幹に位置する重要な法律です。個々の労働者の保護を目的に、法定労働時間や法定休日、年次有給休暇（年休）などの労働条件についての最低基準を定めています。平成30年（2018年）成立の労働基準法改正により、時間外労働の上限規制（148ページ）や高度プロフェッショナル制度などが導入されました（126ページ）。

② **労働契約法**

労働者と使用者が労働契約を結ぶ上で守らなければならないルールが定められています。自主的な交渉に基づく合意により労働契約を結ぶことを原則としていますが、有期雇用の労働者が同一の職場で継続して5年を超えて働くと、労働者が申し込むことで無期雇用に転換可能です（無期転換ルール）。

③ **労働安全衛生法**

労働者の安全と健康の確保と、快適な職場環境の形成を目的とする法律です。企業は、労働者のメンタルヘルス対策や職場復帰の支援にも取り組む必要があります。

④ **育児・介護休業法（育児休業、介護休業等育児又は家族介護を行う労働者の福祉に関する法律）**

育児や介護を行う労働者に対する、育児休業・介護休業や働

労働法の全体像

- 労働法
  - 労働条件の基準などについて規定する法律 — 労働基準法、パートタイム・有期雇用労働法、最低賃金法、男女雇用機会均等法、育児・介護休業法など
  - 雇用の確保・安定を目的とする法律 — 労働者派遣法、雇用対策法(注)、職業安定法、高年齢者雇用安定法など
  - 労働保険・社会保険に関する法律 — 労災保険法、雇用保険法、健康保険法、厚生年金保険法など
  - 労働契約・労使関係を規定する法律 — 労働契約法、労働組合法、労働関係調整法など

(注) 平成30年成立の法改正(働き方改革)により、正式名称が「労働施策の総合的な推進並びに労働者の雇用の安定及び職業生活の充実等に関する法律」に変わりました。

き方に関するさまざまな配慮をした規定が設けられています。

⑤ **男女雇用機会均等法（雇用の分野における男女の均等な機会及び待遇の確保等に関する法律）**

募集・採用から退職・解雇に至るすべての過程で、労働者の性別を理由に賃金や昇進などで差別することを禁じた法律です。

⑥ **パートタイム・有期雇用労働法（短時間労働者及び有期雇用労働者の雇用管理の改善等に関する法律）**

短時間労働者や有期雇用労働者の役割の重要性を考慮して、正社員に代表されるフルタイムの無期雇用労働者との均衡のとれた待遇を確保することを目的とした法律です。平成30年成立のパートタイム労働法改正で、短時間労働者に加えて有期雇用労働者も適用対象に含めました。

⑦ **高年齢者雇用安定法**

この法律により、企業は原則として希望者全員を65歳まで継続雇用することが義務付けられています。

> **法律名の変更**
> 平成30年成立のパートタイム労働法（短時間労働者の雇用管理の改善等に関する法律）改正で、法律名が現在の「パートタイム・有期雇用労働法（短時間労働者及び有期雇用労働者の雇用管理の改善等に関する法律）」に変更された。

PART1 2 働き方改革法

労働法の全体像

長時間労働の是正や多様な雇用形態を実現するための改正

■ 働き方改革法とは

　平成30年（2018年）6月に「働き方改革を推進するための関係法律の整備に関する法律」（働き方改革法）が成立し、順次施行されました。働き方改革法には、①働き方改革の総合的で継続的な推進（平成30年7月6日施行）、②長時間労働の是正と多様で柔軟な働き方の実現（原則として平成31年4月1日施行）、③雇用形態にかかわらない公正な待遇の確保（原則として令和2年4月1日施行）という3つの主な目的があります。会社側としては、②に関連して長時間労働の是正と多様な働き方の実現や、③に関連して労働者の公正な待遇の確保に向けた労働環境の整備に取り組まなければなりません。

　まず、②に掲げた「長時間労働の是正と多様な働き方の実現」については、労働基準法の改正をはじめとする労働時間に関する制度の見直し、労働時間等設定改善法の改正による勤務間インターバル制度の普及促進、労働安全衛生法の改正による産業医などの機能の強化を中心とした改正が行われました。

　このうち、労働時間に関する制度の見直しについては、法定労働時間を超える時間外労働について、原則として1か月45時間、1年360時間という上限が明記されるとともに、長時間労働を抑制するためのさまざまな上限規制が設けられました。

　また、働き方改革の目玉のひとつとして「特定高度専門業務・成果型労働制（高度プロフェッショナル制度）」が新設されました。この制度は、高度で専門的な業務を担う高年収（年収1,075万円以上）の労働者について、所定の要件を満たす場合

総合的で継続的な推進

働き方改革法では、異なる事情を抱えた労働者の個々の事情に応じた雇用の安定や職業生活の充実を確保し、その結果として労働生産性を向上させるとともに、労働者の能力が十分に発揮できるように、国の講じるべき措置や会社側の責務などが明らかにされた。
具体的に、国は、労働時間の短縮をはじめとする労働条件の改善や、異なる雇用形態をとる労働者間の不均衡の改善、多様な雇用形態の実現を通じて、労働者の生活と仕事の両立を支える義務を負う。

公正な待遇の確保

短時間労働者、有期雇用労働者、派遣労働者について、正規雇用労働者（正社員など）と異なる労働条件で雇用する場合（待遇差がある場合）に、使用者が、労働者に対して、異なる労働条件を採用する理由を説明する義務が明記された。

働き方改革の全体像と主な内容

① 働き方改革の総合的・継続的な推進（施行：平成30年7月6日）

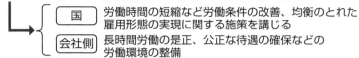

　国：労働時間の短縮など労働条件の改善、均衡のとれた雇用形態の実現に関する施策を講じる
　会社側：長時間労働の是正、公正な待遇の確保などの労働環境の整備

② 長時間労働の是正と多様な働き方の実現（施行：原則平成31年4月1日）

労働時間に関する制度の見直し
・時間外労働の上限規制を明文化 ⇒ 月45時間・年360時間（原則）
・特定高度専門業務・成果型労働制（高度プロフェッショナル制度）の新設
　⇒一定の年収（1,075万円以上）の専門的な知識が必要な業務に就く労働者について、労働時間、休日、深夜労働に対する割増賃金などの規定を適用しない

勤務間インターバル制度の普及促進
⇒事業主が勤務間インターバルの確保に努める義務を負う

産業医などの機能の強化
⇒事業者は、産業医に関する報告義務や、産業医に対する情報提供義務などを負う

③ 雇用形態にかかわらない公正な待遇の確保（施行：原則令和2年4月1日）
　⇒あらゆる雇用形態における、不合理な待遇を禁止する
・短時間労働者と有期雇用労働者が一体的に保護されることになった

に、労働時間や休日、深夜労働の割増賃金などに関する規定を適用せず、職種の特性に適した多様な働き方を認める制度です。

次に、③に掲げた「雇用形態にかかわらない公正な待遇の確保」については、パートタイム・有期雇用労働法、労働契約法、労働者派遣法などに、あらゆる雇用形態において、不合理な待遇を禁止する規定などが整備されました。

特にパートタイム労働法の改正（これによりパートタイム・有期雇用労働法へと改称）で、短時間労働者と有期雇用労働者の雇用管理が一体化された点が重要です。正規雇用労働者（正社員など）との間の不合理な待遇差の禁止や、個々の待遇を決定する際に職務内容の性質・内容を考慮することなどが明確化されました。

PART1 3 労働基準法

労働法の全体像

労働条件の最低条件を定めている

憲法上の規定
憲法27条2項は、「賃金、就業時間、休息その他の勤労条件に関する基準は、法律でこれを定める」と規定しており、この憲法の規定を具体化した法律が労働基準法である。

労働基準法の性質
使用者が労働基準法の定めに違反して労働者を働かせた場合、その使用者は刑罰の対象になるとしている点で、労働基準法は刑罰法規としての性質を持っている。

労働基準法上の「労働者」
労働基準法上の「労働者」とは、職業の種類を問わず、事業または事務所に使用される者で、賃金を支払われる者を指すので、正社員ばかりではなく、アルバイトやパートタイマー等のあらゆる従業員に労働基準法が適用される。

■ どんな法律なのか

労働基準法は、労働条件に関するもっとも基本的なルールであり、労働者が人間らしい生活を営むことができるように、労働条件の最低基準を定めた法律です。労働組合法、労働関係調整法とともに「労働三法」と呼ばれます。

そして、労働基準法の定める最低基準に達しない労働条件を定めた労働契約（雇用契約）、就業規則、労働協約は無効であり、無効となった部分は労働基準法が定める最低基準がそれらの内容になります。

■ どんなことを規定しているのか

労働基準法は、労働条件の最低基準を示すために、労働者にとって重要な①労働条件、②解雇、③賃金、④労働時間、⑤休日等に関する事項についてルールを定めています。

まず、①労働条件について、使用者が労働者の国籍、信条、社会的身分を理由に、労働条件について差別的に取り扱うことを禁じています（均等待遇の原則）。あわせて、特に性別に関して男女同一賃金の原則を規定しています。

次に、②解雇に関して、労働者が業務上傷病（負傷・疾病）にかかり療養のために休業する期間または女性労働者の産前産後休業中の期間や、それらの後の30日間の解雇を原則として禁止しています。一方、解雇をする際には、少なくとも30日前に解雇予告を行い、解雇予告をしない場合は、原則として30日分以上の平均賃金を支払わなければなりません。

労働基準法の規定内容

労働基準法 → 労働条件の最低基準を定めた法律

① 労働条件に関するルール
② 解雇に関するルール
③ 賃金に関するルール
④ 労働時間に関するルール
⑤ 休日等に関するルール

③賃金については、通貨払の原則、直接払の原則、全額払の原則、毎月1回以上定期日払の原則という基本原則があります。

④労働時間については、三六協定がないのに、労働者を1週40時間・1日8時間という法定労働時間を超えて働かせることを原則禁止しています。

⑤休日等については、使用者は、労働者に毎週最低でも1回の休日を与えなければなりません（週休制の原則）。ただし、この原則には4週につき4日以上の休日を与えればよい（変形週休制）という例外もあります。

■ 懲役が科される可能性もある

労働基準法の各条項の責任主体としての「使用者」（事業主のために行為をするすべての者が該当します）が、労働基準法で定めるルールに違反すると、違反行為者には罰則が科せられます。労働者も事業主のために行動するときは「使用者」に該当し、労働基準法に違反すると罰則が適用されます。

労働基準法で最も重い罰則が科されるのは、労働者の意思に反して労働を強制した場合です。労働者に強制労働をさせた者には、1年以上10年以下の懲役または20万円以上300万円以下の罰金が科されます。

労働契約の効力

労働契約について、労働契約、就業規則、労働協約の内容に食い違いがある場合は、「労働協約→就業規則→労働契約」の順に効力が判断される。
もっとも、これら3つの最高位に労働基準法が位置付けられており、労働基準法が労働者の権利を守る最後の砦としての役割を果たしている。

懲役の廃止と拘禁刑の創設

刑罰のうち懲役と禁錮を一本化して拘禁刑を創設する刑法改正が令和7年6月に施行される。

時間外労働については、三六協定がないにもかかわらず、法定労働時間を超えて労働させた者には、6か月以下の懲役または30万円以下の罰金が科されます。また、変形労働時間制についての労使協定の届出をしなかった者には、30万円以下の罰金が科されます。

■ 会社も罰せられる場合もある

罰則は行為者自身にしか科さないのが原則ですが、労働基準法は、違反した行為者に加え、行為者が所属する事業主（会社）にも罰金を科すとしています（会社は生身の人間でないので懲役は科されません）。このように違反行為者と事業主の両者に罰則を科するという規定を両罰規定といいます。

ただし、会社の代表者などが違反防止に必要な措置をしていれば、事業主は罰則の適用を免れます。しかし、①違反の計画を知りその防止に必要な措置を講じなかった場合、②違反行為を知りその是正に必要な措置を講じなかった場合、③違反をそそのかした場合は、事業主も罰せられます。

■ 付加金の支払い

付加金とは、労働基準法で定める解雇予告手当、休業手当、割増賃金、年次有給休暇中の賃金を支払わない使用者に対して、裁判所が支払いを命じる金銭のことです。裁判所は、これらを支払わない使用者に対し、労働者の請求によって、これらの未払金の他、未払金と同額の付加金の支払いを命じることができます。付加金の請求権は、通常の賃金請求権と同じく、違反行為時から5年（当面の間は3年）で時効消滅します。

なお、使用者の付加金支払義務は、裁判所が支払命令をした時にはじめて発生するので、労働者が付加金支払命令前に使用者から未払金を受け取ると、裁判所は付加金支払命令ができなくなると考えられています。

労働基準法と刑罰法規
労働基準法には、本文記載のように刑罰法規が規定されている。したがって、罪刑法定主義（犯罪行為とその犯罪行為に対する刑罰は、あらかじめ法律で定めておかなければならないとする原則）などの刑法の基本原則が労働基準法にも妥当する。

賃金に関する規定
労働基準法は「賃金」に関して、男女の差別的取扱いを禁止しているにすぎない点には注意が必要である。

主な労働基準法の罰則

1年以上10年以下の懲役又は20万円以上300万円以下の罰金	
強制労働をさせた場合(5条違反)	労働者の意思に反する強制的な労働
1年以下の懲役又は50万円以下の罰金	
中間搾取をした場合(6条違反)	いわゆる賃金ピンハネ
児童を使用した場合(56条違反)	児童とは中学生までをいう
6か月以下の懲役又は30万円以下の罰金	
均等待遇をしない場合(3条違反)	国籍・信条・社会的身分を理由に差別
賃金で男女差別をした場合(4条違反)	性別を理由に賃金を差別
公民権の行使を拒んだ場合(7条違反)	選挙権の行使等の拒絶が該当する
損害賠償額を予定する契約をした場合(16条違反)	実際の賠償自体は問題ない
前借金相殺をした場合(17条違反)	身分拘束の禁止
強制貯蓄させた場合(18条1項違反)	足留め策の禁止
解雇制限期間中に解雇した場合(19条違反)	産前産後の休業中又は業務上傷病の療養中及びその後30日間
予告解雇をしなかった場合(20条違反)	即時解雇の禁止
法定労働時間を守らない場合(32条違反)	三六協定の締結・届出がない等
法定休憩を与えない場合(34条違反)	途中に一斉に自由に
法定休日を与えない場合(35条違反)	所定と法定の休日は異なる
割増賃金を支払わない場合(37条違反)	三六協定の締結・届出と未払いは別
年次有給休暇を与えない場合(39条違反)	年次有給休暇の請求を拒否する
年少者に深夜業をさせた場合(61条違反)	年少者とは18歳未満の者
育児時間を与えなかった場合(67条違反)	育児時間とは1歳未満の子への授乳時間等のこと
災害補償をしなった場合(75～77、79、80条違反)	業務上傷病に対して会社は補償しなければならない
申告した労働者に不利益取扱いをした場合(104条2項違反)	申告とは労働基準監督官などに相談すること
30万円以下の罰金	
労働条件明示義務違反(15条)	
法令や就業規則の周知義務違反(106条)	

PART 1　労働法の全体像

PART1 4 労働者と使用者の関係

労働法の全体像

事業主に雇われていても「使用者」として扱われる場合がある

■ 法律によって違う労働者の定義

労働基準法では「職業の種類を問わず、事業又は事務所に使用される者で、賃金を支払われる者」、労働組合法では「職業の種類を問わず、賃金、給料その他これに準ずる収入によって生活する者」を労働者としています。また、労働契約法では「使用者に使用されて労働し、賃金を支払われる者」を労働者としています。現在会社に勤めていれば、どの法律によっても労働者にあたります。

■ 使用者かどうかの基準

労働基準法の「使用者」は、それに含まれる範囲が広くなっています。労働基準法10条は、使用者を「事業主または事業の経営担当者その他その事業の労働者に関する事項について、事業主のために行為をするすべての者」と定義しています。「使用者」にあたるかどうかは、労働者の権利を左右する立場にあるか否かによって決定され、役職とは直接関係ありません。

■ 管理職は管理監督者と扱われる？

一般に管理職は、労働基準法41条2号の「監督もしくは管理の地位にある者」とされ、これを管理監督者（管理者）といいます。管理監督者には、労働基準法上の労働時間（32条）、休憩（34条）、休日（35条）の規定が適用されないため、通常は時間外手当（割増賃金）の代わりに管理職手当が支給されます。
もっとも、管理監督者といえるかどうかは、形式的な役職の

「労働者」概念の多様性

たとえば、個人事業主の作家が妻を秘書として雇った場合は、「同居の親族のみを使用する事業」として、妻は労働基準法にいう労働者にはあたらない。
ところが、作家という使用者に雇われており、労働契約法の労働者には該当する。

失業中の人の扱い

失業中の者は、労働基準法や労働契約法の労働者にはあたらない。
しかし、労働者の団結権や団体交渉権の保障を目的とする労働組合法の労働者には該当することになる。

使用者の概念が広く設けられた趣旨

本文記載のように、労働基準法が「使用者」の概念を広く設けているのは、労働者の権利を左右する立場にある者に労働基準法上の責任を負わせる趣旨である。

労働者と使用者

使用関係

使用者: 労働契約上の使用者である必要はなく、労働基準法の規制が及ぶ事項について、現実に権限と責任をもつ者を指す

労働者: 職業の種類や名称に関係なく、事業(事業場)に使用されて、賃金の支払を受けているものを指す

名称ではなく、実際の職務内容、責任と権限、勤務態様、待遇がどうであるかといった点を総合的に判断する必要があります。

職務内容・責任と権限については、経営の方針決定に参画する者であるか、または労務管理上の指揮権限を有する者でなければなりません。勤務態様については、出退勤について厳格な規制を受けていないことが要求されます。待遇については、管理監督者として相応しい賃金を受けていることが重要です。

管理監督者であるか否かが争われた有名なケースとして、日本マクドナルドの直営店の店長という立場が、残業代が支払われない管理監督者にあたるのかどうか争われた事件で、店長が管理監督者にあたらないと判断をした裁判例があります(東京地裁平成20年1月28日)。この裁判が社会的に注目を集めたこともあり、厚生労働省は平成20年(2008年)9月9日、小売業や飲食業などのチェーン店で、各店舗の店長が管理監督者に該当するかどうかの判断基準を示す通達を出しました。

この通達では、十分な権限、相応の待遇等が与えられていないのに、チェーン店の店長(管理職)として扱われている事例があることを踏まえて、管理監督者性を否定する要素を挙げています。

労働基準法以外の法律における「使用者」

労働契約法2条1項は、使用者を「その使用する労働者に対して賃金を支払う者」と定義している。また、労働組合法では、集団的労働関係における労働組合と対峙する一方当事者となる労務・人事の担当者を使用者と扱っている。

役職名のみの労働者

「店長」「係長」などの役職にあっても、権限がないまま会社から役職名のみを与えられた者(名ばかり管理職)を管理監督者として扱うのは労働基準法違反である。
管理職が管理監督者ではないと判断された場合は、労働時間・休憩・休日の規制が適用され、会社は、その管理職に対し時間外手当を支払う必要がある。

労働契約法

PART1-5 労働法の全体像

労働契約についての基本的なルールを規定している

■ 労働契約の締結・変更をする際のルール

　労働契約法とは、労働者と使用者との間の労働関係に関する紛争を防止するために、労働者と使用者が結ぶ労働契約（雇用契約）に関する基本的なルールを定めた法律です。

　会社（使用者）は従業員（労働者）を雇用する場合、両者の間で労働契約（雇用契約）が結ばれます。契約は、当事者の合意に基づくものであれば、その内容は自由に決められるのが原則です（契約自由の原則）。しかし、労働者は会社に雇われる立場であることから、一般的に会社に比べて弱い立場に置かれます。このように力関係に差がある使用者と労働者が労働契約を結ぶと、労働者にとって不当に不利な内容となる可能性があります。そこで、適切な内容の労働契約が締結されるように、労働契約法では、労働者と会社との間で労働契約を締結したり、その内容を変更する際に、労働者の権利を保護するための規制を設けています。

　労働契約で定める労働条件の最低基準は、労働基準法が定めています。しかし、最低基準に至っていなくても、労働契約の締結・変更によって定めた労働条件が、労働者にとって不当に不利益であったり、労働者の重要な権利を侵害しているような場合には、労働条件の効力を認めないとするのが労働契約法の役割です。具体的には、就業規則の不利益変更の制限や、出向・懲戒・解雇の制限に関する規定などにあらわれています。

> **契約自由の原則**
> 契約を結ぶかどうかや、契約を結ぶときはその内容などを自由に決定できるとする原則（民法521条）。

労働契約法が定める労働契約の原則

労働契約を結ぶ際のルール
- ❶ 労使間が対等の立場による合意によって労働契約を締結・変更すること
- ❷ 労働契約の締結・変更にあたっては就業実態に応じた均衡を考慮すること
- ❸ 仕事と生活の調和に配慮して、労働契約を締結・変更すること
- ❹ 労働者・使用者は労働契約を遵守して、信義に従い誠実に行動すること
- ❺ 労働契約に基づく権利の行使であっても権利を濫用してはならない

■ 労働契約法の特徴

労働契約についての基本的なルールを明らかにしている労働契約法には、以下のような特徴があります。

・対等な立場での合意を明文化

労働契約法は、労使間の自主的な交渉に基づき、合意によって労働契約が結ばれ、それにより労働関係が決定されることを目的としています。その他、仕事と生活の調和に配慮して労働契約を締結・変更すべきことを求めています。これは「ワークライフバランス」の理念を組み込んだ規定といわれています。

> **ワークライフバランス**
> 仕事と仕事以外の生活（子育てや親の介護など）との調和が図られている状態をあらわす言葉。

・就業規則関係の規定が多い

労働契約は個々の労働者と会社との間で結ぶのが原則ですが、就業規則がある場合、就業規則に記されている労働条件を労働契約の内容とすることができます。その際、労働契約のうち就業規則で定める基準に達しない部分を無効とし、無効となった部分は就業規則で定める基準によることを規定しています。

・出向や有期雇用などについて明文化

会社による出向命令、懲戒処分、解雇が権利濫用として無効とされる場合や、パートタイマーなどの有期雇用の労働者（有期労働者）を解雇する場合のルールが置かれています。

PART1 6 労働法と就業規則の関係

労働法の全体像

法令に反する内容の就業規則は認められない

■ 労働者の労働条件について定めている

就業規則とは、使用者（会社）が定める労働者の待遇、採用、退職、解雇など人事の取扱いや、服務規定、福利厚生その他の内容を定めたルールブックです。

労働者と会社が個別に労働契約で労働条件を定めていたとしても、就業規則を下回る内容の労働契約は無効になり、無効になった部分は就業規則で決めている内容が労働契約の内容になります。もっとも、就業規則に定めればどのような内容の労働条件であっても認められるというわけではなく、就業規則が法令や労働協約に違反する場合には、就業規則に規定されている労働条件についての定めは無効になります。

したがって、労働法（労働関係についての法令）と就業規則は「労働者の労働条件について定めている」という点では共通していますが、会社は、各種労働法の規定に反しないような就業規則を作らなければならないことになります。

■ 就業規則とその他労働条件を定めるルールとの関係

労働者の労働条件を決めるルールとしては、労働基準法などの各種労働法や就業規則以外にも、労働契約、労働協約、労使協定があります。就業規則、労働協約、労働基準法は、労働契約で合意していない部分に関する内容を補充するもので、合意した内容が労働者に不利な場合は、これを変更します。それぞれのルールの内容が食い違っている場合は、「労働基準法≧労働協約≧就業規則≧労働契約」の関係で効力が判断されます。

服務規程
従業員が会社の一員として日常の業務を行っていく上で、遵守すべきルールや、念頭に置くべき倫理や姿勢などについて定めた事項のこと。

労働協約の内容
労働協約は、労働組合法14条によって締結される労働組合と使用者との間の書面による協定のこと。労働協約にどのような内容を定めるかは原則として当事者の自由である。通常、組合員の賃金、労働時間、休日、休暇などの労働条件や労働組合と使用者との関係に関する事項をその内容とする。

労働条件
労働基準法を中心とした法令の制約がある。労働基準法に違反する労働条件は是正しなければならない。労働条件を制約する法令には、労働基準法以外にも、男女雇用機会均等法、最低賃金法などの法律がある。

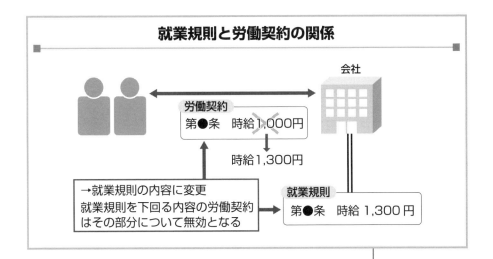

就業規則と労働契約の関係

・労働契約

労働条件の内容は、まず使用者と労働者との間の契約（労働契約）によって決まります。労働契約の内容の大部分は、就業規則や労働協約によって決定されるのが基本ですが、特別な合意をしていれば、この合意が優先します。

・労働協約

労働組合が労働条件を向上させるため、使用者との間で書面により結んだ協定を労働協約といいます。労働協約に違反する労働契約や就業規則は無効となり、無効となった部分は労働協約で決めている内容が労働契約の内容になります。

・労使協定

労使協定とは、事業場の過半数の労働者で組織される労働組合（そのような労働組合がない場合は労働者の過半数を代表する者）と使用者との間で書面により締結する協定です。労働基準法上、時間外労働をさせる場合など、一定の事項について労使協定の締結が要求されており、労使協定の締結（場合によっては届出も必要）によって刑事罰を免れることができます。

労働協約の特徴
団体交渉によって労使間で合意に達した事項を文書化し、労使双方の代表者が署名または記名押印することで効力が生じる。労働協約は労使協定と異なり、労働組合がない場合には締結できない。

労働協約の効力
原則として労働協約の当事者である労働組合の組合員に限られる。ただし、事業場の労働者の4分の3以上が適用される労働協約は、事業場全体の労働者に対し適用される。

労使協定の具体例
三六協定（144ページ）、変形労働時間制に関する協定、年次有給休暇の計画的付与に関する協定など、さまざまな労使協定がある。労使協定には、労働基準監督署への届出が義務付けられているものとそうでないものがある。

PART1 7 労働組合

労働法の全体像

使用者側の利益代表者は組合員になれない

■ 労働者の生活と権利を守るために不可欠な存在

憲法は、労働者が団結する権利（団結権）、労働者がまとまって使用者と交渉する権利（団体交渉権）、労働者がまとまってストライキなどの行動をする権利（団体行動権）を保障しています（憲法28条）。労働者が労働条件について使用者と交渉したり、ストライキなどをするため、自主的に組織する団体が労働組合です。労働組合は、労働者主体の組織でなければならず、労働組合法上の保護を受けるためには、労働組合の内部運営が民主的に行われていることが必要です。

労働組合の中には、労働者の利益ではなく、使用者の利益を代弁するかのような団体（御用組合）もあります。このような労働組合ばかりだと組織率も低下しますが、最近では整理解雇などの際に、労働者が自らの生活を守るため、労働組合に大きな期待を寄せている場合もあります。

そして、管理職のような使用者側の利益を代表する者（利益代表者）が参加すれば、本来使用者に対抗しなければならないはずの労働組合が使用者から干渉されかねません。これでは労働組合の自主性を守ることができませんので、使用者側の利益代表者が参加する団体は、労働組合法上の労働組合としては認められません（労働組合法2条ただし書1号）。

ただし、利益代表者にあたるかどうかは、名目上の役職名だけでなく、実際にどのような権限があるかによって実質的に判断します。

労働基本権
憲法で保障された団結権、団体交渉権、団体行動権をまとめて労働基本権という（憲法28条）。3つの権利を意味するので、労働三権とも呼ばれている。

整理解雇
経営不振による合理化など経営上の理由に伴う人員整理のことで、リストラともいう。

使用者側の利益代表者
取締役・監査役などの役員の他、人事権をもつ者、人事労務の管理者、社長秘書などが利益代表者にあたる。

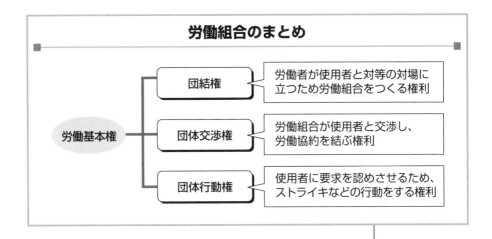

■ 管理職組合も基本的には労働組合と認められる

　管理職である中高年労働者は、企業内労働組合に加入できない場合があります。そのときは、真っ先に「雇用調整」の対象とされ、希望退職募集だけでなく、賃金・賞与の切り下げ、配転、出向、転籍などで不当な扱いを受けることがあります。

　使用者側の利益代表者が参加する労働組合であれば、労働組合法上の労働組合としては認められないため、組合員差別があっても労働委員会へ救済を申し立てて保護を受けることはできないことになります（労働組合法2条、7条、27条）。

　しかし、管理職の労働者だけが参加する労働組合（管理職組合）であっても、管理職の労働者が当然に利益代表者にあたるわけではありません。そのため、管理職組合も基本的には労働組合法上の労働組合にあたると考えることができます。

　たとえば、使用者から「管理職組合は労働組合法上の労働組合ではないから、団体交渉には応じない」（団交拒否）とされた場合に、その管理職組合が労働委員会への救済を申し立てて保護を受けたケースがあります。裁判所は「労働組合に利益代表者が参加していても、使用者が団体交渉を拒否する正当な理由にはならない」と述べていることに注意が必要です。

不当労働行為
労働組合法7条が列挙している、使用者が労働組合やその組合員の正当な活動を不当に侵害する行為のこと。労働組合法上の労働組合やその組合員が、使用者から不当労働行為を受けたときは、労働委員会に対して救済を申し立てることができる。

団交申入れへの使用者側の対応
団交申入れを受けた段階で無視や拒絶をすると、使用者側が負っている誠実交渉義務に違反するとされ、不当労働行為のひとつである「団交拒否」と判断される可能性がある。
労働組合への対応に不安がある場合は、団交申入れのあった段階で労働関係を専門とする弁護士などに相談するとよい。団交申入れ自体は必ず受け入れるようにし、その後の交渉は慎重に行いたい。

PART 1　労働法の全体像

労働協約と労使協定

ともに労働組合と使用者の間で書面により締結される

■ 労働協約

労働組合が労働条件などを向上させるため、使用者との間で書面により結んだ協定を労働協約といいます（労働組合法14条）。

労働協約は、就業規則とは異なり、一般的には労使間の団体交渉によって合意に達した場合に締結されるものであり、労働組合員の労働条件や労使関係における運営上のルールなどを定めるものです。

労働協約の効力が及ぶのは、原則としてその労働協約を締結した労働組合の組合員に限られます。ただし、1つの工場事業場に常時雇用される同種の労働者の4分の3以上の数の労働者がその労働協約の適用を受けるに至ったときは、その事業場に使用される他の同種の労働者に対しても、その労働協約が適用されます（一般的拘束力）。

労働協約は労働基準法などの法令に次ぐ効力があるので、就業規則や労働契約に優先します。そのため、労働協約に反する労働契約や就業規則の労働条件は無効になり、無効とされた部分は労働協約で定めた労働条件が労働契約の内容になります。

■ 労使協定

労使協定とは、事業場の過半数の労働者で組織される労働組合（そのような労働組合がない場合には労働者の過半数を代表する者）と、使用者との間で、書面によって締結される協定のことです。三六協定、変形労働時間制に関する協定、年次有給休暇の計画的付与に関する協定など、さまざまな労使協定があ

労働協約の内容

労働協約にどのような内容を定めるかは、原則として当事者の自由である。主に組合員の賃金、労働時間、休日、休暇などの労働条件に関係する事項や、労働組合と使用者との関係を定めた事項をその内容とする。

三六協定

労働基準法36条に基づく時間外・休日労働に関する協定。144ページ参照。

> **労使協定に代えて労使委員会で決議できる労働基準法上の事項**
>
> ① 1か月単位の変形労働時間制　② フレックスタイム制
> ③ 1年単位の変形労働時間制　④ 1週間単位の非定型的変形労働時間制
> ⑤ 休憩時間の与え方に関する協定　⑥ 時間外・休日労働(三六協定)
> ⑦ 割増賃金の支払いに代えて付与する代替休暇
> ⑧ 事業場外労働のみなし労働時間制
> ⑨ 専門業務型裁量労働制のみなし労働時間
> ⑩ 時間単位の年次有給休暇の付与　⑪ 年次有給休暇の計画的付与
> ⑫ 年次有給休暇に対する標準報酬日額による支払い
> ※「貯蓄金管理」「賃金の一部控除」は、必ず労使協定が必要で、労使委員会の決議による代替ができない。
> ※⑥については、「届出」が効力の発生要件とされている。

りますが、その多くが労働基準法を根拠とするものです。

労使協定には労働基準監督署(所轄労働基準監督署長)への届出義務があるものと、届出義務がないものがあります。

■ 労使委員会とは

労働基準法は、労使間に入って労働条件に関する折衝・協議を進める担当機関として労使委員会の設置を認めています。特に企画業務型裁量労働制や高度プロフェッショナル制度を導入しようとする事業場は、必ず労使委員会を設置しなければなりません。労使委員会は継続的に設置される機関で、使用者と事業場の労働者を代表する者から構成されます。

また、労使委員会の決議は、労使委員会の委員の5分の4以上の多数決により、労使協定の代替とすることが認められる場合があります(上図参照)。ただし、時間外・休日労働に関する三六協定に代えて労使委員会で決議した場合のように、労働基準監督署への決議の届出が必要になることがあります。

労使委員会の議事
労使委員会での議事については、議事録を作成・保管し、事業場の労働者に周知させることが必要である。

労使委員会の目的
事業場の労働条件について調査審議し、使用者に意見を述べること。

PART1 9 就業規則の作成・変更

労働法の全体像

常時10人以上の労働者を使用する事業場では就業規則を作成しなければならない

■ 労働者10人以上の会社では就業規則の作成が義務

常時10人以上の労働者を使用する使用者は、就業規則を作成し、行政官庁（労働基準監督署）に届け出なければなりません。就業規則は、共通の事項を定めて個々の労働契約の内容を補充するものですが、就業規則の基準に達しない労働者に不利な内容の労働契約は、その部分について無効になります。就業規則に記載される事項には、以下の3種類があります。

① **絶対的必要記載事項**

必ず記載しなければならず、そのうちの1つでも記載がないと労働基準法違反となります。始業・終業の時刻、休憩時間、休日、休暇、賃金の締切り・支払時期に関する事項などがこれに該当します。

② **相対的必要記載事項**

定めをすることが義務付けられてはいないものの、何らかの定めをする場合は、必ず記載しなければならない事項です。退職手当や安全衛生の事項などがこれに該当します。

③ **任意的記載事項**

記載することが任意とされている事項です。たとえば、就業規則制定の目的や趣旨、用語の定義、従業員の心得、職種や職階などがこれに該当します。

■ 就業規則の変更により労働条件を不利益に変更する場合

就業規則を変更した場合は、作成した時と同様、労働基準監督署に届出をする義務があります。届出の際には、労働者代表

作成義務違反
就業規則の作成義務に違反すると、30万円以下の罰金が科せられる。

10人未満の場合
就業規則の作成義務はないが（作成したときの届出義務もない）、法律上の義務のあるなしに関係なく、効率的な労務管理のために就業規則を作成しておくことは重要だといえる。

労働者代表
その事業場に労働者の過半数で組織する労働組合があるときはその労働組合のこと。ただし、その事業場に労働者の過半数で組織する労働組合がないときは、労働者の過半数を代表する者が労働者代表となる。

就業規則の作成・変更にあたっての注意事項

作成義務	常時10人以上の労働者を使用している事業場では、就業規則の作成義務がある
意見聴取義務	作成・変更に際しては、労働者代表（過半数組合または過半数代表者）の意見を聴かなければならない（同意を得る必要はない）
周知義務	労働者に周知させなければならない
規範的効力	就業規則で定める基準に達しない労働契約の部分は無効となり、無効になった部分は就業規則で定めた基準による

の意見を聴いた上で「意見書」を添付する必要があります。

しかし、就業規則の変更が労働者に不利益になる場合は、労働者代表の意見を聴くだけでは足りず、労働契約法の原則に従って個々の労働者の「合意」を得られなければ、原則として変更することはできません。

■ 労働者の合意を得ずに不利益変更ができるケース

一定の要件を満たした場合には、個々の労働者との合意を得ないまま、就業規則を変更し、労働条件を不利益に変更することが可能です。

ただし、この場合は、変更後の就業規則の内容を労働者に周知させる（広く知らせる）ことが必要です。さらに、就業規則の変更内容が、①労働者の受ける不利益の程度、②労働条件の変更の必要性、③変更後の就業規則の内容の相当性、④労働組合等との交渉の状況、などの事情を考慮した上でのものであり、合理的であると認められなければいけません。

このような要件を満たす変更であれば、労働者を不当に不利にする就業規則の変更とはみなされず、労働者との合意を得ずに変更することも可能です。

労働者代表の同意は不要

就業規則の内容にもっとも影響されるのは、その事業場で働く労働者であるため、労働者側の意見を聴くのは当然なことだといえる。しかし、労働基準法で義務付けているのは、労働者代表への意見聴取と意見書の提出だけである。
ただし、従業員のやる気をそぎ、円滑な事業活動に支障をきたすことになる可能性があるため、ある程度の意見調整は必要である。

PART1 10
労働法の全体像

労働安全衛生法

労働者が快適に職場で過ごせるようにする法律

■ どんな法律なのか

労働安全衛生法は、職場における労働者の安全と健康を確保し、快適な職場環境を作ることを目的として昭和47年（1972年）に制定された法律です。同法1条には「労働基準法と相まって労働者の安全と健康を確保するとともに、快適な職場環境の形成を促進する」と規定されています。

同法には、①法の目的を達成するために厚生労働大臣や事業者（会社）が果たすべき義務や、②機械や危険物、有害物に対する規制、③労務災害を防止するための方策を講じなければならないこと、④事業者は労働者の安全を確保するために安全衛生を管理する責任者を選出しなければならないこと、⑤法に反した際の罰則などが規定されています。

■ スタッフや組織の配置義務

労働安全衛生法は、労働者の安全と衛生を守るため、事業者に対しさまざまな役割をもつスタッフや組織を事業場に配置することを求めています。具体的には、業種や労働者数に応じ、総括安全衛生管理者、産業医、安全管理者、衛生管理者、安全衛生推進者・衛生推進者、安全委員会・衛生委員会、安全衛生委員会などのスタッフや組織の配置を義務付けています。

■ 過重労働等への対策

労働安全衛生法により、労働者の過重労働やメンタルヘルス疾患への対策として、時間外・休日労働が月80時間を超えて疲

労働安全衛生法

もともとは、労働基準法に安全衛生に関する規定があった。しかし、企業の技術が高度化するとともに、企業の産業構造も、労働基準法が当初想定していたよりも、はるかに複雑なものへと変化した。
そのため、労働基準法の中に置かれた、安全衛生に関する規定のみでは、企業の実態に応じた措置をとることが難しくなり、独自の立法として、労働安全衛生法が、労働者の安全や健康の確保などに特化した法律として制定された。

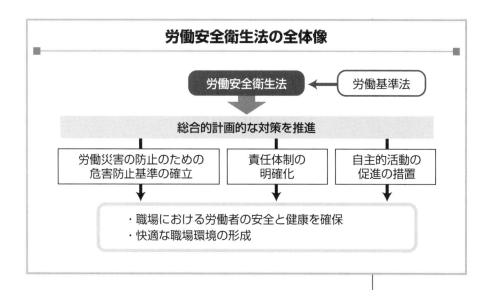

労蓄積があり面接を申し出た労働者や、時間外・休日労働が月100時間を超えた労働者（後述する研究開発業務の労働者を想定しています）に対して、医師による面接指導を行うことが義務付けられています。平成30年（2018年）成立の労働安全衛生法改正で、面接指導の対象者基準が変更されました。

また、衛生委員会等（衛生委員会または安全衛生委員会）には、自主的に長時間労働の改善に関する調査審議や事業者への意見陳述をする権限が認められる場合があります。本来は労働時間等設定改善委員会の権限ですが、労使協定により衛生委員会等に同等の権限を与えることが可能です。

このように、労働者の安全衛生の確保と長時間労働に関する諸問題を一体的に解決するしくみが整えられています。

なお、平成30年成立の労働基準法改正で、使用者が労働者に月100時間を超える時間外・休日労働をさせることなどは、研究開発業務（三六協定が締結されている場合に限る）を除き、罰則の対象になることが明記された点にも注意を要します。

労働時間等設定改善委員会
「労働時間等の設定の改善を図るための措置その他労働時間等の設定の改善に関する事項を調査審議し、事業主に対し意見を述べることを目的とする」組織のこと。「労働時間等の設定の改善に関する特別措置法」という法律に基づいて設置される。

■ 会社が講じるべき措置

　労働安全衛生法は、事業者が配置すべきスタッフや組織の他にも、事業者が講じるべき措置について定めています。

　まず、機械などの設備により、爆発・発火などの事態が生じる場合や、採石や荷役などの業務から危険が生じる可能性がある場合には、それを防止する措置を講じなければならないとしています。次に、ガスや放射線あるいは騒音といったもので労働者に健康被害が生じるおそれがある場合にも、事業者は労働者に健康被害が生じないように必要な対策を立てなければならないとしています。さらに、下請契約が締結された場合には、元請業者は下請業者に対して、労働安全衛生法や関係法令に違反することがないように指導しなければならないとしています。

■ 労働者への安全衛生教育

　労働安全衛生法では、事業者が労働者の生命や健康を守るために安全衛生教育（次ページ図）を行わなければならないことを定めています。たとえば、事業者が新たに労働者を雇い入れた場合や作業内容を変更した場合は、労働者に対して安全や衛生についての教育を行うことが義務付けられています。

■ 労働者の健康保持のための措置

　労働安全衛生法は、労働者の健康を守るために、作業の適切な管理を事業者の努力義務（違反しても罰則などは規定されていませんが、達成するよう努めることが法律上の義務として求められています）としています。

　さらに、事業者は、労働者に対して定期的に健康診断を実施しなければなりません。実施後には、診断結果に対する事後措置について医師の意見を聴くことも義務付けられています。健康診断を経て、労働者の健康が害されるおそれがあると判明した場合、事業者は必要な対策を講じます。

労働者の安全衛生教育

本文記載のような、一般的な安全衛生教育の他にも、特別教育と呼ばれるものがある。
特別教育においては、労働者が危険・有害な業務へ就くのに先立ち、学科教育と実技教育により、安全や衛生に関する知識などの教育が行われる。

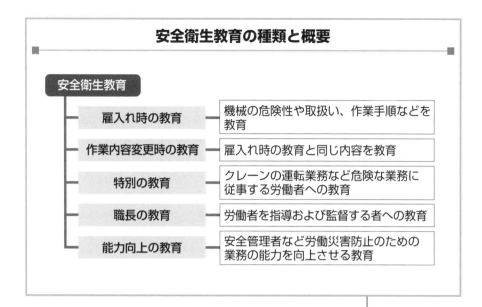

■ 快適な職場環境を形成するために

　事業者は、労働者が快適に労務に従事できるよう、職場環境を整える努力義務が課されています。

　具体的には、厚生労働省が公表する「事業者が講ずべき快適な職場環境の形成のための措置に関する指針」を参考にします。この指針では、労働環境を整えるために空気環境、温熱条件、視環境、音環境を適切な状態にすることが望ましいとされています。また、労働者に過度な負荷のかかる方法での作業は避け、疲労の効果的な回復のため休憩所を設置することも重要です。

　さらに、労働者が事業場で災害に遭うことを防ぐため、厚生労働大臣には「労働災害防止計画」の策定が義務付けられています。労働災害防止計画を策定するにあたり、まずは労働政策審議会の意見を聴きます。その上で社会情勢による労働災害の変化を反映させ、労働災害防止対策またはその他労働災害の防止に関する事項を定めます。

Column

トラブル解決に役立つ手続き

　職場のトラブル解決のための相談先としては、下図のような機関があります。労政事務所や都道府県労働局によるあっせん、労働基準監督署への相談、労働委員会による調停などが利用されています。この他、民事訴訟だけでなく、支払督促（簡易裁判所の裁判所書記官を通じて債務者に対して金銭債務を支払うように督促する制度）や労働審判（246ページ）が利用されることもあります。

■ 職場のトラブルを取り扱う窓口

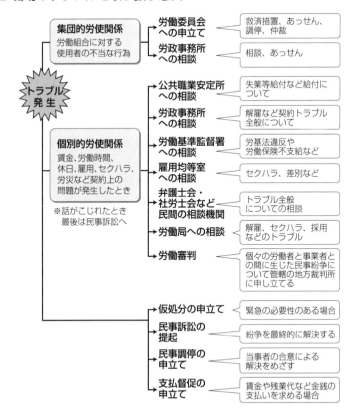

PART 2

募集・採用・労働契約

PART2 1

募集・採用・労働契約

労働契約を締結するときの注意点

労働条件の明示や中間搾取の禁止などの約束事が労働者を守る

■ 労働契約の成立

労働契約は、労働者が使用者に労務を提供するのを約束し、使用者がその対価として労働者に賃金を支払うのを約束する契約です。労働契約はさまざまな法令などの制約を受けます。その中で代表的なものは、労働基準法、労働契約法、労働協約、就業規則です。これらに反しない範囲で労働契約は有効になるのが基本です。たとえば、労働契約法では、労働契約は労働者と使用者が対等の立場で締結または変更すべきとするとともに、労働者を保護するため、就業規則で定める基準に達しない労働条件を定める労働契約は、その部分については無効とし、無効となった部分は就業規則で定める基準によるとしています。

また、労働基準法では、使用者に対し、労働者を雇い入れる（労働契約を締結する）際に、労働条件を労働者に明示しなければならないとしています。労働条件の明示は口頭でよいのが原則ですが、労働契約の期間、賃金、労働時間、就業場所、従事すべき業務、退職などの重要な労働条件は、原則として、文書（労働条件通知書）の交付にて明示しなければなりません。

■ ハローワークでの求人掲載上の注意点

最近は、人手不足などから、労働者の残業時間の増加に頭を悩ます企業があるようです。そこで、多くの企業で導入されているのが固定残業代制です。たとえば、月30時間の残業（時間外労働）が見込まれる場合に、月30時間までは残業手当を固定金額にする制度です。これを導入した場合は、その月の残業時

労働契約の成立

労働契約は民法上の「雇用契約」に該当するので、「（使用者の）雇います」「（労働者の）雇われます」という合意（意思の合致）だけで成立する。

短時間労働者などに対する労働条件の明示

短時間労働者や有期雇用労働者を雇用する場合は、次ページ図に記載された労働条件の明示に加えて、①昇給の有無、②退職手当の有無、③賞与の有無、④相談窓口についても、文書の交付（労働者が希望すれば電子メールやFAXの送信などの方法も可能）によって明示することが必要である。

労働条件通知書

原則として労働条件通知書は文書にすることが必要であるが、労働者が希望すれば電子メールやFAX等にすることも可能である。たとえば、労働者が希望するときに、労働条件通知書をPDF化したデータを電子メールで送信する方法によることができる。

労働者に明示しなければならない労働条件

書面で明示しなければならない労働条件	● 労働契約の期間に関する事項 ● 有期労働契約を更新する場合の基準に関する事項（通算契約期間または有期労働契約の更新回数に上限の定めがある場合には当該上限を含む） ● 就業場所、従事すべき業務に関する事項（就業場所や従事すべき業務の変更の範囲を含む） ● 始業・終業の時刻、所定労働時間を超える労働の有無、休憩時間、休日、休暇、交替勤務制の場合の交替に関する事項 ● 賃金(※)の決定・計算・支払の方法、賃金の締切・支払の時期、昇給に関する事項 ● 退職・解雇に関する事項
使用者が定めている場合には明示しなければならない労働条件	● 退職手当の定めが適用される労働者の範囲、退職手当の決定・計算・支払の方法、退職手当の支払の時期に関する事項 ● 臨時に支払われる賃金（退職手当を除く）、賞与・賞与に準ずる賃金、最低賃金に関する事項 ● 労働者の負担となる食費、作業用品などに関する事項 ● 安全、衛生に関する事項　　● 職業訓練に関する事項 ● 災害補償、業務外の傷病扶助に関する事項 ● 表彰、制裁に関する事項　　● 休職に関する事項

※ 退職手当、臨時に支払われる賃金、賞与などを除く

間を問わず、30時間分の残業手当を支払い、30時間を超えたときは超えた分を追加で支払います。

　平成27年（2015年）の若者雇用促進法の施行に伴い、固定残業代制を採用する企業は、労働者の募集・採用に際して、①固定残業代を除いた基本給の額、②固定残業代に関する労働時間数と金額などの計算方法、③固定残業時間を超える時間外労働、休日労働および深夜労働に対して割増賃金を追加で支払う旨の明示が義務付けられています。現在、①～③を遵守しない求人広告（ハローワークの求人票を含む）の掲載は拒否されることに注意が必要です。たとえば、固定残業手当を基本給に合算して表示するだけの求人広告は拒否されます。

固定残業代制の導入の際の注意点

固定残業代制を導入する場合は、就業規則などに固定残業代制を採用することと、何時間分の残業手当を支払うのかを明記して、基本給と固定残業手当を明確に区別する必要がある。

PART2 2 従業員の採用

募集・採用・労働契約

健康保険や雇用保険の手続きが必要となる場合に注意

■ 法定三帳簿と新入社員に提出してもらう書類

会社などの事業所（事業場）で新たに従業員を採用した場合には、従業員を雇用する事業所として、法律上、備え付けが義務付けられている書類があります。これを法定三帳簿（または雇用三帳簿）といいます。法定三帳簿とは、①出勤簿またはタイムカード、②賃金台帳、③労働者名簿の３つの書類です。

■ 身元保証

一般的に、入社時には、会社のルールに則って業務に従事することを約束する「誓約書」と、不正があった場合の損害賠償などの保証人に関する「身元保証書」、資格を所持している証明となる「資格証明書」などを提出してもらいます。

「身元保証書」は、社員の保証人と会社の間で交わされる契約書です。身元保証契約は労働契約に伴い、労働者が不正行為をして使用者に損害を与えたときに、使用者（会社）に対し、身元保証人が損害賠償をするというものです。

身元保証は具体的な債務の保証でないため、軽い気持ちで応じてしまうことも多いようです。しかし、身元保証人になると、保証契約した時点では、将来どの程度の損害賠償責任を負わされるのかわからず、思いもよらない高額の損害賠償責任を負う可能性もあります。

そこで「身元保証に関する法律」が制定されています。身元保証人の責任は、①身元保証をする期間の定めがないときは３年、②期間を定めたときでも５年を超えることはできません。

法定三帳簿の作成が必要な場合

法定三帳簿は、雇用保険に関する手続きなどの際に、従業員の就労状況を把握するため、提出が求められるケースがある。また、従業員を採用した事業所は、法定三帳簿を必ず作成しなければならない。

従業員に提出を求める書類

会社などの事業所で従業員を採用した場合に、その従業員に提出を求める書類は、会社によって異なる。
一般的には、①履歴書（自筆、写真を貼ってあるもの）、②最終学歴の卒業証明書（新卒者や学歴が採用要件の一つである場合）、③誓約書（仕事の内容による）、④身元保証書などが挙げられる。

身元保証契約の更新

身元保証契約は、更新も可能だが、更新後の期間の定めも５年を超えることができない。

社員を採用した場合の各種届出

事由	書類名	届出期限	提出先
社員を採用したとき（雇用保険）	雇用保険被保険者資格取得届	採用した日の翌月10日まで	所轄公共職業安定所
社員を採用したとき（社会保険）	健康保険・厚生年金保険被保険者資格取得届	採用した日から5日以内	所轄年金事務所
採用した社員に被扶養者がいるとき（社会保険）	健康保険被扶養者（異動）届	資格取得届と同時提出	所轄年金事務所
労働保険料の申告（年度更新）	労働保険概算・確定保険料申告書	毎年6月1日から7月10日まで	所轄労働基準監督署

■ 新しく社員を雇ったときの社会保険の手続き

新しく従業員を雇った時の主な手続きとしては、以下のものがあります。

① 雇用保険の手続き

雇用保険は、採用した従業員の雇用形態、年齢、従業員と会社との間の雇用契約の内容によって、雇用保険に加入できるかどうか（被保険者となるかどうか）を判断します。従業員を採用したときに、所轄公共職業安定所（ハローワーク）に提出する書類は「雇用保険被保険者資格取得届」です。

② 健康保険と厚生年金保険の手続き

原則として、健康保険と厚生年金保険は同時加入が義務付けられているため、健康保険と厚生年金保険は、その手続きも同時に行われます。

新しく従業員を採用した場合には、「健康保険・厚生年金保険被保険者資格取得届」を所轄年金事務所に提出します。健康保険組合がある会社については、その健康保険組合にも提出します。「健康保険・厚生年金保険被保険者資格取得届」には、従業員の個人番号または基礎年金番号を記入します。

> **従業員の社会保険手続き**
>
> 採用した従業員が年金手帳または基礎年金番号通知書を紛失しているために番号がわからない場合は、「基礎年金番号通知書再交付申請書」を取得届と同時に提出する。採用した従業員に被扶養者がいる場合は、「健康保険被扶養者（異動）届」を提出し、被扶養者分の保険証の交付を受ける必要がある。
> なお、70歳～74歳の従業員は、原則として厚生年金保険には加入せず、健康保険のみの加入である。75歳以上の従業員は、後期高齢者医療制度の被保険者となるため、厚生年金保険にも健康保険にも加入しない。

PART2 3 募集・採用・労働契約

契約期間の定め

契約期間の上限は原則として3年である

■ 契約期間の定めのある場合

　契約期間の定めがない労働契約（無期労働契約）の場合、使用者は、合理的理由と社会通念上の相当性がなければ労働契約を解除（解雇）できません（解雇権の濫用）。一方、労働者から無期雇用契約を解除（解約）する場合は、理由がなくても使用者に対し2週間前に解除の通知をするだけでよいのです。

　これに対し、契約期間の定めのある労働契約（有期労働契約）の場合は、契約期間中は使用者からも労働者からも労働契約を解除（解雇・解約）できないのが原則です。例外的に、やむを得ない事情または双方の合意があれば、契約期間中の解除が可能ですが、そうでなければ損害賠償を支払う義務が生じることがあります。つまり、契約期間中に労働契約を解除する理由が使用者または労働者の落ち度（過失）に基づく場合は、相手方が被る損害の賠償をしなければならないということです。

　しかし、やむを得ない事情があると認められるのは、極めて限定的です。たとえば、労働者が疾病や負傷により就労不能になった場合や、労働契約の継続が好ましくない程の非違行為をした場合の他、会社（使用者）の経営状況の著しい悪化により雇用契約の継続が困難と認められた場合などに限られます。

　なお、後述するように、3年を超える契約期間を定める有期労働契約は原則として許されません。また、有期労働契約の契約期間が過ぎた後も労働者が労働を継続し、使用者側も異議を述べない場合には、労働契約はそれまでと同じ条件で更新されたと推定されます（黙示の更新）。

黙示の更新
黙示の更新後は、無期労働契約に変わると解するのが裁判例の傾向である。

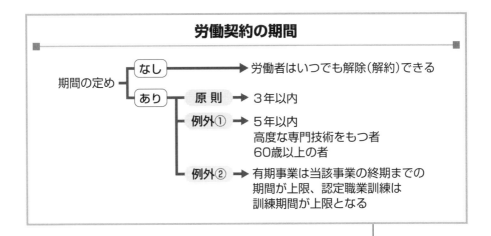

■ 契約期間の上限

　有期労働契約の契約期間は、原則として3年が上限です。ただし、厚生労働省が認める高度な専門技術を有する労働者の場合、または満60歳以上の労働者の場合は、5年が契約期間の上限となります（労働基準法14条）。ここで「厚生労働省が認める高度な専門技術を有する労働者」とは、主に以下の者のことを指します。

① 博士の学位を有する者
② 公認会計士・弁護士・税理士・社労士・弁理士・医師・薬剤師などの資格を有する者
③ システムアナリスト資格試験合格者、またはアクチュアリーに関する資格試験合格者
④ システムエンジニアとして5年以上の実務経験を有するシステムコンサルタントで、年収が1,075万円以上の者

　なお、上記の「厚生労働省が認める高度な専門技術を有する労働者」と「満60歳以上の労働者」を除いて、1年を超える契約期間を定めた有期労働契約を結んで働いている労働者は、契約期間の初日から1年を経過した日以後は、使用者に申し出ることで、いつでも退職ができます（労働基準法137条）。

有期事業や認定職業訓練の上限

有期事業（一定の事業の完了に必要な期間を定める労働契約）の場合は、当該事業の終期までの期間が契約期間の上限となる。
また、認定職業訓練（職業能力開発促進法に基づき都道府県知事の認定を受けた職業訓練）を受ける場合は、訓練期間が契約期間の上限となる。

PART2 4

募集・採用・労働契約

試用期間

試用期間後の本採用拒否は解雇にあたる

■ 14日以内なら解雇予告が不要

　従業員を採用した後、入社後の一定の期間を、その従業員の人物や能力を評価して本採用するか否かを判断するための期間とすることがあります。これを試用期間といい、就業規則で定められていることがほとんどですが、試用期間を設けるかどうかは会社の任意です。

　試用期間を設けるにあたって注意すべきことは、その従業員は試用期間中でも本採用後でも、業務に従事した対価として賃金を得ているため、労働基準法上の「労働者」に該当することです。したがって、本採用を見送る場合（留保解約権の行使）は解雇にあたり、解雇予告（179ページ）など、解雇の手続きに沿った対応が求められます。ただし、労働基準法21条は、試用期間中の者（条文上は「試の使用期間中の者」）を14日以内に解雇する場合、通常の解雇の際に必要とされる「少なくとも30日前の解雇予告」または「解雇予告手当金の支払い」をしなくてもよいと規定しています。また、留保解約権の行使にあたり「少なくとも30日前の解雇予告」「解雇予告手当金の支払い」が不要であっても、それが有効と認められるかは別問題である点に注意が必要です。

■ 試用期間は原則として延長できない

　試用期間中は使用者に解約権が留保されており、労働者の地位が不安定であることから、試用期間の長さは3か月から6か月以内とすることが一般的です。就業規則などで延長の可能性

留保解約権の行使
最高裁判所の判例によると、試用期間満了後の留保解約権の行使による解雇は、本採用後の解雇よりも解雇の自由が広く認められる。ただ、この場合の解雇が有効と認められるのは、試用期間前に知ることができなかった事実が判明し、その事実に基づき留保解約権を行使することが客観的に相当とされる場合である。

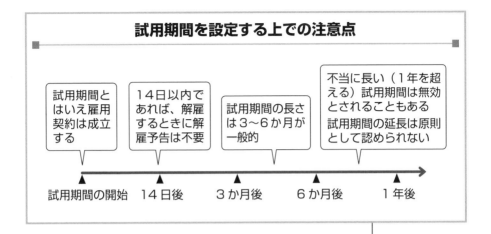

およびその原因となる具体的事由、延長する場合の期間などがあらかじめ明記されていない限り、原則として試用期間の延長は認められません。

　ただ、就業規則などに延長の定めがあり、労働者が試用期間中の大半を病欠した場合など、延長をすべき合理的な理由があれば、試用期間が延長されることもあります。その場合でも、当初の試用期間と延長期間を合算して1年を超えない程度が限度と考えられています。

■ 試用期間以外の方法もある

　試用期間の設定以外の方法により「ミスマッチを防ぎたい」という場合に採る手段としては、次の方法が考えられます。

① 有期労働契約

　求職者と会社が短期間の有期労働契約を締結します。その契約期間中に業務遂行能力や適性を見極め、問題なければ無期労働契約（期間の定めのない労働契約）を締結します。ただし、短期間の有期労働契約を繰り返し締結するなど、一定の要件に該当する場合は、雇止め（有期労働契約の更新拒絶）が無効と判断される可能性があるため、十分な注意が必要です。

② 紹介予定派遣

　紹介予定派遣とは、派遣期間終了後、派遣労働者が派遣先の会社に直接雇用されることを予定して実施される労働者派遣です。派遣会社に登録された派遣労働者を6か月以内の一定期間派遣してもらい、派遣期間の終了時に、派遣労働者本人と会社の双方合意の下、両者の間で労働契約を締結します。

　この場合、最初は派遣会社と会社の間で労働者派遣契約を締結し、直接雇用の段階になって派遣労働者本人と会社が労働契約を締結することになります。

③ トライアル雇用

　就業経験の少ない人や就労期間にブランクがある人を、ハローワークや職業紹介事業者等の紹介により試行雇用(トライアル雇用)して、適性や業務遂行能力を見極める制度です。試行雇用期間は原則として3か月です。要件を満たすトライアル雇用を実施した事業主に対しては、助成金(トライアル雇用助成金)が支給されます。

④ インターンシップ

　新卒採用前によく利用されています。雇用のミスマッチが生じないようにするため、どのような体験をしてもらうことが有意義なのか、あらかじめ準備・検討することが大切です。

■ 本採用前のインターンシップをめぐる問題

　インターンシップは、学生側から見れば、入社前に就業経験を積み、職業意識を高めるための企業内研修という位置付けとなるでしょう。一方、企業側のメリットとしては、企業イメージの向上の他、新入社員教育への応用、入社後の企業と新入社員(入社した学生)のミスマッチの回避などが挙げられます。

　インターシップの法的問題は、インターンシップに参加している学生(インターン生)が、労働基準法上の「労働者」にあたるのかどうかという点です。厚生労働省の通達では、その判

インターンシップの種類

① 企業PRタイプ
インターンシップ受入企業として、企業の認知度を高め、企業のイメージアップを図るために行うもの。
② 実務実習タイプ
主に医療・福祉関係の大学において、教育課程の一環として行われるもの。実際の現場での教員免許取得のための実習や、研究・開発の実習などがある。
③ 職場体験タイプ
実際の職場での就業体験を通じて、学生の職業観の確立を支援するもの。
④ 採用活動タイプ
インターンシップ自体が採用活動につながっているもの。

インターンシップ制度

- 就業経験を積むことができる
- 職業意識を高めることができる
- 今後の就職活動や将来の展望に向けて参考になる

学生

←実習・研修→

- 企業のイメージアップ
- 新入社員教育への応用
- 社内の活性化
- 入社後の企業と学生のミスマッチの回避

企業

断基準を次のように示した上で、個々の実態に即して判断を行う必要があるとしています。

・インターンシップにおいての実習が見学や体験的なもので、業務に係る指揮命令を受けていないなど、使用者との間に使用従属関係が認められない場合は労働者に該当しない。
・直接生産活動に従事するなど、その作業による利益・効果が事業場に帰属し、かつ、事業場と学生との間に使用従属関係が認められる場合は労働者に該当する。

この通達によれば、通常の労働者と同様、企業がインターン生に対して指揮命令を行っている場合には、使用従属関係が認められ、労働者に該当する可能性が高いことになります。労働者に該当すると判断されると、労働基準法・最低賃金法・労災保険法などの労働関係の法律が適用されます。その場合、企業にはインターン生に対する賃金および割増賃金の支払いが義務付けられます。また、労働保険料の算定・納付の際には、インターン生に支払う賃金も含める必要があります。

したがって、インターン生が労働者と判断される可能性のある研修を行う場合は、あらかじめ労働契約を取り交わし、労働関係の法律に基づいてインターンを実施する必要があります。

PART2 5

募集・採用・労働契約

不採用や内定取消をめぐる問題点

内定取消の理由によっては無効となる場合がある

■ 採用内定（内定）とは

　会社は、労働者（求職者）からの労働契約の申込みを期待して求人を行い（申込みの誘引）、労働者は、自分が希望する求人を出している会社に対して申込みを行います。そして、採用内定の通知は、会社による申込みの承諾に該当し、これによって会社と労働者との間で労働契約が成立します。

　もっとも、新卒採用における採用内定の通知の相手方は学生であり、学校を卒業して労働を開始するまでタイムラグがあります。その特徴を踏まえ、卒業予定の学生（内定者）との間で成立する労働契約には、卒業後に勤務開始となる「始期（翌年4月1日など）」が付いており、かつ、卒業できない場合に契約を解除するなどの「解約権」も付いている労働契約であることから、「始期付解約権留保付労働契約」とされています。

■ 内定取消が無効になる場合

　内定者と会社との間には始期付解約権留保付労働契約が成立している以上、解約しない限り労働契約が存続します。会社側は解約権を持っていますが、無条件で行使できるわけではありません。解約権の行使（内定取消）が有効と認められるのは、会社が採用内定当時知ることができず、また知ることが期待できない事実があり、その事実を理由に採用内定を取り消すことが、解約権の趣旨や目的に照らして合理的と認められ、社会通念上相当と認められる場合に限られます。この場合に該当しない解約権の行使は無効とされることに注意が必要です。

始期付解約権留保付労働契約
採用内定が始期付解約権留保付労働契約であるとは、入社日（始期）までの間に大学を卒業できないなど、一定の事情がある場合に、会社が学生の採用内定を取り消すことができる（解約権の留保）という内容の労働契約であることを意味する。

採用内定に関する紛争
新卒採用の内定者と会社との間だけでなく、中途採用の内定者と会社との間においても、内定取消などの紛争が起こる可能性がある。

内定者が採用内定を辞退した場合
たとえば、内定者である学生側が採用内定を辞退した場合、企業側が損害賠償請求などを検討することもあり得る。しかし、法律上、内定者は原則として2週間の予告期間を置けば、任意に採用内定を辞退できるので、損害賠償請求などが認められるケースは稀であると思われる。

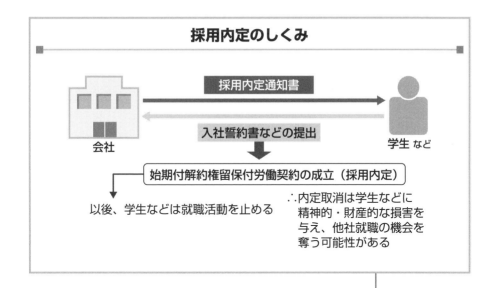

内定取消は内定者の他社就職のチャンスを奪い、財産的損害や精神的苦痛を与えます。内定取消が生じないよう、採用内定の通知前に慎重な判断が求められることになります。

■ 内定取消ができる場合

一般的に内定取消事由は、採用内定通知書、入社誓約書、承諾書などの書面に記載されているため、それに記載された事項に該当するかどうかが最初の判断となります。ただし、内定取消事由を網羅的に定めておけば内定取消が適法であると認められるかといえば、そうではありません。たとえば、それらの書面に「選考に際し提出した書類に虚偽の記載があった場合や、面接において事実と異なる虚偽の発言があった場合」という内定取消事由があった場合、その虚偽の内容・程度が重大なものであり、従業員としての適格性に欠けることが判明した場合に内定取消が可能になります。逆に言えば、そうしたものでなければ、虚偽記載などがあったとしても、内定取消の適法性は否定される可能性が高いといえます。

内定取消をめぐるトラブル

最高裁判所の判例では、大学生が卒業直前に内定取消になった事案について、採用内定によって始期付解約権留保付労働契約が成立しており、内定取消事由は内定当時知ることができなかった事実であることを要し、合理的理由があって社会通念（社会常識）上相当と認められる場合の他は、内定取消はできないと判断している。
具体的には、入社日（始期）までに大学を卒業できない場合、採用内定後に健康状態が著しく悪化して労務提供が困難になった場合、有罪判決や起訴猶予処分を受けるなど一定の刑事手続が行われた場合などに、内定取消の合理性・相当性が認められる可能性がある。

その他、採用内定当時より会社の経営環境が悪くなったことを理由とする内定取消については、経営環境の悪化を予測できなかった責任は基本的に会社側にあるとして、整理解雇（リストラ）に準じた検討を企業側に求めており、適法に内定取消が認められるためのハードルは高いといえます。

■ **内定取消と損害賠償**

内定取消の適法性が否定されて無効と判断された場合、労働者からの債務不履行または不法行為に基づく損害賠償請求が認められる可能性が高くなります。内定取消そのものは適法であると判断されても、内定取消までの過程で会社側が必要と考えられる説明を内定者に対して行わなかったことを理由に、会社が内定者に対して損害賠償責任を負う可能性もあります。

労働契約締結後に時間を空けず労働を開始することの多い中途採用と異なり、新卒採用では採用内定の通知から労働の開始まで時間が空くのが通常ですが、その期間も法律上のさまざまな制約を受けますので、各種の判断や対応にあたっては、それらの制約に対する十分な理解が求められます。

また、内定取消が２年以上連続して行われている、内定取消が同一年度内で10名以上に対して行われているなど、一定の条件に該当する場合、厚生労働大臣が会社名を公表できます。内定取消の対象となった学生だけでなく、会社のイメージにも甚大な影響を及ぼすため、適切な対応を心がけましょう。

■ **入社前研修**

採用内定の通知から入社までの期間は、会社側から見ると、入社日（始期）になれば内定者に労務の提供を求める権利は確保しているものの、その権利を行使できる時期には至っていません。このような入社前の時期に、会社が内定者に対して研修（入社前研修）への参加を強制できるのでしょうか。

内々定を取り消された場合は

裁判例では、内々定によって労働契約は成立せず、内定と内々定は明らかに性質が違うものとする一方、内々定取消は労働契約の締結過程における信義則に反し、内々定者の期待利益を侵害するので不法行為を構成し、会社は内々定者が採用を信頼したために被った損害を賠償すべき責任を負うとしたものがある。内々定取消について会社側に責任があるとの判断を行うことで、労働契約が締結されるだろうと考えた内々定者の期待をある程度保護している。

会社が被った経済的損害の賠償

たとえば、入社日直前に内定者が内定辞退をした場合、会社が被った経済的損害の賠償を内定辞退者に対して請求できるのかという問題がある。これについては、会社との信頼関係を破壊する方法で内定辞退をしたといえるような場合を除き、損害賠償請求が認められる可能性は非常に低いと考えられる。

内定者に記載させる入社誓約書のサンプル

入 社 誓 約 書

△△△△株式会社　代表取締役社長　〇〇　〇〇　殿

　この度貴社に従業員として入社するにあたり、次の条項を誓約し厳守履行いたします。

1　貴社就業規則および服務に関する諸規定・諸命令を堅く遵守し誠実に勤務すること
2　先に提出した履歴書および入社志願書の記載事項は真実に相違ないこと
3　貴社従業員としての対面を汚すような行為をしないこと
4　故意又は重大な過失、その他不都合な行為によって貴社に損害をおかけしたときはその責任を負うこと

令和　　年　　月　　日

　　　　　　　　　現住所　東京都世田谷区〇〇町1丁目1番1号
　　　　　　　　　氏　名　〇〇　〇〇
　　　　　　　　　　　　　平成〇〇年〇月〇日生

　裁判例によると、内定段階であっても解約権留保付きの労働契約は成立しているが、入社日まではその効力が発生していないため、会社側が入社前研修への参加を強制することはできないとされています。したがって、会社が入社前研修を行おうとする場合、それに参加するか否かは内定者の自由意思にゆだねなければなりません。この自由意思による参加の原則に反し、会社が実質的に参加を強制している場合は、内定者に対して研修時間に応じた賃金支払義務が生じます。

　また、裁判例によると、入社前研修に参加しなかった内定者に対して、内定取消や入社後に不利益な取扱いをすることは許されません。これは入社前研修について賃金を支払った内定者についても同じです。

PART2 6 男女雇用機会均等法

募集・採用・労働契約

労働者が性別により差別されないこと等を定めた法律である

■ 男女雇用機会均等法とはどんな法律なのか

　法の下の平等を保障する日本国憲法の理念にのっとって、職場における男女の均等な機会と待遇の確保を図ることや、女性労働者の就業に関して妊娠中および出産後の健康の確保を図ること等の措置を推進することを目的として、男女雇用機会均等法が制定されています。

　男女雇用機会均等法は、主に、性別を理由とする差別の禁止や、セクシュアルハラスメント（セクハラ）やマタニティハラスメント（マタハラ）を防止するための措置義務を規定しています。以下、具体的なルールについて説明します。

　男女雇用機会均等法は、事業主が、労働者を、募集・採用、配置（業務の配分や権限の付与を含みます）、昇進、降格、教育訓練、一定範囲の福利厚生、職種や雇用形態の変更、退職の勧奨、定年、解雇、労働契約の更新などにおいて、性別を理由に差別することを禁止しています。禁止される差別の具体的として、以下のものがあります。

【募集・採用の場面】
・募集や採用の対象から男女のいずれかを排除すること
・募集や採用について男女で異なる条件・基準を設けること
・採用選考において能力や資質の有無などを判断する場合に、その方法や基準について男女で異なる取扱いをすること
・採用人数について人数枠を設けることなどによって、男女いずれかが優先的に採用されるしくみになっていること
・求人の内容の説明など、募集や採用に関する情報の提供につ

男女雇用機会均等法
正式名称を「雇用の分野における男女の均等な機会及び待遇の確保等に関する法律」という。

男女雇用機会均等法の基本理念
労働者が性別によって差別されることなく、また、働く女性が母性を尊重されつつ、その能力を十分に発揮できる雇用環境を整備することを基本的理念としている。

マタニティハラスメント
マタニティハラスメント（マタハラ）とは、妊娠・出産をした女性労働者や、育児休業などの申し出・取得をした労働者に対するハラスメントのことである。

募集・採用の場面で禁止される差別
たとえば、営業職を男性のみ、事務職を女性のみに限定して募集することや、男性は正社員のみ、女性はパートのみとして採用することが、禁止されている性別による差別となる。

男女雇用機会均等法の主なルール

- 募集や採用における性別による差別の禁止
- 昇進や配置などにおける性別による差別の禁止
- 間接差別の禁止
- 婚姻・妊娠・出産などにおける不利益取扱いの禁止
- セクハラやマタハラ防止のための措置義務
  （パワハラ防止のための措置義務は労働施策総合推進法で規定）

➡ 事業主（会社）は、男女雇用機会均等法のルールに従って、労働者の雇用管理を行わなければならない

いて男女で異なる取扱いをすること

なお、男女いずれかを優先的に募集・採用する行為が、例外的に男女雇用機会均等法が禁止している性別による差別にあたらない職種があります。また、女性が相当程度に少ない分野の募集・採用にあたって、職場に事実上生じている男女間の格差を是正し、男女の均等な機会・待遇を実質的に確保するため、事業主が、女性のみを対象とするまたは女性を有利に取り扱う措置（ポジティブ・アクション）は、例外的に男女雇用機会均等法に違反しないとされています。

【配置、昇進、降格、福利厚生、退職勧奨、定年、解雇などの場面】
・一定の職務への配置の対象から男女のいずれかを排除すること
・職種の変更の対象から男女のいずれかを排除すること
・一定の役職への昇進の条件を男女で異なるものとすること
・住宅資金や生活資金の貸付けなど福利厚生の実施の条件を男女で異なるものとすること
・雇用形態の変更（パートへの変更など）について男女で異なる取扱いをすること

> **禁止される差別にあたらない職務**
> 厚生労働大臣が定めた指針では、芸術や芸能の分野につき表現内容を考慮して男女のいずれかを採用する必要がある職務、守衛や警備員など防犯に関する職務につき男性を従事させるのが適切と考えられる職務、スポーツ競技などの業務の性質上男女いずれかを従事させる必要がある職務が挙げられている。

> **配置・昇進・降格などの場面で禁止される差別**
> たとえば、男性は外勤業務のみ、女性は内勤業務のみに配置すること、女性のみ一定の年齢を達すると一定の役職までしか昇進できないとすることや、女性のみ正社員からパートへの降格を強要することなどが、禁止されている性別による差別となる。

PART 2 募集・採用・労働契約

・退職勧奨、定年、契約更新（雇止めなど）、解雇にあたって、男女のいずれかを優先すること

　以上の男女雇用機会均等法で禁止されている性別による差別が行われていると認められる場合、事業主（会社）の措置は不法行為に該当します。したがって、差別を受けた労働者は、事業主に対して不法行為に基づく損害賠償を請求することができます。

■ 間接差別の禁止

　間接差別とは、性別以外の事由を要件として、一方の性の構成員に対して、他の性の構成員と比較して相当程度の不利益を与えるものを、合理的理由なく講じることをいいます。厚生労働省令では、合理的な理由のない限り、以下の3つのケースが間接差別として禁止しています。

① 労働者の募集・採用にあたって、労働者の身長、体重または体力を要件とすること
② 労働者の募集・採用、昇進、職種の変更にあたって、転居を伴う転勤に応じることができることを要件とすること
③ 労働者の昇進にあたり、転勤の経験があることを要件とすること

■ 結婚や妊娠・出産を理由とする不利益取扱いの禁止

　たとえば、女性であるという理由で、婚姻（結婚）、妊娠、出産をきっかけに退職を迫られることは許されてはなりません。男女雇用機会均等法9条は、女性労働者を対象とする「婚姻、妊娠、出産等を理由とする不利益取扱いの禁止等」を規定しています。具体的には、以下の行為が禁止される不利益取扱いにあたります。また、妊娠中や産後1年以内の女性労働者の解雇は、原則として無効とされています。

・婚姻・妊娠・出産を退職理由として予定する定めを置くこと

性別による差別が行われていると認められる場合

男女雇用機会均等法で禁止されている性別による差別の下で行われた配置転換や降格、解雇などは無効となる。さらに、男女雇用機会均等法に違反した事実が公表されることもある。

慣行などを理由に女性労働者を合意退職に持ち込む場合

婚姻、妊娠、出産などを理由とする退職勧奨は違法性が強い。いったん退職に合意しても、後で本人が撤回したときは、それを認めざるを得ないケースもある。結婚退職の慣行を理由に任意退職を迫られ、やむなく合意した退職を無効とした裁判例もある。
また、妊娠中の軽作業への転換をきっかけにした降格は、原則として不利益取扱いに該当する。
しかし、労働者が自由な意思で降格に承諾したとする合理的理由がある場合や、事業主の業務遂行上の必要性や労働者が受ける不利益の程度を考慮し、男女雇用機会均等法が不利益取扱いを禁止している趣旨に実質的に反しないとする特段の事情がある場合は、例外的に不利益取扱いにあたらないとした最高裁判所の判例がある。

男女雇用機会均等法による職場のハラスメント防止対策の強化

- 労働者が職場でのセクハラやマタハラを相談したことなどを理由とする不利益取扱いの禁止
- 自社の労働者等が他社の労働者にセクハラを行った場合における、他社への協力（努力義務）
- セクハラやマタハラに関する国・事業主・労働者の責務の明確化
- 調停の出頭・意見聴取の対象者の拡大

・婚姻を理由に解雇すること
・妊娠、出産、産前産後休業の請求や取得などを理由に解雇などの不利益取扱いをすること

■ 職場におけるハラスメント防止対策の強化

　令和2年6月1日に施行された改正男女雇用機会均等法は、職場におけるハラスメント防止対策を強化する規定を新設しています。

　具体的には、事業主は、労働者が、セクハラやマタハラに関する相談をしたことや、事業主によるセクハラやマタハラに関する相談への対応に協力した際に事業主に事実を述べたことを理由として、その労働者に対して解雇その他不利益な取扱いをしてはならない旨の規定が設けられました。また、事業主は、他の事業主から当該事業主の講じるセクハラ防止に関する雇用管理上の措置の実施に関し必要な協力を求められた場合、これに応じる努力義務を負う旨の規定も設けられました。この規定は、自社の労働者が他社の労働者にセクハラを行った場合における事実確認などへの協力対応を求めたものです。

国・事業主・労働者の責務の明確化

令和2年6月1日施行の改正男女雇用機会均等法で、セクハラやマタハラは行ってはならないこと等に対する関心と理解を深めることや、他の労働者に対する言動に注意を払うこと等を、これらの関係者の責務として明記した。

調停の出頭・意見聴取の対象者の拡大

令和2年6月1日施行の改正男女雇用機会均等法で、セクハラやマタハラの調停制度について、紛争調整委員会が必要と認めた場合には、関係当事者の同意の有無を問わず、職場の同僚なども参考人として出頭の求めや意見聴取が行えるよう、対象者を拡大した。

Column

トランスジェンダーをめぐる法律問題

　LGBTとは、同性愛者の女性（レズビアン）、同性愛者の男性（ゲイ）、異性と同性の両方を恋愛対象とする男女（バイセクシュアル）、性同一性障害など出生時の性別と自己の認識する性別に隔たりがある男女（トランスジェンダー）の頭文字をとった表現です。LGBTは社会的偏見にさらされてきたという経緯があります。職場においても、雇用差別やハラスメント被害などの問題があります。たとえば、採用面接の会場に、戸籍上の性別と違った服装で行ったところ、トランスジェンダーであることを理由に、面接を中断されてしまった場合や、社内で、労働者がトランスジェンダーであることについて、本人の意思に反して他の労働者に暴露するような行為などが挙げられます。これらの行為は、偏見に基づく差別的な取扱いを生じさせる可能性があります。

　なお、ハラスメント被害について、厚生労働省は、セクハラに該当する許されない行為を指針として定めています。特に性的指向・性自認に関する侮辱的な言動を受けた労働者が、性的志向や性自認について、実際にLGBTであるか否かは問わない点が重要です。

　また、「性的指向又は性自認を理由とする差別の解消等の推進に関する法律案」については、令和3年度の通常国会への提出が見送られた結果、成立には至りませんでした。この法律案では、性的指向（恋愛感情又は性的感情の対象となる性別についての指向）や性自認（自己の性別についての認識）による差別の禁止、差別の解消に向けた基本的事項が盛り込まれていました。しかし、その後に性的指向・性自認の多様性に関する施策の推進に向けて、基本理念や国・地方公共団体の役割を定めた「性的指向及びジェンダーアイデンティティの多様性に関する国民の理解の増進に関する法律」（LGBT理解増進法）が令和5年6月に成立・施行されました。今後もLGBTなどの性的少数者に対する差別の解消に向けた法整備が進められていくと考えられます。

PART 3

非正規雇用

PART3-1 短時間・地域限定正社員制度

非正規雇用

短時間の勤務で正社員として働くことができる制度

■ 短時間正社員制度とは

　短時間正社員制度とは、他のフルタイムの正社員と比較して、その所定労働時間（所定労働日数）を短く設定して正社員として雇用する制度のことをいいます。短時間正社員制度について具体的に定めた法律はないため、労働基準法や最低賃金法などの法律を遵守する限り、企業内でこのような働き方を就業規則等で定めて独自のルールを決定することができます。

　短時間正社員に該当する要件として、①期間の定めのない雇用契約（無期労働契約）を締結している者であって、②時間当たりの基本給や賞与、退職金などの算定方法等が同一事業所に雇用される同種のフルタイムの正社員と同等である者であることが必要となります。

　短時間正社員制度の導入により、ライフスタイルやライフステージに応じたさまざまな働き方が可能となることから、多様な人材が正社員として勤務することが可能になります。

　また、育児や介護などさまざまな事情によってフルタイムで就業することが困難な人たちに対して、就業の継続や就業の機会を与えることができる点も大きな長所です。

　企業側にとっても、短時間正社員制度を通じて人材を確保することができるため、人材不足や社員が定着しないという課題の解決につながります。企業全体の生産性や効率が向上するとともに、少子・高齢化が進む我が国において、企業の社会的責任を果たすきっかけとして、短時間正社員制度を位置付けることも可能です。

短時間正社員制度のデメリット

まず、短時間正社員の勤務時間はフルタイムの正社員と比べて短いため、どうしても収入が低くなってしまう。また、勤務時間の短さから、残業が発生するような負担の大きい業務や高難度の業務、責任の大きい業務を任されにくいため、自身が望む仕事を任せてもらえないこともある。企業の側から見ても、短時間正社員に大きなプロジェクトなどを任せることが難しいという制約があることはデメリットである。

短時間正社員制度

フルタイム
正社員　（例）9:00 始業 ──────── 18:00 終業

短時間正社員制度　育児・介護など　必要な事柄に時間を充てることができる

短時間正社員　（例）9:00 始業　13:00 終業
可能な範囲で仕事を継続できる

① 期間の定めのない雇用契約（無期労働契約）を締結していること
② 時間当たりの基本給や賞与、退職金などの算定方法等が同一事業所に雇用される同種のフルタイムの正社員と同等であること
∴派遣社員やパート社員は対象にならない

■ 短時間正社員をどのように管理すればよいのか

　企業が短時間正社員制度を導入する際には、労働条件についても綿密に検討することが重要となります。あくまでも正社員として登用する制度である以上、成果評価や人事評価の方法について、原則的に他の正社員と同様の基準に従って判断する必要があります。さらに、キャリアアップの方法として短時間正社員制度を導入する企業については、具体的なキャリアの相互転換に関する規定をあらかじめ明確に定めておくべきでしょう。

■ 地域限定正社員制度とは

　短時間正社員制度とは別に、地域限定正社員制度を設けている会社もあります。短時間正社員が労働時間に制限がある正社員であるのに対し、地域限定正社員は、転勤に制限のある正社員のことをいいます。

　地域限定正社員制度においては、全国的な転勤は不可として同一県内や同一市町村内での転勤のみ可とすること、または転勤はまったく行わないとすることができます。

地域限定正社員制度を設けるメリット

短時間正社員制度と同様に、多様な人材を確保できることにある。最近では、仕事と家庭の両立が重要視され、単身赴任を拒否するケースがある。転勤の有無によって有能な人材を確保できないという事態を回避できる。

また、パートタイム・有期雇用労働法で、正社員と有期雇用労働者の不合理な待遇差は禁止されているが、転勤の有無は、不合理な待遇差の考慮要素のひとつとして挙げられる。そこで有期雇用労働者から正社員のステップアップとして、地域限定正社員制度を導入する企業も増えている。

PART3 2 パートタイマーを雇う際の注意点

非正規雇用

パートタイマーの保護を目的とした法律もある

■ パートタイマーとは

パートタイマー（パートタイム労働者またはパート社員ともいう）とは、契約（雇用期間）の定めがあり、正社員と比べて短い労働時間（少ない労働日数）で働いている短時間労働者であると解釈できます。パートタイマーの労働環境の改善（均衡待遇の確保など）を目的とする法律として、パートタイム・有期雇用労働法が存在します。

パートタイム・有期雇用労働法2条では、短時間労働者とは、「1週間の所定労働時間が同一の事業主に雇用される通常の労働者の1週間の所定労働時間と比し短い労働者をいう」と定義されています。なお、この定義では、契約期間の定めの有無を問題としていない点に留意する必要があります。

■ 労働基準法などの適用

労働基準法の「労働者」とは、職業の種類を問わず、事業または事務所に使用される者で、賃金を支払われる者です。したがって、パートタイマーも労働者に含まれ、労働基準法の適用を受けます。また、労働基準法だけでなく、労働契約法、労働組合法、最低賃金法、労働安全衛生法、労災保険法、男女雇用機会均等法など、労働者に関する他の法律も適用されます。

■ パートタイム・有期雇用労働法

パートタイム・有期雇用労働法は、正社員とパートタイマーや有期雇用労働者との間の不合理な待遇差の解消を目的とし、

疑似パート

疑似パートと呼ばれる労働者（正社員以外で1週間あたりの所定労働時間が正社員と同時間の労働者のこと）は、かつてはパートタイム労働法の適用対象外だった。しかし、パートタイム労働法から改称されたパートタイム・有期雇用労働法の施行により、同法の「有期雇用労働者」に該当すれば、疑似パートも適用対象に含まれることになった。つまり、有期雇用契約を結んでいる場合であれば「有期雇用労働者」に該当することになる。

パートタイム・有期雇用労働法

「短時間労働者及び有期雇用労働者の雇用管理の改善等に関する法律」の略称。以前は「パートタイム労働法」という名称だったが、パートタイマー（短時間労働者）に加えて、同じく非正規労働者として扱われる「有期雇用労働者」（契約社員、アルバイト、疑似パートなど）も適用対象に含めることになり、法律の名称が変更された。

パートタイマー（短時間労働者）とは

パートタイム・有期雇用労働法による定義
1週間の所定労働時間が同一の事業所に雇用される通常の労働者の1週間の所定労働時間に比べて短い労働者

例
・スーパーのレジ係
・工場の工員
・ファミレスの店員等

令和2年4月1日に施行されました。この法律により、正社員とパートタイマーや有期雇用労働者との間で、基本給や賞与などの待遇について不合理な差を設けることが禁止されました。

同法3条1項では、事業主の責務として、短時間・有期雇用労働者の就業の実態などを考慮して、適正な労働条件の確保、教育訓練の実施、福利厚生の充実、通常の労働者への転換の推進に関する措置などを講じることで、「通常の労働者（正社員）との均衡のとれた待遇の確保等を図り、当該短時間・有期雇用労働者がその有する能力を有効に発揮することができるように努める」ことを定めています。

さらに、短時間・有期雇用労働者は、正社員との待遇差の内容や理由などについて、事業主に説明を求めることができるようになりました。事業主は求めがあった場合に説明する義務が生じます。また、説明を求めた労働者に対する解雇などの不利益扱いは禁止されています。

■ パート用就業規則を作成する

正社員やパートタイマーといった雇用形態にかかわらず、常時10人以上の労働者を使用する会社の事業所では、就業規則を作成する必要があります。就業規則の具体的な内容は、法令や労働協約に反しない範囲内であれば、各事業所の事情に沿って

有期雇用労働者の範囲
パートタイム・有期雇用労働法2条2項は、有期雇用労働者とは、「事業主と期間の定めのある労働契約を締結している労働者」と定義している。この定義にはフルタイムの非正規労働者（契約社員など）も含まれる。

短時間・有期雇用労働者
短時間労働者および有期雇用労働者の総称である。

自由に定めることができます。パート用就業規則（パートタイマーに適用される就業規則のこと）を作成する際にも、前述したように、労働基準法をはじめとする労働者に関する他の法律は、パートタイマーにも適用されます。

特にパートタイム・有期雇用労働法や短時間・有期雇用労働指針の内容を理解して、その内容に沿ったパート用就業規則を作成することが必要です。その他、パート用就業規則を作成する際に注意すべき点として、以下のものがあります。

① 対象者を明確にする

同じ事業所に適用される就業規則を複数作成する場合は、その就業規則の適用対象となる労働者が誰なのかを明確にすることが必要です。雇用形態の違う労働者それぞれについて別個の就業規則を作成する義務はないため、似たような労働条件である労働者について同じ就業規則を使ってもかまいません。しかし、正社員とパートタイマーは労働時間や賃金体系が異なるのが一般的なため、正社員用就業規則とは別に、パート用就業規則を個別に作成し、労働条件の違いを明記しておくことは、トラブルの未然防止にもつながります。

② 正社員との均衡を考慮する

パートタイマーという雇用形態でも、正社員と仕事内容・責任の程度・配置転換の範囲などが同等の場合は、賃金などの待遇も同等にしなければなりませんので、十分注意しましょう。

③ パートタイマーの意見を聴く

パートタイマーが労働組合に加入していない場合や、加入している人数が少ない場合においても、パートタイマーの意見を反映するため、パート用就業規則を作成・変更しようとする場合に、事業主（会社）は、事業所で雇用するパートタイマーの過半数代表者の意見を聴くように努めなければなりません。

短時間・有期雇用労働指針

「事業主が講ずべき短時間労働者及び有期雇用労働者の雇用管理の改善等に関する措置等についての指針」の略称。「パートタイム・有期雇用労働指針」と呼ばれることも多い。

就業規則の対象

派遣社員の場合、派遣元が雇用主であるため、実際に就業している事業場（派遣先）の就業規則の対象にはならないことに注意が必要である。

短時間・有期雇用労働指針の主な内容

短時間労働者・有期雇用労働者の雇用管理の改善等に関する措置等についての指針の主な内容

① 事業主は、短時間・有期雇用労働者にも労働基準法・最低賃金法など、労働関係の法令が適用されることを認識し遵守すること

② 短時間・有期雇用労働者の雇用管理の改善措置・就業実態を踏まえた待遇措置を講ずるように努めること

③ 事業主は、一方的に労働条件を短時間・有期雇用労働者にとって不利益に変更することは法的に許されないと意識すること

④ 事業主は、短時間・有期雇用労働者の労働時間と労働日の設定・変更にあたっては、短時間・有期雇用労働者の事情を十分に考慮して定めるように努めること

⑤ 事業主は、短時間・有期雇用労働者については、できるだけ時間外労働、労働日以外の労働をさせないように努めること

⑥ 事業主は、短時間・有期雇用労働者の退職手当、通勤手当などについて、正社員との均衡を考慮して定めるように努めること

⑦ 事業主は、短時間・有期雇用労働者の福利厚生施設の利用について、就業実態・正社員との均衡を考慮した取扱いをするように努めること

⑧ 事業主は、短時間・有期雇用労働者から求められたら、法令で定められた事項以外の事項でも説明し、また、自主的な苦情処理による解決を図るように努めること

⑨ 事業主は、雇用管理の措置を講じるにあたって、短時間・有期雇用労働者の意見を聴くように努めること

⑩ 事業主は、短時間・有期雇用労働者が法律で認められた正当な権利を行使したことを理由に不利益な取扱いをしてはならないこと

⑪ 事業主は、短時間・有期雇用管理者を選任したときには、氏名を見やすい場所に掲示し、短時間・有期雇用労働者に知らせるように努めること

PART3 3 パートタイマーの採用手続き

非正規雇用

パートタイマーの労働条件を明確にする

■ 雇用管理の際の注意点

パートタイマー（アルバイトも含む）の雇用管理は、正社員の雇用管理と共通する部分と異なる部分があります。

・採用

事業主は、パートタイマーを含めた短時間・有期雇用労働者と労働契約を締結する際、労働基準法やパートタイム・有期雇用労働法に基づき、一定の事項を記載した書面（労働条件通知書）によって明示することが義務付けられています。この労働条件明示義務に違反した場合は、30万円以下の罰金に処せられることがあるため注意が必要です。

・労働契約の期間

期間の定めのある労働契約（有期労働契約）の期間は原則3年以内なので、その範囲内で契約期間を設定します。また、労働契約の更新の有無や更新の上限を明確にします。「更新する場合があり得る」とした有期労働契約において「更新しない」（雇止め）とする場合には、30日前までに、その意思を労働者に伝えなければなりません。

・勤務場所が変わる異動

勤務場所の変更を伴う異動は、長期雇用を前提とした正社員に適用される制度であり、パートタイマーに本来予定された制度とはいえません。本人の同意を得られたとしても、同じ事業場（事業所）内の異動に限るなど、正社員の異動とは別の規定を設けるという検討が必要になるでしょう。

賃金体系などの説明

短時間・有期雇用労働者を雇い入れた事業主は、速やかに、賃金体系や教育訓練といった事項について説明することが義務付けられている（14条）。

労働条件通知書の明示方法

書面が原則であるが、労働者が希望した場合はFAX、メール、SNSのメッセージ機能などでも明示できる（労働者が印刷や保存をしやすいように添付ファイルとして送るのが望ましい）。

パートタイマーを採用するときに提出してもらう書類

絶対に必要なもの	該当すれば必要となってくるもの
履歴書（職務経歴書を含む）	雇用保険被保険者証
身分証明書（免許証や学生証）	年金手帳
扶養控除等（異動）申告書	源泉徴収票
通勤経路を記載した書類	在学証明書(高校生) 住民票記載事項証明書(年少者)
個人番号カード（ない場合は通知カード）	健康診断書
給与振込口座申請書	※資格証明書
※守秘義務誓約書　※身元保証契約書	※会社によっては提出を求めないところもある

・労働契約の解除（解雇）

　契約期間中に使用者から労働契約を一方的に解除することを解雇といいます。使用者は、やむを得ない事由がある場合でなければ、契約期間の定めある労働者（有期雇用労働者）を、契約期間満了前に解雇することはできません。

　一方、有期労働契約の契約期間満了時に、使用者が契約更新を拒絶することを雇止めといいます。雇止めには解雇の規制が及びませんが、①有期労働契約が何度も更新され、契約期間の定めのない労働者（無期雇用労働者）と同視できる場合、②労働者が契約更新に合理的な期待をもっている場合は、その後の雇止めが制限されることがあります。これを雇止め法理といいます（66ページ）。

・賃金、賞与、退職金

　ほとんどの企業で、パートタイマーの賃金は、正社員の賃金に比べて低く抑えられています。パートタイム・有期雇用労働法10条は、通常の労働者（正社員）との均衡に配慮して、短時間・有期雇用労働者の賃金の決定を行うことを事業主に求めています。もっとも、これは事業主の努力を求める規定（努力規

個人番号カード

マイナンバーカードのこと。マイナンバーカードは身分証明書としても利用できる。マイナンバーカードがない場合は、通知カードなどのマイナンバー（個人番号）が確認できる公的書類を提出してもらう。

説明の要求を理由とする解雇禁止

短時間・有期雇用労働者は、正社員（通常の労働者）との待遇差の内容や理由などに関する説明を求めることができ、これを求めたことを理由に、事業主が当該労働者を解雇することは禁止されている。

定）です。常に同一であることを義務付けているわけではありませんが、パートタイム・有期雇用労働法では、短時間・有期雇用労働者に対する不合理な待遇の禁止（8条）、通常の労働者と同視すべき短時間・有期雇用労働者に対する差別的取扱いの禁止（9条）が規定されていることに注意が必要です。

なお、後者の差別的取扱いの禁止は、その適用対象になる短時間・有期雇用労働者が限定されています。具体的には、通常の労働者と職務内容が同一で、雇用期間すべてにわたって職務内容や配置の変更の範囲も通常の労働者と同一であることが見込まれる短時間・有期雇用労働者が適用対象になります。

また、不合理な待遇の禁止や差別的取扱いの禁止は、基本給や賞与、昇給、各種手当といった賃金の他にも、教育訓練、福利厚生に関する事項など、さまざまな待遇について禁止の対象になることに注意が必要です。事業主が不合理な待遇や差別的取扱いを行ったと認める場合は、それが不法行為にあたり、パートタイマーから損害賠償請求を受けるおそれがあります。

・労働時間

短時間・有期雇用労働指針は、事業主に対し、短時間・有期雇用労働者について、できるだけ所定労働時間を超えて、または所定労働日以外の日に労働させないよう努めることを求めています。所定労働時間を超える労働の有無は、労働契約の締結の際に書面（労働条件通知書）で明示します。さらに、パートタイマーに時間外・休日労働を要請する際は、そのつど事情を説明の上、個別的な同意を求めるべきでしょう。

・年次有給休暇（有休）

パートタイマーにも年次有給休暇が与えられます。ただし、パートタイマーの1週・1年間の所定労働日数が正社員（通常の労働者）に比べて相当程度少ない場合、年次有給休暇は比例付与になります。休暇に関する事項は就業規則の絶対的必要記載事項ですから、パートタイマーの年次有給休暇に関する規定

同一労働同一賃金ガイドライン

正式名称は「短時間・有期雇用労働者及び派遣労働者に対する不合理な待遇の禁止等に関する指針」である。正社員と非正規労働者（パートタイマー・有期雇用労働者・派遣労働者）との間で待遇差が存在する場合、いかなる待遇差が許されないのかなど、原則となる考え方と具体例が示されている。

退職金

退職金は、その支給条件や金額などが就業規則や労働協約に定められているときは「賃金」に該当する。パートタイマーには退職金が支給されない場合が多いが、退職金の不支給が不合理な待遇や差別的取扱いに該当し、許されないと判断されることもあり得る。

> **短時間・有期雇用労働者の賃金と昇級・賞与を決定する際の考慮事項**
>
> | 賃金の決定 | 昇給・賞与の決定 |
> |---|---|
> | ◆ 経験・資格等
◆ 会社の業績
◆ 従事する仕事の内容
◆ 近隣同業他社の相場
◆ 労働力市場の状況
　　　　　　　　　　など | ◆ 勤続年数
◆ 会社の業績
◆ 会社への貢献度
◆ 知識・経験・技術の向上度合い
◆ 就業規則などによる取り決め
　　　　　　　　　　など |
>
> 短時間・有期雇用労働者（パートタイマーなど）と通常の労働者（正社員）との待遇（基本給や賞与など）の相違は、①職務の内容（業務の内容、当該業務に伴う責任の程度）、②職務の内容の変更の範囲、③配置の変更の範囲、④その他の事情のうち、待遇の性質・目的に照らして適切なものを考慮して、不合理と認められる相違を設けてはならない（パートタイム・有期雇用労働法８条、不合理な待遇の禁止）。

も必ず就業規則に定めなければなりません。もっとも、就業規則には比例付与の表を載せるか、単に年次有給休暇は労働基準法に従って付与すると規定するだけでもよいでしょう。

・健康診断

以下のいずれかにあたるときに限り、常時使用される労働者となり、事業主は、その労働者に対して一般健康診断を実施する義務が生じます。

① 期間の定めのない労働契約により使用される者（期間の定めがある労働契約であっても、当該契約の更新により１年以上使用されることが予定されている者および当該労働契約の更新により１年以上引き続き使用されている者を含む）
② １週間の労働時間数が当該事業場において同種の業務に従事する通常の労働者の１週間の所定労働時間の４分の３以上であること

一般健康診断
常時使用する労働者に対し、１年以内ごとに１回、定期に所定の項目について医師による健康診断を行うこと。

健康診断受診義務
本文記載の①または②に該当すれば、短時間・有期雇用労働者であっても、事業主は、その該当する労働者に対して一般健康診断を実施する義務を負う。一方、①または②に該当する労働者も、事業主の実施する健康診断を受診する義務（健康診断受診義務）を負うことになる。

PART3 4 パートタイマーの雇止めと無期転換ルール

非正規雇用

通算5年を超えて契約更新を続けたパートタイマーは無期労働契約への転換が可能

■ 雇止めとは

有期労働契約において、契約の更新を拒否し、契約期間の満了をもって会社（使用者）から労働契約を終了させることを雇止めといいます。一方、契約期間が満了した後も、労働者が引き続き働き、会社が何ら異議を述べなかった場合は、同一の条件により有期労働契約が黙示的に更新されたものと扱われます。

雇止めについては、①有期労働契約が反復継続して更新され、更新を行わないことが解雇と同視できる場合、②更新の手続きが形式的に行われていた場合など、労働者が更新を期待することに合理的な理由があると認められる場合は、雇止め法理が適用されることがあります。①②に該当するかどうかは、雇用の臨時性・常用性、更新の回数、業務内容、雇用の継続に対する使用者の言動などから判断され、該当すると判断された場合は雇止め法理が適用されて雇止めが無効となり、従前と同一の労働条件で有期労働契約が更新されます。

会社は、雇止め法理に関連するトラブルや紛争を防ぐためには、少なくとも以下の行為をしておくことが必要です。

ⓐ 有期労働契約の締結時や更新時に、更新の判断基準、更新上限の有無・内容などを労働条件通知書で明示すること
ⓑ 3回以上更新されているか、または1年を超えて継続勤務しているパートタイマーを雇止めするには、少なくとも期間が満了する日の30日前までにその予告をすること
ⓒ 労働者から雇止めの理由を明示するように請求があった場合は、遅滞なく証明書を交付すること

労働条件通知書への明示事項の追加

令和6年4月以降、有期労働契約の労働条件通知書に明示すべき事項として、①更新上限の有無・内容（通算契約期間または更新回数の上限）、②無期転換申込権が発生する更新のタイミングごとに無期転換の申込みができる旨、③無期転換申込権が発生する更新のタイミングごとに無期転換後の労働条件、の3つが追加された。
なお、更新の判断基準（有期労働契約を更新する場合の基準に関する事項）は、従来から労働条件通知書に明示すべき事項である。

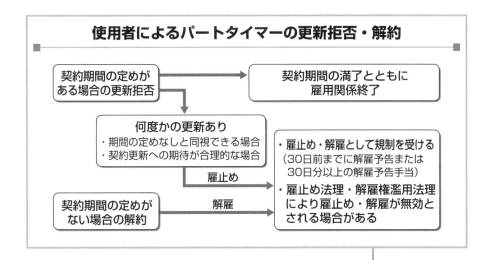

　なお、会社が労働者と有期労働契約を結ぶ際、契約期間が満了した場合には更新しないことを、あらかじめ労働者と合意しておくことを不更新特約（不更新条項）と呼びます。会社としては、パートタイマーの入社時に不更新特約を盛り込んだ有期労働契約を結ぶことで、雇止め法理の適用を受けることなく、後述する無期転換ルールが適用される前に有期労働契約を終了できる場合があります。ただし、労働者が無期労働契約への転換を申し込まないことを条件に契約更新をするなど、無期転換申込権（無期労働契約への転換を申し込む権利のこと）をあらかじめ放棄させて有期労働契約を結ぶことはできません。

　しかし、不更新特約に関しては、契約書などに不更新特約を設けたとしても、常に雇止めが有効になるとは限りません。労働契約は会社と労働者との間の合意が必要ですが、往々にして労働者は立場が弱いため、本心では更新を希望しているにもかかわらず、労働者は不更新特約が設けられた有期労働契約に合意せざるを得ないことがあります。

　このように、真意に背いて不更新特約が付いた労働契約を締結せざるを得ない状況にあったと認められると、不更新特約に

更新上限特約

本文記載のような不更新特約の他、有期労働契約の締結時に更新の上限（限度）についてあらかじめ合意しておくことを「更新上限特約（更新限度特約）」という。

基づく雇止めが客観的に合理性を欠くと判断され、最終的には裁判所でも雇止めが否定されることにもなりかねません。

そこで、契約前に不更新特約を十分に説明し、契約後も継続的に相談に応じるなどの配慮が必要です。不更新特約を盛り込んだ労働契約自体が有効としても、再就職のあっせん、慰労金の支払い、年休残日数への配慮など、会社はパートタイマーにも真摯に向き合い、無用なトラブルを防止しましょう。

■ 無期転換ルールとは

同一の使用者との間で、有期労働契約が通算5年を超えて更新された場合には、労働者からの申込みにより、期間の定めのない労働契約（無期労働契約）に転換させることが使用者に義務付けられています。これを無期転換ルールといい、使用者は労働者からの申込みを断ることはできません。同一の使用者かどうかは、事業所単位ではなく事業主単位で判断します。無期労働契約に転換した際の労働条件は、原則として転換前と同一の労働条件が適用されます。

■「クーリング期間」について

無期転換ルールは「通算5年」という通算契約期間の算定について例外が認められています。それは、有期労働契約の終了から次の有期労働契約の開始までの間（空白期間）が6か月以上の場合は「通算」が認められなくなるというものです。このときの空白期間を「クーリング期間」と呼んでいます。

なお、この例外の適用を受けるため、使用者が、もとの有期労働契約の終了後、実質的に職務内容などが同じであるにもかかわらず、派遣の形態に変更したり請負契約の形式を装ったりして、契約当事者を形式的に他の使用者に切り替える場合があります。この場合、形式的にはクーリング期間が生じるように見えますが、使用者が無期労働契約への転換を嫌がり、無期転

契約期間が10か月以下の場合

クーリング期間の前の有期労働契約の契約期間が10か月以下の場合には、その契約期間に応じてクーリング期間が6か月よりも短くなる。具体的には、有期労働契約の契約期間の2分の1を基本として、クーリング期間の長さが決定される。たとえば、有期労働契約の契約期間が6か月の場合のクーリング期間は、3か月ということになる。

無期転換ルールの例外（有期特措法）

5年超の一定期間内に完了予定のプロジェクトに従事する高度専門知識を持つ有期雇用労働者	→	10年を上限とするプロジェクト完了予定期間は無期転換申込権が発生しない
定年後に継続して雇用されている有期雇用労働者	→	定年後に継続して雇用されている期間は無期転換申込権が発生しない

換ルールの適用を逃れるための潜脱行為といえます。このような派遣や請負などを利用した潜脱行為があったときは、クーリング期間が生じず、潜脱行為の期間を含めて労働者は「通算して」雇用されていたと判断されると考えられています。

■ 無期転換ルールの効果

有期労働契約のパートタイマーが無期労働契約に転換しても、パートタイマーが正社員になることを直ちに意味するものではありません。有期労働契約から無期労働契約に転換した場合、契約期間以外の労働条件（職務内容、勤務地、労働時間、賃金など）は、労働協約や就業規則などに別段の定めがある場合を除き、これまでの労働条件が引き継がれるからです。つまり、無期転換ルールの適用により、有期労働契約のパートタイマーから無期労働契約のパートタイマーに変更されます。

一方、無期労働契約に転換される際に、別段の定めがないにもかかわらず、これまでの労働条件を引き下げることはできません。たとえば、有期労働契約者には通常定められていない定年などの労働条件を適用する必要がある場合は、あらかじめ明確に設定しておく必要があります。

> **無期転換ルールの特例**
>
> 本文記載の無期転換ルールには以下の特例があり、いずれも都道府県労働局長の認定が必要となる。
> ① 高度専門職に対する特例
> 対象となるのは、博士の学位を有する者や公認会計士、システムアナリストの資格保持者などで、一定の年収要件に該当する専門職となっている。これらの専門職は、5年超の一定期間内に完了予定のプロジェクトに従事している期間は、上限を10年として無期転換申込権が発生しない。
> ② 継続雇用の高齢者に対する特例
> 同一使用者の下で定年後も引き続き雇用される高齢者は、その期間は無期転換申込権が発生しない。

パートタイマーの待遇確保

PART3 5
非正規雇用

労働保険や社会保険への加入の有無は労働時間によって異なる

■ 不合理な待遇の禁止

　令和2年4月1日に「パートタイム・有期雇用労働法」が施行され、同一企業内における正社員とパートタイマーや有期雇用労働者との間で、基本給、昇給、賞与や各種手当といった賃金の他、教育訓練、福利厚生などの待遇について不合理な待遇差を設けることが禁止されました（不合理な待遇の禁止）。

　厚生労働省の告示である「同一労働同一賃金ガイドライン」には、正社員との待遇差が存在する場合において、いかなる待遇差が不合理なものであり、いかなる待遇差が不合理なものでないのか、原則となる考えや具体例が示されています。

　たとえば、賞与について、会社業績への貢献に応じて支給される部分については、正社員と同じ貢献であれば同一の支給を行い、違いがあれば違いに応じた支給を行わなければならないと示されています。昇給についても、勤続年数による能力の向上に応じて行われる部分については、同一の能力の向上であれば同一の昇給を行うことが必要であると示されています。

　一方、退職手当や住宅手当など、具体的に示されていない項目もありますが、それらについても、不合理と認められる待遇差は解消するよう求められています。

　また、パートタイマーは、正社員との待遇差の内容や理由などについて、使用者に説明を求めることができ、使用者には説明義務が発生します。違反企業への罰則などは特に設けられていませんが、損害賠償請求などが生じる可能性があるため、不合理な待遇差であると認められるおそれがある場合は、待遇の

差別的取扱いの禁止

「パートタイム・有期雇用労働法」の施行により、パートタイマーや有期雇用労働者のうち、職務内容が正社員と同じであって、職務内容や配置の変更の範囲も正社員と同じである者（通常の労働者と同視すべき短時間・有期雇用労働者）については、その待遇について、正社員と同等の扱いが求められるようになった（差別的取扱いの禁止）。

同一労働同一賃金ガイドライン

正式名称は「短時間・有期雇用労働者及び派遣労働者に対する不合理な待遇の禁止等に関する指針」である。

パートタイマーと労働保険・社会保険の適用

保険の種類		加入するための要件
労働保険	労災保険	なし（無条件で加入対象になる）
	雇用保険	31日以上引き続いて雇用される見込みがあり、かつ、1週間の労働時間が20時間以上であること
社会保険	健康保険	1週間の所定労働時間および1か月の所定労働日数が正社員の4分の3以上であること
	厚生年金保険	※1週間の所定労働時間または1か月の所定労働日数が正社員の4分の3未満の場合は一定条件を満たしていること（本文参照）

改善が求められます。会社は、雇用形態にかかわらず、すべての労働者が納得して働き続けることができるように、同一労働同一賃金が実現できる環境整備を進めることが必要です。

■ 労働保険や社会保険への加入条件

一定の要件に該当すれば、パートタイマーも労働保険（労災保険・雇用保険）や社会保険（健康保険・厚生年金保険）に加入する必要があります（上図）。

① 労災保険の加入条件

労災保険は、雇用形態にかかわらず、労働者を一人でも雇用している会社は事業所単位で強制加入であり、パートタイマーも当然に適用対象です。労災保険は事業所単位での適用となるため、本店の他に支店などがある場合は、本店・支店それぞれで加入する必要があります（一定の要件を満たす場合は事務処理の一括が可能）。

② 雇用保険の加入条件

雇用保険は、原則として1週間の所定労働時間が20時間以上

であり、かつ、31日以上引き続いて雇用見込みがある労働者が適用対象になります。しかし、パートタイマーは、シフト勤務のために勤務時間や日数が不規則になることがあります。1週間の労働時間が決まっていない労働者は、1か月の労働時間が87時間以上の場合に雇用保険の適用対象となります。その他、季節的に雇用される労働者（積雪など自然現象の影響を受ける業務）は、4か月を超える期間を定めて雇用され、かつ、1週間の所定労働時間が30時間以上の場合が適用対象です。

一方、労働者が退職した際は、雇用保険の資格喪失の手続きが必要ですが、雇用が継続している途中で労働時間が変更される場合も注意が必要です。たとえば、当初の労働契約では加入要件を満たしていても、その後の労働条件の変更により1週間の労働時間が20時間未満となった場合は、その時点で雇用保険の資格喪失とみなし、資格喪失の手続きが必要となります。

③ 社会保険の加入条件

社会保険は、原則として1週間の所定労働時間と1か月の所定労働日数が正社員の4分の3以上の労働者が適用対象になります。ただし、被保険者数が常時51人以上の企業（特定適用事業所）は、正社員の4分の3未満でも、ⓐ1週間の所定労働時間20時間以上、ⓑ月額賃金8.8万円以上（年収106万円以上）、ⓒ雇用期間2か月以上（見込みを含む）、ⓓ学生でない、という要件をすべて充たす短時間労働者も、社会保険の被保険者になる点に注意が必要です。また、被保険者数が常時50人以下の企業（任意適用事業所）でも、労使合意に基づき申し出をする法人・個人の事業所や、地方公共団体に属する事業所も、社会保険の適用対象となります。

一方、雇用保険と同様に、雇用が継続している途中で勤務日数が少なくなったなどの理由で加入要件を充たさなくなった場合は、社会保険の資格喪失の手続きが必要となります。

社会保険加入要件の拡大

短時間労働者に社会保険が適用される特定適用事業所については、従来は被保険者数が500人超の企業を対象にしていた。しかし、令和4年10月以降は100人超の企業を対象としており、令和6年10月以降は50人超の企業まで対象が拡大された。本文では令和6年10月以降の「50人超」に基づいて記載している。

高所得者の配偶者特別控除など

本文記載のように、配偶者の年収が201万円を超えない限り、配偶者特別控除を受けることができる。しかし、合計所得金額が900万円を超える高所得者は、段階的に配偶者特別控除額が減額され、合計所得金額が1,000万円を超える高所得者は、配偶者特別控除の対象外となるため、注意が必要である。

税金や社会保険に関する収入要件

	対象	制限の内容
100万円を超えると	住民税	保育園や公営住宅の優先入所、医療費助成などの自治体のサービスの一部が制限される場合がある
103万円を超えると	所得税	夫（妻）が所得税の配偶者控除を受けられなくなる ※「150万円以下」の場合は同額の配偶者特別控除が受けられる
130万円を超えると	社会保険	健康保険などの夫（妻）の被扶養者にはなれない ※被保険者が常時51人以上の企業では「年収106万円以上」となる（令和6年10月以降）

■ パートタイマーの所得調整・年末調整

　会社員の配偶者がパートタイマーで働いており、その配偶者が年収103万円以下であれば、配偶者本人の所得税が課税されず、会社員の控除対象配偶者になります。給与収入から控除される給与所得控除額が最低55万円、すべての人が対象の基礎控除額が48万円（合計所得金額が2,400万円以下の場合）であるため、年収103万円以下であれば所得が「ゼロ」になり所得税が課税されません。

　ただし、配偶者特別控除が適用される場合は、配偶者の年収150万円まで配偶者控除と同額（38万円、配偶者が70歳以上の場合は48万円）の控除が受けられます（150万円超から減少して201万円超でゼロとなる）。

　そして、パートタイマーであっても、所得税を源泉徴収されていた場合は、年末調整（1年間に源泉徴収した所得税の合計額と本来の所得税額を一致させる手続）を行うことで、源泉所得税の還付を受けることができます。

配偶者特別控除
たとえば、配偶者の年収が103万円を超えたとしても、配偶者特別控除を受けることができる。

給与所得控除と基礎控除の改正
令和2年度から給与所得控除と基礎控除の改正が行われた。基礎控除額が10万円増えた分、給与所得控除額が10万円減ったため、プラスマイナスゼロとなるが、年収850万円超から給与所得控除額の減額が大きくなる。

PART3 6 非正規雇用

高年齢者雇用安定法と継続雇用制度

継続雇用制度として再雇用制度の導入等が可能である

■ 高年齢者雇用安定法とは

　高年齢者雇用安定法は、働く意欲がある高年齢者が、その能力を十分に発揮して高年齢者が活躍できる環境を整備することを目的とする法律です。具体的には、労働者の定年を60歳未満にすることを禁止しています。また、65歳未満の定年制を採用している事業主に対し、雇用確保措置として、①65歳までの定年の引上げ、②65歳までの継続雇用制度の導入、③定年制の廃止、のいずれかを導入する義務を課しています。企業の実態として、雇用確保措置のうち、多くの企業が採用しているのが、②65歳までの継続雇用制度です。

　さらに、令和3年4月1日以降は、70歳までの就業確保を支援すること（就業確保措置）が事業主の努力義務となっています。具体的には、①～③に加えて、④継続的に業務委託契約する制度、⑤社会貢献活動に継続的に従事できる制度、のいずれかの就業確保措置を導入する努力義務が課されています。

■ 定年制の廃止、定年年齢の引上げ

　令和5年「高年齢者雇用状況等報告」（厚生労働省）によると、65歳以上を定年としている企業（定年制を廃止している企業を含む）の割合は30.8％で、近年は増加傾向にあります。定年制の廃止や定年年齢の引上げをするメリットは、それまでの職務の中で培ったノウハウを活用し、仕事の効率化ができることです。また、高年齢者を積極的に活用する企業に対する評価が高まることで、人材採用で有利になることもあります。

高年齢者雇用安定法
正式名称は「高年齢者等の雇用の安定等に関する法律」。

高年齢者雇用安定法の一部改正
本文中の④と⑤の就業確保措置は、65歳以降については高齢者の健康や生活環境も配慮して必ずしも雇用という形態に縛られずに働きたいという高齢者のニーズをくみ取ったものといえる。

定年制のデメリット
比較的、賃金の高い労働者が増えて、人件費負担によって会社の利益が圧迫されることである。
また、定年を廃止すると、従業員が退職を申し出ない限り、いくつになっても働き続けることが可能となる。そのため、年齢の代わりとなる、退職・解雇の基準を明確にしておく必要がある。

経過措置の対象年齢引き上げスケジュール

	年金の支給開始年齢	経過措置の適用が認められない労働者の範囲
平成25年4月1日から平成28年3月31日	61歳以降	60歳から61歳未満
平成28年4月1日から平成31年3月31日	62歳以降	60歳から62歳未満
平成31年4月1日から令和4年3月31日	63歳以降	60歳から63歳未満
令和4年4月1日から令和7年3月31日	64歳以降	60歳から64歳未満
令和7年4月1日以降（経過措置終了）	65歳以降	60歳から65歳未満

※ 年金の支給開始年齢欄の年齢は男性が受給する場合の年齢を記載

■ 継続雇用制度とは

　継続雇用制度とは、雇用している高年齢者を、本人が希望すれば定年後も引き続いて雇用する、「再雇用制度」などの制度です。

　継続雇用制度の具体的な内容は法令で定められているわけではなく、65歳まで雇用する条件については、高年齢者雇用安定法の趣旨および各種労働関係法令に違反しない範囲で、各企業で自由に定めることができます。そのため、労働条件の引下げがまったく認められないわけでありません。たとえば、「57歳以降は労働条件を一定の範囲で引き下げた上で65歳まで雇用する」という制度も継続雇用制度として認められます。

　しかし、定年になる前と比べて職務内容や配置などがほとんど変わっていないのに、賃金が大きく低下するなどという場合には、同一労働同一賃金の原則に基づき、不合理な労働条件として継続雇用制度の下で締結された契約が違法・無効と判断されるケースもあります。

　その一方で、継続雇用制度の下で、以前とはまったく異なる職務や部署に配置することは、労働者自身にとっても負担であると同時に、会社にとっても生産性の低下などを招くおそれがあります。明らかに合理性を欠く配置転換には訴訟リスクが伴

> **継続雇用制度**
> 令和5年「高年齢者雇用状況等報告」（厚生労働省）によると、高年齢者雇用確保措置を継続雇用制度の導入によって実施している企業は69.2％であり、多くの企業が継続雇用制度を導入している。なお、高年齢者雇用確保措置を定年の引上げにより実施している企業も26.9％ある。

うため、適切な処遇が求められるといえます。

継続雇用制度の類型としては、再雇用制度と勤務延長制度の2つがあります。

① 再雇用制度

再雇用制度とは、定年になった労働者を退職させた後に、もう一度雇用する制度です。雇用形態は正社員、契約社員、パート社員などを問いません。再雇用を行う場合には、労働契約の期間を1年間として、1年ごとに労働契約を更新することも可能ですが、契約更新の条件として65歳を下回る上限年齢が設定されていないことなどが必要です。

② 勤務延長制度

勤務延長制度とは、定年になった労働者を退職させず、引き続き定年前と同じ条件で雇用する制度です。再雇用制度と継続雇用制度とは、定年に達した労働者を雇用する点では共通しています。再雇用制度は、雇用契約を一度解消してから労働者と改めて雇用契約を締結するのに対して、勤務延長制度では今までの雇用契約が引き継がれる点で、両者の違いがあります。

■ 継続雇用制度の対象者を限定することは可能か

継続雇用制度を導入する場合は、希望者全員を対象としなければなりません。ただ、「高年齢者就業確保措置の実施及び運用に関する指針」(厚生労働省)では、就業規則に定める解雇事由や退職事由に該当する者(心身の故障のために業務を遂行できないと認められる者、勤務状況が著しく悪く従業員としての職責を果たし得ない者など)については、継続雇用をしないことが認められています(次ページ図)。

なお、平成25年4月1日より前から定められた労使協定による経過措置に該当する者は、65歳までの継続雇用の対象外とすることができます(前ページ図)。しかし、この経過措置は、年金の支給開始年齢に合わせて徐々に年齢が引き上げられてお

再雇用制度導入の手続き

特に決まった形式があるわけではない。就業規則の変更を届け出ることや、労働協約を結ぶなどして、再雇用制度を導入することが必要である。労働者と企業とが定年後に雇用契約を締結するというシステムを導入することが、再雇用制度導入の手続きになる。

勤務延長制度導入の手続き

特に決まった形式があるわけではない。就業規則の変更を届け出ることや、労働協約を結ぶなどして、労働者と企業との間の労働契約を60歳以降も延長するというシステムを導入することが、勤務延長制度導入の手続きになる。

継続雇用制度の対象者の限定

継続雇用する労働者の限定

就業規則に定める解雇事由や退職事由に該当する場合
- 心身の故障のために業務を遂行できない
- 勤務状況が著しく悪く従業員としての職責を果たせない
- 労働者の勤務状況が著しく悪い

など

平成25年3月までに締結した労使協定で、継続雇用制度の対象者を限定する基準を定めていた場合（令和7年3月まで）

り、経過措置が終了する令和7年4月1日以降は、65歳までの希望者全員を継続雇用制度の対象としなければなりません。

■ 異なる企業での再雇用も認められる

　高年齢者雇用安定法では、一定の条件を満たした場合には、定年まで労働者が雇用されていた企業（元の事業主）以外の企業で雇用することも可能です。その条件とは、定年まで労働者が雇用されていた企業と定年後に労働者が雇用されることになる企業とが実質的に一体と見ることができ、労働者が確実に65歳まで雇用されるというものです。

　具体的には、①元の事業主の子法人等、②元の事業主の親法人等、③元の事業主の親法人等の子法人等（兄弟会社）、④元の事業主の関連法人等、⑤元の事業主の親法人等の関連法人等で雇用することが認められます。

　他社を自己の子法人等とする要件は、その他社の意思決定機関を支配しているといえることです。たとえば親法人が子法人の株主総会の議決権の50％超を保有している場合、その子法人は①に該当し、親法人を定年退職した労働者をその子法人で再雇用すれば、雇用確保措置として認められます。

再雇用後の雇用形態

継続雇用制度の中でも、再雇用を実施している企業は多い。再雇用のメリットは、定年前と異なる労働条件や雇用形態で雇用契約を締結できる点にある。不合理な待遇差の判断方法には「その他の事情」という考慮要素があり、定年後の再雇用も考慮されると考えられている。再雇用後の雇用形態は、契約社員制度が最も多い。有期雇用契約にした上で、労働時間、仕事内容を変更する場合などが該当する。
契約期間を設ける場合でも、原則として契約更新をすることで65歳まで雇用する義務はある。ただし、高年齢者の年齢以外の勤務状況や能力といった要素を考慮して、労働者が65歳になる前に契約更新を行わないとする措置をとることは可能である。

グループ会社

本文中の①～⑤を特殊関係事業主（グループ会社）という。

PART 3　非正規雇用

PART3 7 外国人雇用

非正規雇用

労働関係に関する法令はすべての外国人労働者に適用される

■ 在留資格とは

在留資格とは、外国人が、日本に在留して一定の活動を行うことができることを示す資格のことです。外国人が来日した際には、出入国港（港や空港）において、入国審査官からの上陸許可を得なければなりません。その際には、①パスポートを所持していること、②パスポートに査証（ビザ）が記載されていること、③上陸許可基準のある在留資格についてはその基準を満たしていること、④外国人が希望している在留期間が適正で虚偽がないこと、⑤外国人が上陸拒否事由にあたらないことに加えて、⑥入国目的がいずれかの「在留資格」にあたり、それが虚偽ではないことが必要になります。

入管法では、日本に在留する外国人は、入管法や他の法律に規定がある場合を除き、「在留資格」をもって在留すると規定しています。これを受けて、入管法の「別表第一」「別表第二」に29の在留資格を定めています。別表第一では、高度専門職や特定技能の1号・2号と技能実習の1号・2号・3号をまとめて1種類の在留資格に分類していますが、これらを別種類であると数えると33の在留資格になります。

このように、日本に入国、在留する外国人は、別表第一または別表第二で定める在留資格から1つを付与され、その在留資格の範囲内の活動が許されることになっています。

■ 外国人を雇用する際に必要となる書類

外国人を雇用する場合、まず外国人向けの労働条件通知書、

在留資格とビザは別物

在留資格は、数ある在留資格のうちの1つを在留資格として付与され、その在留資格の範囲内での活動が認められるもので、日本に滞在し、活動するための根拠となる。在留資格は在留カードに記載されている。在留カードの有効期間が切れている場合や所持していない場合は不法滞在になる。一方、ビザ（査証）は、その人物の所持する旅券（パスポート）が有効で、その人物が入国しても差し支えないことを示す証書である。多くの国では入国を保証するものではなく、入国許可（上陸許可）申請に必要な書類の一部として理解されている。

雇用契約書

日本語の契約書と同じ内容の、外国人の母国語の契約書を用意する必要がある。いずれの場合も「在留カード」の提示を求めて、不法就労にならないのを確認することが必要である。特に「留学」の在留資格で在留する外国人の場合、労働時間については、原則として1週28時間以内という上限があることに注意が必要である。

在留資格の種類

日本国内で一定の活動を行うための在留資格	① 雇用・就労が可能な在留資格	外交、公用、教授、芸術、宗教、報道、高度専門職1号、高度専門職2号、経営・管理、法律・会計業務、医療、研究、教育、技術・人文知識・国際業務、企業内転勤、介護、興行、技能、特定技能1号、特定技能2号、技能実習1号、技能実習2号、技能実習3号
	② 雇用・就労が認められない在留資格	文化活動、短期滞在、留学、研修、家族滞在
	③ 特定の活動に限って認められる在留資格	特定活動
原則として日本国内で活動制限がない在留資格（雇用・就労は可能）		永住者、永住者の配偶者等、日本人の配偶者等、定住者

雇用契約書（労働契約書）、就業規則などの整備が必要です。厚生労働省から外国人向けの労働条件通知書のモデルが公開されていますので、それを参考に外国人向けの労働条件通知書を整備しましょう。労働者に交付する労働条件通知書には、以下の事項を記載しなければならない点にも注意が必要です。

・雇用契約の期間
・有期労働契約を更新する場合の基準に関する事項（通算契約期間または有期労働契約の更新回数に上限の定めがある場合には当該上限を含みます）
・就業の場所、従事すべき業務の内容（就業場所や従事すべき業務の変更の範囲を含みます）
・始業・終業の時刻、所定労働時間を超える労働の有無、休憩時間、休日、休暇、交代制勤務の場合の就業時転換に関する事項
・賃金の決定・計算・支払いの方法、賃金の締切・支払の時期、昇給に関する事項
・退職に関する事項（解雇の事由を含みます）

> **不法就労と労働基準法**
> 不法就労者であっても、他の「労働者」と同様に、労働基準法など各種の労働法上の規定が適用される。そのため、不法就労助長罪の成立とは別に、労働条件などにおいて他の労働者よりも劣悪な条件で雇っている場合には、労働基準法上の国籍を理由とする不合理な差別にあたる。

> **就業時転換**
> 交替制で勤務する労働者が交代する期日・時刻・順序などのことである。

■ 外国人労働者を雇用した後の労務管理上の注意点

労務管理においては、厚生労働省が示している「外国人労働者の雇用管理の改善等に関して事業主が適切に対処するための指針」（外国人指針）を参考にするとよいでしょう。外国人指針の主な内容は以下のとおりです。

・適正な労働条件の確保

日本人労働者との間に合理的理由のない差別を行わないこと（均等待遇）、労働時間や賃金などの労働条件を明示すること、就業規則や労働協約を周知することなどを使用者に求めています。

・安全衛生の確保

外国人労働者についても、健康診断や作業環境測定などを実施することの他、安全衛生に関する教育を行う必要があります。特に、安全衛生教育に関しては、労働災害などを防止する上で不可欠な日本語の運用能力を身につけさせるために、日本語教育を行うことなどが使用者に求められています。

・適切な労務管理の実施

外国人労働者に対して、使用者は、業務に関する事項に限らず、広く生活支援を行い、苦情・相談を受け付ける窓口を設ける必要があります。就業中に在留資格の変更などが必要になった場合には、必要な手続きを使用者が援助しなければなりません。また、外国人労働者が辞職する場合にも、再就職の支援を行うことなどが求められます。

■ 技能実習制度とは

技能実習制度とは、外国人が技能・技術や知識の修得などを目的に日本の企業に雇用され、業務活動を行う制度です。

技能実習制度においては、技能実習制度を実施する会社などは、技能実習計画を策定して、厚生労働大臣や法務大臣といった主務大臣に提出した上で、その技能実習計画が適正であることについて認定を受ける必要があります。

外国人労働者の雇用契約書を用意する

雇用契約書の末尾には両当事者が署名押印する。はじめて日本に入国する外国人労働者は印鑑を所持していないのが通常なので、その際は署名だけで足りる。契約書は日本語版と外国人労働者の母国語版の両方を用意すべきである。

雇用契約を締結した外国人労働者は、日本国内で労働する限り、日本人労働者と同様、労働基準法や労働契約法をはじめとする各種の労働関係の法令が適用される。

技能実習制度見直しの概要

問題点	現在の制度	新制度の主な内容
制度のあり方	人材育成を通じた国際貢献	・現行の技能実習制度を発展的に解消し、人手不足分野の人材確保と人材育成を目的とする新たな制度の創設 ・未熟練労働者として受け入れた外国人を、基本的に３年間の育成期間で、特定技能１号の水準の人材に育成 ・特定技能制度は、制度の適正化を図った上で現行制度を存続
新たな制度の受入れ対象分野や人材育成機能の在り方	職種が特定技能の分野と不一致	・受入れ対象分野は、特定技能制度における「特定産業分野」の設定分野に限定 ・従事できる業務の範囲は、特定技能の業務区分と同一とし、「主たる技能」を定めて育成・評価
受入れ見込数の設定等のあり方	受入れ見込数の設定のプロセスが不透明	・特定技能制度の考え方と同様、新たな制度でも受入れ分野ごとに受入れ見込数を設定（受入れの上限数として運用） ・受入れ見込数や対象分野は経済情勢等の変化に応じて柔軟に変更、有識者等で構成する会議体の意見を踏まえ政府が判断
転籍のあり方（技能実習）	原則不可	・「やむを得ない事情がある場合」の転籍の範囲を拡大・明確化し、手続を柔軟化。一定の条件の下に、本人の意向による転籍も認める ・監理団体・ハローワーク・技能実習機構等による転籍支援を実施
監理・支援・保護の在り方等	・監理団体、登録支援機関、技能実習機構の指導監督や支援の体制面で不十分な面がある ・悪質な送出機関が存在	・技能実習機構の監督指導・支援保護機能を強化し、特定技能外国人への相談援助業務を追加 ・監理支援機関の許可要件厳格化（監理団体と受入れ企業の役職員の兼職に係る制限又は外部監視の強化、受入れ企業数等に応じた職員の配置、相談対応体制の強化等） ・受入れ企業につき、育成・支援体制等に係る要件を整備 ・登録支援機関の登録要件や支援業務委託の要件を厳格化 ・地方入管、新たな機構、労基署等が連携し、不適正な受入れ・雇用を排除 ・送出国と連携し、不適正な送出機関を排除
日本語能力の向上方策	本人の能力や教育水準の定めなし	・継続的な学習による段階的な日本語能力向上（ex. 就労開始前にＡ１相当以上のレベル又は相当講習受講） ・日本語教育機関認定法のしくみを活用し、教育の質の向上を図る

出典：令和5年11月30日最終報告書（概要）（技能実習制度及び特定技能制度の在り方に関する有識者会議）

また、技能実習制度を利用する外国人は「技能実習」という在留資格に基づいて、技能実習を受けることになります。技能実習の在留資格は、技能実習の種類に応じて1号・2号・3号の3種類に分類されています。なお、技能実習2号を良好に修了した外国人については、在留資格の「特定技能1号」に移行することが可能です。その際、特定技能1号に必要な技能試験や日本語試験が免除されます。また、在留期間については、技能実習の3年の滞在に加えて、特定技能1号では5年の滞在が認められます。

■ 技能実習制度の見直しとこれに代わる新たな制度

技能実習制度については、入管法や労働関係法令の違反が絶えず、以前から制度目的と運用実態がかけ離れているなど、さまざまな問題点が指摘されていました。そこで、技能実習制度の見直しが行われ、令和6年6月14日、新たな制度として「育成就労制度」を設ける入管法などの改正が成立しました。

育成就労制度は、未熟練労働者として受け入れた外国人を、基本的に3年間の就労を通じた育成期間で、特定技能1号の技能水準の人材に育成することをめざす制度です。改正が施行されると、育成就労制度の創設に伴い、従来の技能実習制度（技能実習の在留資格）は廃止されます。これに対し、特定技能制度は、人手不足分野において即戦力となる外国人を受け入れるという現行制度の目的を維持しつつ、制度の適正化を図った上で引き続き存続します。そして、「育成就労産業分野」に属する技能を要する業務に従事すること等を内容とする「育成就労」の在留資格が新たに導入されます。あわせて、これまでの技能実習法が「育成就労法」という名称に改められます。

技能実習生と受入れ企業の間に入る監理団体については、その名称が「監理支援機関」に変更され、不適切な就労を放置する悪質な団体を排除するため、許可要件が厳格化されます。た

改正の施行時期
育成就労制度の創設に関する入管法などの改正は、公布日（令和6年6月21日）から起算して3年以内に施行されるが、令和6年9月末現在、具体的な施行日は未定とされている。

育成就労産業分野
特定産業分野のうち、就労を通じて技能を修得させることが相当なもの。

育成就労法
正式名称は、外国人の育成就労の適正な実施及び育成就労外国人の保護に関する法律。

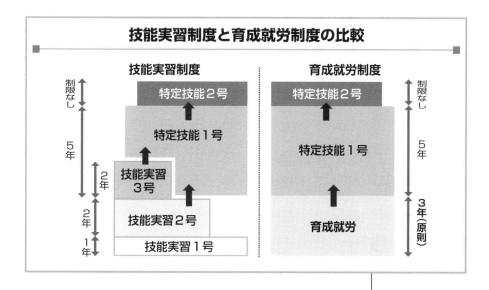

とえば、外部監査人の設置を許可要件とし、監理支援機関が受入れ機関と密接な関係を有する役職員をその受入れ機関に対する業務に関わらせてはならないものとします。また、現在の監理団体が改正後の監理支援機関として育成就労制度に関わる業務を行うには、新たに監理支援機関の許可が必要になります。

育成就労計画の認定にあたっては、育成就労の期間が原則3年以内であること、業務、技能、日本語能力その他の目標や内容、受入れ機関の体制、外国人が送出機関に支払った費用額等が基準に適合していることといった点が要件になります。

さらに、技能実習制度では、本人が同じ職種の他企業に移る転籍は原則として認められていませんでしたが、育成就労制度では、一定の要件の下で本人の意向による転籍が認められるとともに、やむを得ない事情がある場合による転籍の範囲が拡大・明確化されました。

この他、外国人技能実習機構に代わって「外国人育成就労機構」を設立し、育成就労外国人の転籍支援や、1号特定技能外国人に対する相談援助業務が追加されることになりました。

その他の入管法の改正

① 特定技能所属機関（受入れ機関）が1号特定技能外国人の支援を外部に委託する場合の委託先については、登録支援機関に限るものとされた。
② 不法就労助長罪の罰則が、拘禁刑3年以下又は罰金300万円以下から、拘禁刑5年以下又は罰金500万円以下（併科も可能）へと引き上げられた。
③ 永住許可の要件がより明確化され、基準を満たさなくなった場合等の取消事由が追加された。ただし、特段の事情がない限り、在留資格を変更して引き続き在留を許可されることになる。

PART3 8 労働者派遣のしくみ

非正規雇用

派遣元、派遣労働者、派遣先の三者が関わる契約である

■ 労働者派遣とは

　派遣元（派遣会社）が雇用する派遣労働者（派遣社員）を、その雇用関係を維持しつつ、受入企業の指揮命令により受入企業のために労働に従事させることを労働者派遣といいます。労働者派遣は、労働者と雇用主の一対一の関係と異なり、派遣労働者、派遣労働者を雇用している派遣元、派遣労働者が実際に派遣されて働く現場となる派遣先の三者が関わります。このように、労働者派遣は三者が関わるため、通常の一対一の雇用関係と比べると複雑な法律関係となります。

　労働者派遣の場合は、派遣元と派遣労働者の間で雇用契約が交わされますが、派遣労働者が労働力を提供する相手は派遣先です。派遣先は、派遣労働者に対し業務に関連した指揮や命令を出します。派遣労働者に対する賃金は派遣元が支払います。

　なお、派遣元と派遣先の間では、労働者を派遣することを約束した労働者派遣契約（派遣契約）が結ばれます。

■ 派遣労働者（派遣社員）とは

　派遣労働者とは、ある会社（派遣元）に雇用されながら、他の会社（派遣先）での指揮命令を受けて労働する労働者です。そして、労働者派遣事業とは、派遣元で雇用する派遣労働者を、その雇用関係を維持したまま派遣先の事業所で働かせ、派遣先の指揮命令を受けて派遣先の労働に従事させる事業です。

　派遣労働者の安全衛生については、派遣元が原則として責任を負います。しかし、派遣労働者は派遣先で仕事をするので、

労働者派遣の対象事業

労働者派遣は、原則的にはすべての事業（業務）について行うことができる。ただし、港湾運送事業、建設事業、警備事業、医師や看護師などの事業については、例外的に労働者派遣を行えない。
また、労働者派遣を行うことができる事業であっても、日雇派遣（日々または30日以内の派遣のこと）については、原則として禁止されている。

事前面接の禁止

派遣労働者を受け入れる場合、派遣先は、派遣労働者を指名することや、派遣労働者の特定を目的とする行為をすることが禁止されている。そのため、派遣労働者の受入れが未決定の状態で、派遣先が特定の派遣労働者を受け入れるかどうかを選択するために行われる事前面接は、紹介予定派遣の場合や派遣労働者本人が希望する場合を除いて禁止されている。

派遣先が安全衛生につき責任を負うケースも多くなります。

■ 2種類の派遣期間の制限が及ぶ

労働者派遣においては、派遣先の業務に関係なく、①派遣先事業所単位の期間制限と、②個人単位の期間制限の2種類の制限が適用されています。

① 派遣先事業所単位の期間制限

同じ派遣先の「事業所」(工場、事務所、店舗など場所的に独立しているもの)に派遣できる期間(派遣可能期間)は3年が限度となります。派遣先が3年を超えて受け入れようとする場合は、派遣先の過半数組合などからの意見聴取が必要です。

② 個人単位の期間制限

同じ派遣労働者を派遣先の事業所における同じ「組織単位」(「課」や「グループ」に相当します)に派遣できる期間(派遣可能期間)も3年が限度となります。この制限は過半数組合などからの意見聴取による延長ができません。

派遣契約書への記載事項

派遣契約書に記載する主な事項は、派遣労働者が行うことになる業務内容、業務に伴う責任の程度や労働者派遣の期間などを具体的に記載する必要がある。

過半数組合など

原則として事業場の過半数を組織する労働組合。ない場合は事業場の過半数を代表する者。

PART3
9 派遣契約の締結と解除

非正規雇用

派遣社員の地位を保護するため、派遣契約の内容や解除は制限されている

■ 派遣契約の内容で何を決めるか

労働者派遣契約（派遣契約）は、派遣先と派遣元との間で、個別の派遣労働について契約書を作成します。その後、派遣元は派遣社員（派遣労働者）に就業条件明示書を交付します。

派遣契約には、派遣社員から苦情の申し出を受けた場合の処理などに関する事項、派遣契約の解除の際の派遣社員の雇用の安定を図るための措置等も取り決めておく必要があります。その他には、派遣料金、債務不履行の場合の賠償責任についても、あらかじめ契約書に記載しておきましょう。

■ 派遣契約の解除の制限

労働者派遣契約の解除が問題になるのは、主として派遣先の都合で契約期間満了前に派遣契約を解除する場合です。この場合、やむを得ない事由が必要であり、派遣先は、派遣元の同意を得るとともに、相当の猶予期間をおいて派遣元に解除の申入れを行う必要があります。さらに、派遣先は、自らの関連会社などで派遣社員が働けるように手配するなど、派遣社員の新たな就業機会を確保する努力をしなければなりません。

派遣社員の新たな就業機会を確保できない場合は、派遣契約の解除によって派遣元に生じる損害の賠償を行うことが必要です。たとえば、派遣先は、派遣契約の解除を行う予定の日の30日以上前に、解除の予告を行う必要があります。予告を行わず直ちに解除を行う場合、派遣先は、派遣元に対して派遣社員の30日分の賃金に相当する金額以上の損害賠償を支払わなければ

派遣先責任者

派遣社員を受け入れる場合、派遣先は派遣先責任者を置かなければならない。派遣先責任者は、派遣社員の受入期間の変更通知、派遣先における均衡待遇の確保、派遣先管理台帳の作成・記録・保存および記載事項の通知、派遣社員からの苦情への対処、派遣社員の安全衛生に関する派遣元との連絡調整などの業務を行う。

派遣元の情報提供義務

派遣先は、派遣契約の締結前に、派遣元に対して「比較対象労働者」の賃金その他の待遇に関する一定の情報を提供しなければならない。「比較対象労働者」とは、派遣先で雇用される通常の労働者で、派遣契約を締結しようとする業務と同一の業務に従事している労働者をいう。
情報提供が派遣先から行われないときは、派遣元は、派遣契約を締結することができない。また、上記情報に変更があったときは、派遣先は、遅滞なく派遣元に対して変更後の情報を提供しなければならない。

派遣契約を中途で解除する場合の注意点

1	その解除が真にやむを得ない事由によるものかを十分に検討すること
2	あらかじめ相当の余裕をもって、派遣元に解除の申し出を行い、合意を得ること
3	派遣先の関連会社での就業をあっせんするなど、その派遣労働者の新たな就業の機会の確保を図ること
4	派遣先の責めに帰すべき事由で派遣契約を中途解除する場合は、派遣元に生じた損害の賠償を行うこと。 ・派遣労働者を休業させる場合は、休業手当に相当する額以上の賠償 ・解除予告を行わない場合は30日分以上の賠償、予告から解雇までの期間が30日に満たない場合は、当該解雇の30日前の日から予告の日までの日数分以上の賠償
5	派遣先と派遣元の双方の責めに帰すべき事由がある場合は、派遣先と派遣元のそれぞれの責めに帰すべき部分の割合についても十分に考慮すること

なりません。また、派遣元が派遣社員の休業により休業手当を支払わざるを得なくなった場合、派遣先は、その休業手当に相当する額以上を派遣元に対して賠償する必要があります。

その他、派遣契約の解除の際にその理由を派遣元から問われた場合、派遣先は、その理由を明らかにする義務を負います。

さらに、派遣先が行う派遣契約の解除については、いくつかの制限（解除自体が禁止される場合）があります。

まず、労働者派遣法は、派遣社員の国籍、信条、性別、社会的身分、派遣社員が労働組合の正当な行為を行ったことなどを理由に、派遣先が派遣契約を解除することを禁止しています。

次に、各種の労働関係の法律に基づき、人種や門地、婚姻や妊娠出産、心身の障害、派遣社員が派遣先に苦情を申し出たことなどを理由とする解除も禁止されています。また、派遣先の違法行為を派遣社員が関係行政機関に申告した場合に、派遣先がそれを理由に派遣契約を解除することも許されません。

想定した能力に満たない派遣社員

想定していた能力に満たない者が派遣社員として派遣されてきた場合、派遣先が派遣元に対して派遣社員の交代などの検討を求める場合もある。

派遣契約の解除の制限

本文記載の派遣契約の解除に関する制限に関して、信条に基づく解除とは、特定の宗教的あるいは政治的な信念に基づく解除を指し、社会的身分に基づく解除とは、生来的な地位に基づく解除を指す。また、労働組合の正当な行為を行ったことを理由とする解除とは、正当性のある団体交渉や争議行為に基づく解除を指す。

Column

フリーランス新法

近年、働き方は多様化し、特定の企業や組織に属しない、独立した形態で、専門知識やスキルを提供し、報酬を得るフリーランス（個人事業者）として仕事をする人が増えています。しかし、フリーランスは、クライアントとの関係で立場が圧倒的に弱い者が多く、さまざまな問題を抱える者も多いのが実情です。このような現状を踏まえ、令和5年4月に「特定受託事業者に係る取引の適正化等に関する法律」（フリーランス・事業者間取引適正化等法）が成立しました。

この法律は、フリーランスと事業者間の取引トラブルを防ぎ、フリーランスにとっての働きやすい環境を整備することを主な目的としています。たとえば、フリーランス（特定受託事業者）に業務委託をする事業者には、特定受託事業者への報酬などの契約内容その他の事項の明示を義務付けるなどの措置を講じる必要があります。

■ フリーランス・事業者間取引適正化等法の概要

法律の目的	フリーランスと事業者間の取引トラブルを防ぎ、フリーランスにとって働きやすい環境を整備する
事業者側に課された義務等	・業務委託の内容や報酬額などを契約書、発注書、電子メールなどで明示しなければならない ・報酬は仕事を受領した日から60日以内に報酬支払期日を設定し、支払わなければならない。 ・募集広告についての規制（情報を正確かつ最新の内容に保つ） ・出産・育児・介護等への配慮をする ・ハラスメント対策の体制整備等の措置を講じること ・契約の中途解除の事前予告（中途解除日等の30日前までに事前予告しなければならない）
違反した場合	・禁止行為に違反した事業者等の公表や、違反行為について行政機関は、助言、指導、報告徴収・立入検査、勧告、公表、命令などをすることができる。 ・命令違反や検査拒否等に対しては、50万円以下の罰金に処する場合もある

PART 4

労働時間

PART4 1 労働時間のルールと管理

労働時間

週40時間、1日8時間の労働時間が大原則である

■ 週40時間・1日8時間の法定労働時間

使用者は法定労働時間（週40時間・1日8時間）を守らなければならないのが原則ですが、災害をはじめ臨時の必要性があり労働基準監督署の許可を得ている場合や、三六協定の締結・届出がある場合は、例外的に法定労働時間を超えて労働者を働かせることができます。なお、法定労働時間に関する労働基準法の規定には例外があり、変形労働時間制（98ページ）とフレックスタイム制（110ページ）が代表的なものです。

■ 法定内残業と時間外労働

法定労働時間を超える労働を時間外労働といい、時間外労働に対しては所定の割増賃金を支払わなければなりません。もっとも、就業規則で定められた終業時刻後の労働すべてに割増賃金の支払が必要となるわけではありません。

たとえば、会社の就業規則で「9時始業、17時終業、昼休み1時間」と定められている場合、所定労働時間は7時間ですから、18時まで「残業」しても8時間の枠は超えておらず、時間外労働にはなりません。この場合の「残業」を法定内残業といいます。法定内残業は時間外労働ではないため、使用者は割増賃金ではなく、通常の賃金を支払えばよいわけですが、法定内残業について使用者が割増賃金を支払うことも可能です。

さらに、原則として「月45時間、年360時間」という時間外労働の上限が労働基準法で明示されています。ただし、特別条項付き協定により、これらより長い時間外労働の上限を定める

三六協定を締結せずに法定労働時間を超過した場合

三六協定を締結しているなどの例外的事由がないのに、使用者が法定労働時間を超えて労働者を働かせることは、刑事罰（6か月以下の懲役または30万円以下の罰金）の対象となる。

時間外労働に関する許可

本文記載のように、時間外労働について、災害をはじめ臨時の必要性が生じた場合に、あらかじめ労働基準監督署の許可を得る時間的余裕がない場合は、事後に遅滞なく労働基準監督署に届け出る必要がある。

休日労働を含む場合

次ページ本文記載のうち③および④の時間外労働の上限規制は、時間外労働に加えて「休日労働」を含む。たとえば、③の規制は、時間外労働と休日労働の時間を合わせて月100時間未満に抑えなければならない。

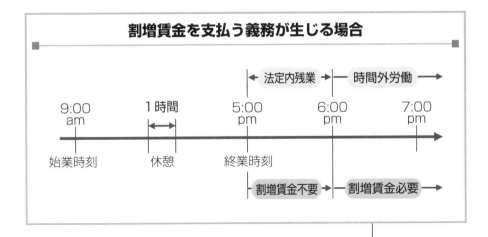

ことも認められます。その場合であっても、①年720時間を超えてはならない、②月45時間を超える月数は1年につき6か月以内に抑えなければならない、③月100時間未満に抑えなければならない、④複数月平均を月80時間以内に抑えなければならない、という長時間労働の上限規制に従わなければなりません（213ページ脚注参照）。また、①〜④の長時間労働の上限規制に従わないと、刑事罰の対象になることも明示されています。

長時間労働の上限規制違反の刑事罰
長時間労働の上限規制に従わない場合の刑事罰は、6か月以下の懲役または30万円以下の罰金である。

■ 固定給与と変動的給与がある

会社が労働者に給与を支給するときは、一定のルールに従って支給額を計算することになります。給与については、固定的給与と変動的給与に分かれます。

固定的給与とは、原則として毎月決まって同じ額が支給される給与のことです。基本給・役職手当・住宅手当・家族手当・通勤手当などが固定的給与にあたります。反対に、変動的給与とは、支給される月ごとに支給額が異なる給与のことです。時間外手当・休日労働手当・深夜労働手当などの残業手当や、精皆勤手当などが変動的給与にあたります。

変動的給与計算のための時間管理
変動的給与は、毎日の出退勤状況や残業時間に応じて、給与を支給するたびに金額が異なるため、支給額を計算する必要がある。
そこで、変動的給与を計算するために、それぞれの労働者について、日々の出勤・欠勤の状況、労働時間・残業時間などのデータが必要になる。

PART4-2 社員の勤怠管理

労働時間

勤怠管理のルールづくりが不可欠

■ 社員の勤怠を管理・記録する

　会社には、社員の労働時間を適正に管理する必要があります。また、厚生労働省でも「労働時間の適正な把握のために使用者が講ずべき措置に関する基準」を策定しており、「使用者が、自ら現認することにより確認し、記録する」「タイムカード、ICカードなどの客観的な記録を基礎として確認し、記録する」などの原則を定めています。その他、自己申告による始業・終業時刻の確認および記録についてもいくつかの措置を講じるとされています。

　勤怠管理により社員の勤務状況を把握することで賃金へと反映され、勤怠を管理することで、勤務の見直しや効率化を図ることもできます。また、個々の社員の実態を知り、勤務指導をすることもできます。そのためにまずは勤怠管理のルールづくりが重要です。

　出勤した時間、帰宅した時間がそのまま始業・終業時刻となることはまずありえません。仕事もないのに早くから出社しても、実際に就業したことにはならないため、こうしたことも初めにルールとして定めておき、周知徹底する必要があります。

■ 出勤簿について

　社員の勤怠管理の仕方については労働基準法では特に定められていません。労働時間が把握できるようであれば、出勤簿はタイムカード、勤務報告書など、様式は問われません。一般的には、タイムカードを導入している会社が多くなっています。

タイムカードの問題点

タイムカードは通常、労働者が自分で打刻することとされている場合が多く、打刻のタイミングについては、特に経営者側で管理せず、すべて労働者に任せているという企業も少なくない。そのため本来、タイムカードは労働者の労働時間の記録であるにもかかわらず、就業時間終了後、退勤時に打刻するまで特に理由もなく時間差があると、終業時間から退勤時間までの間に、残業代が発生することにもなりかねない。
そこで、タイムカードの打刻が単なる出退勤状況の把握程度の機能しか果たしていないという問題が指摘されている。始業・終業の時間に打刻するよう、管理することが必要である。

労働時間の把握方法

始業・終業時刻の確認・記録	●労働日ごとに始業時刻や終業時刻を使用者（管理者や上司など）が確認し、これを記録する必要がある
確認・記録方法	●使用者自らが確認・記録する方法（管理方式） ●タイムカード、ICカード、残業命令書、報告書などの客観的な記録で確認・記録する方法（タイムカード方式） ●労働者自身に申告・申請させ、確認・記録する方法（自己申告制）
自己申告制の場合の措置	●使用者は、自己申告制の具体的内容を説明し、労働時間の把握について実態調査をしなければならず、申告・申請を阻害するような措置をしてはならない
書類などの保存	●使用者は、労働時間の記録に関する書類について、5年間保存しなければならない

　それに加えて、個々の会社によるルールの下でデータによる勤怠管理が行われる場合があります。社員を多く抱える会社では何らかのシステムを導入して、効率的な管理を行っているところもあります。小規模の会社でも最近はパソコンを利用しての勤怠管理を行うようになっているようです。

　また、通常勤務の他に労働者が残業や休日出勤を行った場合には、割増賃金を支払わなければなりません。通常の時間外労働については25％増で算定することになりますが、月の法定時間外労働が60時間を超える場合、その超えた労働時間についてはさらに50％増（つまり75％増）の支払いが必要になるため、タイムカードや出勤簿などで労働時間数の状況を管理する必要があります。同様に、深夜労働に該当する時間数や休日出勤の場合もそれぞれ割増賃金率が異なるため、状況を正確に把握しなければなりません。

勤怠管理と残業の管理

タイムカードやICカード等により、社員の労働時間を記録するだけでなく、残業時間が多い労働者を把握し、長時間にわたる残業が発生しないように予防することが可能になる。労働時間を管理することで、会社側が本当に必要な残業であるのか否かを判断し、残業が多い社員の仕事量が他の社員よりも多いと判断されるような場合には、他の労働者と分担するなど、会社側も効率的な仕事量の配分等に努力する必要がある。

PART4-3 労働時間

労働時間・休憩・休日の規定の適用除外

法定労働時間などに関する規定が適用されない場合がある

■ 事業・職責による適用除外

事業・職責の性質や態様が、法定労働時間や週休制の適用に適さない場合もあります。労働基準法は、一定の事業・職責については、労働時間、休憩、休日に関する規定を適用除外（その規定が適用される労働者として取り扱わないこと）としています。ただし、深夜業や年次有給休暇に関する規定は適用されますので注意が必要です。

なお、働き方改革の一環として、平成31年（2019年）4月から導入された「特定高度専門業務・成果型労働制」（高度プロフェッショナル制度）も、労働時間、休憩、休日に関する規定が適用除外となりますが、さらに深夜業に関する規定も適用除外となっています。

・**事業の種類による適用除外**

農業（林業を除く）、畜産業、養蚕業、水産業に従事する者が適用除外となります。これらの事業は、天候などの自然条件に左右され、労働時間などの規制になじまないからです。

・**労働者の職責による適用除外**

管理監督者や機密の事務を取り扱う者が適用除外となります。管理監督者は、具体的には部長や工場長などが該当します。こうした立場の役職者は労働条件の決定など、労務管理について経営者と一体的な立場にあるからです。また、機密の事務を取り扱う者は、具体的には秘書などが該当します。職務が経営者や管理監督者の活動と一体不可分であり、厳格な労働時間管理になじまないことが理由です。

> **管理監督者か否かの判断**
> 単に役職の名称ではなく、実態に即して管理監督者か否かを判断することになる。そのため、会社が部長や工場長などの役職を与えていても、裁判所が管理監督者として認めないケースが多くあることに注意が必要である。

労働基準法上の原則と例外

労働時間・休憩・休日についての規定

原則
- 労働時間が6時間を超える場合 → 45分
- 労働時間が8時間を超える場合 → 1時間
- 休日は毎週1回以上与える

例外
① 事業の種類による適用除外
 → 農業（林業を除く）、畜産、養蚕、水産業に従事する者
② 労働者の職責による適用除外
 → 管理監督者や機密事務を取り扱う者（部長や工場長などの地位にある者）
③ 業務態様による適用除外
 → 監視または断続的労働に従事する者

■ 業務の態様による適用除外

業務の態様による適用除外については、監視または断続的労働に従事する者が適用除外となります。

監視に従事する者とは、原則として一定部署で監視することを本来の業務とし、常態として身体や精神的緊張の少ないものをいいます。したがって、交通関係の監視など精神的緊張の高い業務は、適用除外として認められません。これに対し、断続的労働に従事する者とは、休憩時間は少ないが手待時間の多い者を指します。いずれも対象となる労働者の労働密度が通常の労働者よりも低く、労働時間、休憩、休日の規定を適用しないとしても、必ずしも労働者保護に欠けないためです。

ただし、監視または断続的労働に従事する者の労働実態は、労働密度の高低を含めて多様であり、1日の労働時間が8時間を大幅に超過する場合や、1週1日の休日もない場合が生じるなど、労働条件に大きな影響を与えます。そこで、業務の態様による適用除外の要件として、労働基準監督署（所轄労働基準監督署長）の許可を求めていることに注意しましょう。

> **手待時間**
> 業務が発生したときには直ちに作業を行えるよう待機している時間のこと。

PART4 4 勤務間インターバル制度

労働時間

終業時刻から翌日の始業時刻までの休息時間を確保する制度

■ どんな制度なのか

　勤務間インターバル制度とは、労働者が、1日の勤務が終了して（終業時刻）から翌日の勤務が開始する（始業時刻）までの間に、一定時間以上の間隔（インターバル）を確保する制度です。長時間労働を改善して労働者の生活時間や睡眠時間を確保し、労働者の心身の健康を守ることが目的です。働き方改革の一環として、平成31年（2019年）4月以降、事業主は勤務間インターバル制度を導入する努力義務を負うことになりました。

　たとえば、始業時刻が午前9時の企業が11時間の勤務間インターバルを定めている場合、始業時刻に労働者が勤務するためには、終業時刻を午後10時までとしなければなりません。

　勤務間インターバル制度を導入している企業は、一定の時刻に達すると、それ以後、労働者は残業ができなくなります。これにより、労働者が生活時間や十分な睡眠時間を確保できるようになり、労働者の健康保持や過重労働の防止が図られ、ワークライフバランスの均衡を保つことが推進されます。

■ 制度導入の際の注意点

　勤務間インターバル制度によって始業時刻が繰り下げられた場合、本来の始業時刻から繰り下げられた時刻までの時間の賃金についての問題があります。具体的には、本来の始業時刻は午前9時であるが、勤務間インターバル制度が適用され、ある日の始業時刻が午前10時へと繰り下げられた場合、1時間分の賃金を支払うべきかどうかという問題です。

制度導入は努力義務にとどまる

勤務間インターバル制度の導入が義務付けられるわけではないので、制度を導入しなくても罰則が科されるわけではない。しかし、将来的に制度導入が義務付けられる可能性があるので、今のうちから導入を検討することが望ましい。
なお、勤務間インターバル制度については「労働時間等の設定の改善に関する特別措置法」（労働時間等設定改善法）に規定されている。

就業規則などに規定する

勤務間インターバル制度を導入する場合は、就業規則や労働協約などに規定を設けて、本来の始業時刻から繰り下げられた時刻までの時間の賃金の問題などについて、明確にしておくことが求められる。

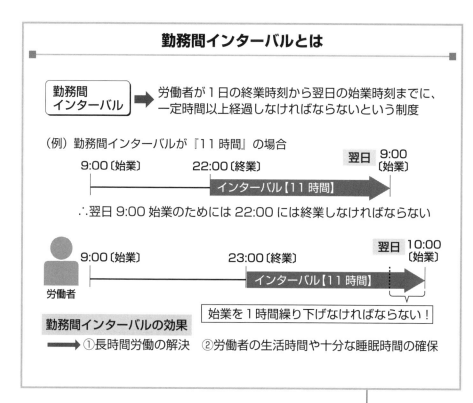

たとえば、繰り下げられた時間分は労働免除とする方法が考えられます。労働免除が認められると、繰り下げられた時間分について、労働者は賃金を控除されることがありません（繰り下げられた時間分の賃金が支払われます）。しかし、企業にとっては、労働者ごとに労働時間の繰り下げなどの管理を適切に行う必要があるとともに、労働者同士の公平性にも配慮しなければならないという負担がかかります。

このように、勤務間インターバル制度は、労働者の健康や安全を確保するのに役立つ制度である一方で、労働者にとって重大な関心事である賃金に対して影響を与えるおそれがあるため、その導入に際しては、労使間で事前に明確な合意に至っていることが求められます。

制度導入に対する助成金

勤務間インターバル制度の導入に取り組む中小企業の事業主を対象とする助成金として「働き方改革推進支援助成金（勤務間インターバル導入コース）」がある。
この助成金の支給を受けるには、支給対象となる取り組みのうち一つ以上を実施し、一定の成果目標の設定を行うなどの要件を充足することを必要とする。

PART4-5 労働時間

変形労働時間制

一定の期間内で週平均40時間を超えなければ、特定の日や特定の週に法定労働時間を超えることができる

■ 変形労働時間制とは何か

　変形労働時間制とは、一定の期間を通じて、平均して「1週40時間」（法定労働時間）の範囲内であれば、特定の日や特定の週に「1日8時間、1週40時間」を超えて労働させてもよいとする制度です。なお、1か月単位の変形労働時間制を導入する事業場は、特例措置対象事業場に該当すれば、平均して「1週44時間」の範囲内とすることができます。

　たとえば、変形労働時間制を採用する単位を4週間（1か月）と定めた場合に、月末に繁忙期を迎える工場（特例措置対象事業場ではない）について、月末の1週間の所定労働時間が48時間であったとします。このとき、第1週が40時間、第2週が40時間、第3週が32時間の労働時間であれば、4週間の総労働時間は160時間であり、平均すると1週の法定労働時間を超えません（週40時間×4週間＝160時間に等しいため）。

　このように、あらかじめ設定した一定の期間（ここでは4週間）を平均して「1週40時間」を超えないことが、変形労働時間制の要件のひとつとなります。

■ 変形労働時間制には3類型ある

　労働基準法が認めている変形労働時間制には、次の3類型があります。
① 　1か月単位の変形労働時間制
② 　1年単位の変形労働時間制
③ 　1週間単位の非定型的変形労働時間制

特例措置対象事業場

従業員数が常時10人未満の商業、制作事業を除く映画・演劇業、保健衛生事業、接客・娯楽業の事業場のこと。法定労働時間が1週44時間となる（1日8時間は変わらない）。

変形労働時間制のメリット

会社の業種の中には、「土日だけ忙しい」「月末だけ忙しい」「夏だけ忙しい」などのように、時期や季節によって繁閑の差が激しい業種がある。このような業種の場合、変形労働時間制を採用して、忙しいときは労働時間を長くして、逆に暇なときは労働時間を短くしたり、休日にするほうが合理的だといえる。

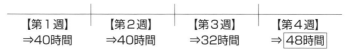

変形労働時間制と時間外労働

【原則】法定労働時間 ⇒ 1日8時間・1週40時間

∴ 4週間（1か月）では … 40時間×4週間 = 160時間

【変形労働時間制】

（例）単位を4週間（1か月）として月末に忙しい商店の場合

【第1週】	【第2週】	【第3週】	【第4週】
⇒40時間	⇒40時間	⇒32時間	⇒48時間

4週間（1か月）を通じて
〈 40時間＋40時間＋32時間＋48時間＝160時間 〉

∴ 時間外労働にあたる労働時間は発生しないと扱われる！

ただし、変形労働時間制を採用している企業であっても、妊娠中の女性や出産後1年を経過していない女性が請求した場合には、法定労働時間を超過して働かせることはできません。

その他、労働者が育児や介護を担当する者である場合や、職業訓練・教育を受ける場合などには、変形労働時間制を採用する際に、それぞれの事情に応じた時間の確保について配慮する必要があります。

変形労働時間制のメリットは、前述のように、業種に合わせた合理的な労働時間を設定できることが挙げられます。労働時間が法定労働時間に収まる範囲が広がるので、企業側が残業代を削減できるのも大きなメリットだといえます。

一方、変形労働時間制のデメリットとしては、個別の労働者ごとに労働時間が異なるため、会社としての一体性を保つことが困難になり、労働者のモチベーションや、規律を正すことが困難になる場合があります。また、企業の担当者は、複雑な労働時間の管理等の手続を行わなければなりません。

年少者への適用

年少者（満18歳未満の者）を変形労働時間制によって労働させることはできないのが原則である。ただし、15歳以上の年少者について、1週48時間、1日8時間の範囲内（深夜業は禁止）における1か月単位・1年単位の変形労働時間制など、例外的に変形労働時間制によって労働させることができる場合もある。

PART4 6　1か月単位の変形労働時間制

労働時間

月単位の平均労働時間が1週間あたりの法定労働時間内に収まればよい

■ どんな制度なのか

　1か月以内の一定期間を平均して、1週間あたりの労働時間が40時間（原則）を超えなければ、特定された日または週に、法定労働時間（1日8時間、週40時間が原則）を超えて労働させることができる制度です。1年単位の変形労働時間制や1週間単位の非定型的変形労働時間制とは異なり、各日・各週の労働時間については、上限が規定されていないのが特徴です。

■ 就業規則の作成・変更が基本

　1か月単位の変形労働時間制を採用するためには、事業場の労働者の過半数で組織する労働組合（そのような労働組合がない場合は過半数代表者）との間で労使協定を結ぶか、就業規則の作成・変更によって、1か月以内の一定の期間を平均して1週間あたりの労働時間が法定労働時間（原則は週40時間、特例措置対象事業場は週44時間）を超えないとする定めをしなければなりません。その上で、締結した労使協定または作成・変更した就業規則を労働基準監督署に届け出てから（就業規則の届出は常時10人以上の労働者を使用する場合に限ります）、労働時間の管理方法を労働者に周知する必要があります。

■ 就業規則などに定める事項

　1か月単位の変形労働時間制を採用するためには、以下の①〜⑤の事項について、労使協定または就業規則で定めることが必要です。注意点としては、就業規則による場合は、「各日

1か月単位の変形労働時間制を導入するとよい企業

労使協定を締結しなくても就業規則の作成・変更の手続きによって、1か月単位の変形労働時間制を採用できるため、企業の負担は比較的少ない。
たとえば、月初や月末だけ忙しい仕事のように、1か月の中で仕事量に繁閑のある業種や職種における利用が考えられる。また、職業の性質上、夜勤の制度がある工場や病院などの他、タクシードライバーのような深夜交代制の職種でも利用される場合が多いといえる。

1か月単位の変形労働時間制の運用方法

すべての労働者を1か月単位の変形労働時間制の対象にする必要があるわけではなく、業務量の多寡に応じて、特定の部署や特定の職員に限定して採用することも認められている。たとえば、正社員については採用せず、パートタイマー限定で、1か月単位の変形労働時間制を採用するという運用方法も可能であると考えられている。

1か月単位の変形労働時間制の例

対象期間	労働時間
1週目	36時間
2週目	34時間
3週目	42時間
4週目	42時間
4週間	154時間

3週目と4週目は法定労働時間をオーバーしているが、4週間の労働時間の合計が160時間（40時間×4週）以下なので時間外労働とはならない

の始業・終業時刻」（絶対的必要記載事項のひとつです、28ページ）を定めなければなりません。一方、労使協定による場合は、協定の有効期間を定めなければなりません。

また、就業規則や労使協定を事業場の所在地を管轄する労働基準監督署に届け出ることを忘れてはいけません。

① 1か月以内の一定期間（変形期間）とその期間の起算日
② 対象労働者の範囲
③ 変形期間の1週間平均の労働時間が40時間（特例措置対象事業場は週44時間）を超えない定め
④ 変形期間における各日・各週の労働時間（所定労働時間）
⑤ 就業規則による場合は各日の始業・終業時刻（労使協定による場合は有効期間の定め）

なお、変形期間における法定労働時間の総枠を超えて、各週の所定労働時間を設定することはできません。

■ 1か月単位の変形労働時間制を採用するメリット

変形労働時間制は法定労働時間制の変形ですから、特定の週、特定の日に「1週40時間、1日8時間」を超える労働時間が定められても、超えた部分は時間外労働にはなりません。そのため、企業にとっては、法定労働時間に厳格に縛られることなく、

1か月単位の変形労働時間制のメリット

事業を運営していく上で、繁忙期とそれ以外の期間が比較的明確に分かれている場合には、1か月単位の変形労働時間制を採用することで、閑散期に生じるムダな人件費を削減できるという効果が期待できる。

就業規則の作成・変更

常時10人以上の労働者を使用する事業場の場合は、就業規則の作成・変更とその届出が義務であるため、1か月単位の変形労働時間制を労使協定で締結しても、各日の始業・終業時刻（絶対的必要記載事項のひとつ）は就業規則に記載しなければならない。

各日や各週の所定労働時間を設定することが可能になります。

1か月単位の変形労働時間制において時間外労働になるのは、就業規則などで定めた各日・各週の所定労働時間（上記④）を超え、しかも1週40時間または1日8時間を超える時間に限定されるのが原則です。ただし、上記により時間外労働とされた時間を除き、変形期間の法定労働時間の総枠を超える時間も時間外労働になる点に注意が必要です。時間外労働となる時間の労働に対しては、当然ですが割増賃金の支払いが必要です。

■ 1か月単位の変形労働時間制の運用方法

変形期間における法定労働時間の総枠は「1週間の法定労働時間×変形期間の日数÷7」という計算式によって求めます。

たとえば、変形期間を1か月としている事業場で、1週の法定労働時間が40時間（特例措置対象事業場は44時間）とします。

この場合、1か月が30日の月の法定労働時間の総枠は171.4時間（＝40時間×30日÷7）です（特例措置対象事業場は188.5時間）。1か月が31日の月の場合は、総枠が177.1時間（＝40時間×31日÷7、特例措置対象事業場は194.8時間）、1か月が28日の月の場合は、総枠が160時間（＝40時間×28日÷7、特例措置対象事業場は176時間）となります。

■ 1か月単位の変形労働時間制を採用する上での注意点

1か月単位の変形労働時間制を採用することで、企業にとってはムダな時間外労働を削減できるため、効率的な事業運営が可能になるというメリットがあることは、すでに見てきたとおりです。企業が1か月単位の変形労働時間制を採用して、そのメリットを受けるためには、事前に変形期間における所定労働時間を具体的に特定しておかなければなりません。所定労働時間の配分があまりにも不定期な形態になってしまうと、労働者が日々発生する労働時間の変遷について、あらかじめ見積もる

1か月単位の変形労働時間制の変形期間

1か月単位の変形労働時間制の変形期間（対象期間）は1か月以下であればよく、実際には変形期間を1か月に設定している企業が多いが、1か月に限定されるわけではない。したがって、「4週間」「3週間」といった変形期間であってもかまわない。

1か月単位の変形労働時間制における労働時間の変更

【シフト表】

月	火	水	木	金	土	日
1日 ⑦	2日 休日	3日 ⑥	4日 休日	5日 ⑦	6日 ⑥	7日 ⑦
8日 ⑦	9日 休日	10日 ⑥→⑧	11日 休日	12日 ⑦	13日 ⑥→⑧	14日 ⑦
15日 ⑨	16日 休日	17日 ⑩	18日 休日	19日 ⑨	20日 ⑩	21日 ⑨
22日 ⑨	23日 休日	24日 ⑩	25日 休日	26日 ⑨	27日 ⑩	28日 ⑨
29日 ⑧	30日 休日	31日 ⑧				

※○内の数字は労働時間を表す

〔労働時間〕

⇒ **22日間で176時間**
∴週平均40時間に収まる

(例) 10日と13日の労働時間を6時間から8時間などに変更できない

⇒ **変形時間の途中での変更は原則許されない**
∴事前に全労働日の労働時間を労働者に通知する

ことができず、場合によっては労働者の生活に影響を与えるおそれがあるためです。もっとも、使用者が変形期間の起算日（初日）の数日前になってシフト表を新たに作成して労働者に配布する場合や、「事業の都合上、1週間の平均労働時間が35時間以内の範囲で就業させることがある」と定めるだけの場合は、事前の具体的な特定が行われているとはいえません。

また、変形期間を途中で変更することは原則として許されず、事前に定めておいた各日・各週の所定労働時間について繁閑の予想と実態が異なったとしても、直前で変更することも認められません。ただし、労使協定や就業規則にあらかじめ根拠が示され、労働者側から見て、所定労働時間の変更について予測可能であるといえる場合に、例外的に所定労働時間の変更が許されることもあります。

以上のように、繁閑の予想が難しく労働時間のシフト表が頻繁に変更される企業では、計画的な労働時間を管理する制度づくりを期待することが難しく、1か月単位の変形労働時間制が十分に機能しないおそれがあることに注意する必要があります。

PART4 7 1年単位の変形労働時間制

労働時間

1か月超1年以内の期間を単位として、必ず労使協定を締結して設定する制度

■ どんな制度なのか

　1か月を超え1年以内の期間を単位として、それぞれの事業場の業務形態にあわせた所定労働時間を設定することを可能にしたのが「1年単位の変形労働時間制」です。そのため、企業の業種に応じて、比較的自由な労働時間の管理を認めるための制度だといえます。

■ 1年単位の変形労働時間制を採用するための要件

　1年単位の変形労働時間制を採用するためには、事業場の労働者の過半数で組織する労働組合（そのような労働組合がない場合は過半数代表者）との間で締結する労使協定で、一定の事項を定めなければなりません。

　さらに、締結した労使協定は事業場の住所地を管轄する労働基準監督署に提出する必要があります。1年単位の変形労働時間制は、労働時間が変形する期間が長期間に及ぶため、就業規則で定めるだけでは、この制度を採用することができません。必ず労使協定の締結・届出をしなければなりません。

　常時10人以上の労働者が従事する事業場においては、就業規則に1年単位の変形労働時間制を採用する旨を明記するとともに、労働基準監督署に就業規則の作成・変更の届出が必要になります。労使協定で定める事項は、以下のとおりです。

① 対象労働者の範囲

　対象労働者の範囲に制限はありません。ただし、対象期間の途中で退職した労働者については、変形労働時間制が採用され

1年単位の変形労働時間制を採用するとよい企業とは

1年単位の変形労働時間制では、1か月超1年以内の中で設定した対象期間における労働時間の平均が1週間あたり40時間を超えない範囲で、特定の週や日において法定労働時間（1週40時間、1日8時間）を超えて労働させることが認められている。業種によっては、夏に消費者の需要が集中していて、その間は忙しいものの、それを過ぎれば仕事量が減ってしまうなど、年単位で繁閑の差が大きく生じる事業がある。このような事業では、1年単位の変形労働時間制を採用するメリットが大きい。

1年単位の変形労働時間制の運用

企業全体で1年単位の変形労働時間制を採用することができるが、正社員に限定して採用することや、担当する部門（営業などの担当部）ごとに採用することも可能である。

1年単位の変形労働時間制

● 1年単位の場合の労働日数・労働時間の総枠（3か月超〜1年未満）

280日 × 対象期間の日数 ÷ 365

1日10時間以内、1週52時間以内、連続6日以内（原則）

る対象期間中に、その労働者が実際に労働に従事した時間に基づき、週平均の労働時間がどの程度になるかを計算する必要があります。そして、労働時間を計算した結果、週の平均労働時間が40時間を超えている場合には、割増賃金を支払わなければならないことに注意が必要です。

② **対象期間**

1か月を超え1年以内の期間になります。事業場の事情にあわせて、たとえば、3か月、10か月、120日といった期間を自由に設定することができます。

③ **特定期間**

対象期間の中で特に業務が忙しくなる期間のことです。ただし、対象期間中のすべての期間を特定期間として扱うという運用は認められていません。

④ **対象期間における労働日と労働日ごとの労働時間**

労使協定で対象期間のすべての日の労働時間をあらかじめ定めるのが原則です。ただし、対象期間を1か月以上の期間ごとに区分する場合は、ⓐ最初の期間（対象期間の初日の属する期間）の労働日と労働日ごとの労働時間、ⓑ最初の期間以外の各期間における労働日数と総労働時間を定めれば十分です。

なお、最初の期間を除く各期間については、各期間の初日の少なくとも30日前に、事業場の過半数組合（過半数組合がない場合は過半数代表者）の同意を得て、各期間の労働日と労働日ごとの労働時間を書面で特定する必要があります。

> **特例措置対象事業場**
>
> 週40時間の法定労働時間については、特例措置対象事業場では週44時間による運用が認められているが、1年単位の変形労働時間制を採用する場合は、この特例が適用されない（平均して1週40時間を超えないことが必要）点に注意が必要である。

> **対象期間が3か月を超える場合**
>
> 1か月単位の変形労働時間制や1週間単位の非定型的変形労働時間制に比べて、労働時間に関する規制が厳格になされている。
> 具体的には、対象期間が3か月を超えるときは、対象期間中の労働時間が48時間を超える週が連続する週数が3以下、かつ、対象期間を初日から3か月ごとに区切った各期間において労働時間が48時間を超える週の初日の数が3以下という制限がある（ただし、積雪地域の建設業の屋外労働者などは、この制限が及ばない）。

⑤ 対象期間の起算日

　対象期間が長く、事前に先々の業務の繁閑の程度を予測できない場合は、3か月以上の期間で区切って、最初の期間について所定労働日ごとの労働時間を決め、残りの期間については労働日と総労働時間を定めておくという方法も許されます。

⑥ 労使協定の有効期間

　法令上の制限はありませんが、基本的には1年とします。

■ 労働時間には上限がある

　1年単位の変形労働時間制には、対象期間中の労働日数と労働時間について上限があります。労働日数については、対象期間が3か月を超えるときは、1年あたり280日が限度となります（3か月以内のときの日数の限度は設けていません）。

　労働時間については、対象期間の長さに関係なく、1日あたり10時間、1週間あたり52時間が限度になります。また、対象期間において連続して労働させることができる日数は6日が限度です。ただし、特定期間は1週間に1日の休日が確保できれば、原則として、最長で連続12日間労働させることができます。

　以上のような労働時間の上限を超える労働は時間外労働（または休日労働）となりますので、割増賃金を支払う必要があります。①1日単位では労使協定で定めた労働時間（8時間以内を定めた場合は8時間）を超える労働時間、②1週単位では労使協定で定めた労働時間（40時間以内を定めた場合は40時間）を超える労働時間、③対象期間全体では平均して1週40時間の範囲内（法定労働時間総枠）を超える労働時間が、それぞれ時間外労働となります。

■ 1年単位の変形労働時間制を採用するメリット

　1年単位の変形労働時間制を採用するメリットとしては、年単位を通じて、繁忙期と閑散期が明確に分かれるような業種に

休日の振替

1年単位の変形労働時間制を採用している事業場に予期しない事情が生じ、やむを得ず休日の振替を行わなければならない場合、以下の要件を満たすことが必要である。
① 就業規則に休日の振替ができる旨の規定を設け、休日の振替の前にあらかじめ振替をすべき日を特定して振替をすること。
② 対象期間のうち特定期間以外の期間では連続労働日数が6日以内となること。
③ 特定期間では1週間に1日の休日が確保できる範囲内であること。

途中入社・退職者の扱い

- 途中入社・退職者の労働時間の扱い → ★これらの者の対象期間中の実労働時間を基礎にする
- 対象期間中、会社で1年単位の変形労働時間制

→ 週平均の労働時間はどの程度になるかを考慮

週平均の労働時間が40時間を超える
⇒割増賃金の支払いが必要になる

週平均の労働時間が40時間に満たない
⇒賃金を差し引くことは認められない

おいて、時期に応じて労働時間を変更することができる点が挙げられます。そのため、特に閑散期におけるムダな人件費を削減できるとともに、事前に予測される繁忙期においても、時間外労働として割増賃金の支払いが必要になる場面を限定することが可能になります。

■ 1年単位の変形労働時間制を採用する上での注意点

1年単位の変形労働時間制を採用する際には、過半数組合（ない場合は過半数代表者）との労使協定の締結と、労働基準監督署への届出などの手続きが必要です。また、対象期間を1か月以上の期間ごとに区分する場合は、当該期間の初日の30日前までに、過半数組合（ない場合は過半数代表者）の同意を得た上で、シフト表などの書面を作成し、労働日と労働日ごとの労働時間を労働者に示さなければなりません。

さらに、対象期間中に生じた退職者や入社者は、労働時間の計算方法が複雑となり、割増賃金の支払の要否について注意が必要になることは、すでに見てきたとおりです（上図）。

PART4 8

労働時間

1週間単位の非定型的変形労働時間制

1週間の所定労働時間が法定労働時間内に収まればよい

■ どんな制度なのか

　小売業など接客を伴う常時30人未満の限定された事業場では、1週間の所定労働時間が40時間以内（特例措置対象事業場も同じです）であれば、1日の労働時間を10時間まで延長することができます。この制度が1週間単位の非定型的変形労働時間制です。1週間単位の非定型的変形労働時間制を採用することで、1日あたり10時間、1週間あたり40時間の枠組みの中で、比較的自由に労働時間の設定することが可能になります。

　ただし、1週間単位の非定型的変形労働時間制を採用できるのは、小売業、旅館、料理店、飲食店の事業のうち常時30人未満の労働者を使用する事業場に限定されます。これは他の変形労働時間制には見られない特徴です。1週間単位の非定型的変形労働時間制は、日によって繁閑の差が大きい地方の小規模事業者を想定して設計された変形時間労働制だといえます。

■ 1週間単位の非定型的変形労働時間制を採用するための要件

　以下の①②の事項について、事業場の労働者の過半数で組織する労働組合（そのような労働組合がない場合は過半数代表者）との間で労使協定を締結し、事業場の住所地を管轄する労働基準監督署に届け出る必要があります。届出の際には、1週間単位の非定型的変形労働時間制に関する協定届に、変形労働時間制の対象の労働者数、その労働者の1週間の所定労働時間数や変形期間を記載の上で、届出を行います。

① 1週間の所定労働時間を40時間以内で定める

常時30人未満の「常時」とは

従業員が常勤であることを要求しているわけではない。平常時における従業員が30人未満であればよく、たとえば、従業員の人数が、一時的に32人になっていても、それが常態化しているのでなければ、1週間単位の非定型的変形労働制を採用することは可能である。

割増賃金の支払いについて

1週間の中で比較的自由に労働時間のやりくりができる制度であるが、1日あたりの労働時間を10時間以内で定めなければならない。たとえば、所定労働時間を10時間と定めた日の労働時間が10時間を超えた場合、1週間の労働時間の合計が40時間以内に収まっていても、10時間を超える部分について割増賃金を支払うことが必要である。

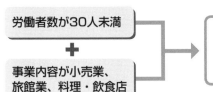

1週間単位の非定型的変形労働時間制

● 1週間単位の非定型的変形労働時間制を採用するための要件

労働者数が30人未満
＋
事業内容が小売業、旅館業、料理・飲食店

→ 労使協定で1週間単位の非定型的変形労働時間制を採用できる

● 1週間単位の非定型的変形労働時間制の例

	日	月	火	水	木	金	土	合計
第1週	6	4	4	定休日	6	10	10	40
第2週	定休日	5	4	6	7	9	9	40

② 1週間に40時間を超えて労働した場合には割増賃金を支払うこと

■ 採用する際の注意点

1週間単位の非定型的変形労働時間制においては、1週間単位で労働時間を設定する必要があるため、変形期間の開始前（対象の週が始まる前の週の週末まで）に、労働者に書面で各日の労働時間を通知しなければなりません。

そして、変形期間の開始後に設定した労働時間を変更する必要性が生じたとしても、労働者の予定を狂わせるおそれがあるため、原則として変更は認められません。どうしても変更せざるを得ない事情がある場合には、その前日までに労働者に対して通知する必要があります。

このように、1週間単位の非定型的変形労働時間制は、事前に労使協定を結ぶ必要がある他、書面での各日の労働時間の通知が毎週必要になることから、小規模事業者には手間がかかる制度といえます。そのため、実際にはあまり活用されていません。

1週間単位の非定型的変形労働時間制の問題点

従業員数が常時30人未満の零細事業者を想定した制度だが、従業員数が常時10人未満のより小規模な事業場は、特例措置対象事業場として扱われる場合がある。その場合、1週間の労働時間を44時間まで伸ばしても法定労働時間の範囲内と扱われ、時間外労働の割増賃金の支払いが不要になる。1週44時間の特例措置の中で労働時間をやりくりする零細事業場（特例措置対象事業場）も多いため、1週間単位の非定型的変形労働時間制はあまり活用が進んでいないという実態がある。

PART4 9 フレックスタイム制度

労働時間

始業時刻と終業時刻を労働者側で決めることができる

■ 始業と終業の時刻を選択できる

　労働者が自分で出退勤の時刻を決めることが適しているような事業について有効な制度がフレックスタイム制です。フレックスタイム制は、3か月以内の一定の期間（清算期間）内の総労働時間を定めておいて、労働者がその範囲内で各日の始業と終業の時刻を選択することができる制度です。

　労働者自身で始業・終業の時刻を決めることができるため、共働きで子育てする夫婦の保育園送迎が可能となったり、資格取得のための講習の曜日だけ早めに仕事を切り上げることが可能になったりするなど、労働者にとって、より柔軟な勤務体系をとることを可能にすることが期待されています。

■ コアタイムを設定する場合

　フレックスタイム制を導入する場合、事業場の労働者全員が必ず労働すべき時間帯を設けるのが一般的です。この時間帯をコアタイムといいます。

　また、コアタイムの前後の一定の範囲で、労働者が自由に始業時刻と終業時刻を選択できる時間帯をフレキシブルタイムといいます。フレキシブルタイムの中であれば、労働者は自由に始業時刻や終業時刻を決定できますが、深夜労働の割増賃金が発生することや、労働者の健康面から深夜に労働に従事させることは好ましくないことから、終業時刻を22時程度に設定している企業が多いのが実情です。

清算期間が3か月に延長されたことのメリット

平成30年成立の労働基準法改正で、清算期間が1か月以内から3か月以内へと延長された。ある特定の月に、労働者の事情で、十分に労働に従事できない場合でも、他の月にその分の労働時間を振り分けることが可能となった。これにより、より幅広い裁量の下で、労働者が労働に従事できるようになることが期待されている。

コアタイムやフレキシブルタイムの設定や上限

コアタイムやフレキシブルタイムを設定しない形でフレックスタイム制を採用することも可能である。また、コアタイムやフレキシブルタイムの上限時間もないが、コアタイムやフレキシブルタイムを定める場合は、必ずフレックスタイム制についての労使協定に盛り込む必要がある。

■ 割増賃金の支払義務が生じる場合

フレックスタイム制を採用した場合、時間外労働の割増賃金の支払義務が生じるかどうかは、清算期間が1か月以内であるか、それとも1か月超であるかで取扱いが異なります。

① 清算期間が1か月以内の場合

清算期間を平均して1週間あたりの労働時間が週40時間(特例措置対象事業場は週44時間)の法定労働時間(次ページ脚注参照)の枠を超えなければ、1週間または1日の法定労働時間を超えて労働させても割増賃金を支払う必要はありません。

② 清算期間が1か月超の場合

次の2つの要件を満たす範囲内であれば、1週間または1日の法定労働時間を超えて労働させても割増賃金を支払う必要はありません。特定の期間に労働時間が偏ることのないように、清算期間が1か月を超えるときは、ⓑの枠を追加して設けているといえます。

ⓐ 清算期間を平均して1週間あたりの労働時間が法定労働時間の枠を超えないこと。

ⓑ 清算期間を1か月ごとに区分した各期間(最後に1か月に満たない期間が生じた場合はその期間)を平均して1週間当たりの労働時間が50時間以下であること。

> **清算期間が1か月超の場合の具体例**
>
> たとえば、清算期間を1か月半とするフレックスタイム制を導入した場合は、ⓐ1か月半を平均した週労働時間が40時間以内、ⓑ「1か月」「半月」の各期間を平均した週労働時間がともに50時間以内、という双方の要件を満たす場合に限り、時間外労働の割増賃金を支払う必要がなくなる。

■ 総労働時間と賃金支払いの関係

フレックスタイム制を採用するときは、清算期間内における総労働時間（労使協定で定めた総枠）を定めます。

そして、清算期間内における実際の労働時間が総労働時間を上回っていた場合、超過した部分の賃金は、その清算期間の賃金支払日に支払わなければなりません。

反対に、清算期間内における実際の労働時間が総労働時間を下回っていた場合、その清算期間の賃金を支払った上で、不足している労働時間を次の清算期間に繰り越す（不足分を加えた翌月の総労働時間が法定労働時間の枠の範囲内であることが必要）こともできますし、その清算期間内で不足している労働時間分に相当する賃金をカットして支払うこともできます。

■ 導入する場合の注意点

フレックスタイム制を導入する場合には、事業場の過半数組合（ない場合は過半数代表者）との間の労使協定で、①フレックスタイム制が適用される労働者の範囲、②清算期間（3か月以内）、③清算期間内の総労働時間、④標準となる1日の労働時間、⑤コアタイムを定める場合はその時間帯、⑥フレキシブルタイムを定める場合はその時間帯、について定めておくことが必要です。③の総労働時間は1か月単位の変形労働時間制と同じ計算方法によって求めます。

また、締結された労使協定の届出については、清算期間が1か月以内の場合は不要です。しかし、平成30年（2018年）の労働基準法改正で導入された清算期間が1か月超の場合は、労働基準監督署への届出が必要です。

■ メリット・デメリットなど

フレックスタイム制の導入により、労働者は自分の都合で働くことができます。しかし、労働者が業務の繁閑にあわせて働

超過した部分の賃金の支払いの繰り越し

超過した部分の賃金は、その期間の賃金支払日に支払わなければならず、支払いを翌月に繰り越すことは、賃金の全額払いの原則に反する違法行為になる。

清算期間内の総労働時間の計算方法

1週間の法定労働時間（40時間）×清算期間の暦日数÷7日で算出する。たとえば、31日の月は177.1時間、30日の月は171.4時間となる。この計算方法は、1か月単位の変形労働時間制の1か月の総労働時間の計算方法と同じである。

総労働時間と賃金との関係

【フレックスタイム制】
⇒ 労使協定により清算期間内の 総労働時間の枠組み の設定が必要

実労働時間 →

総労働時間を超えていた場合
⇒使用者は割増賃金を支払わなければならない
　※超過部分の賃金は翌月に繰り越すことはできない

総労働時間に満たなかった場合
⇒翌月に清算することや、不足分の賃金カットが可能

いてくれるとは限らず、コアタイム以外は在席を指示できないなど、会社側のデメリットが多くあるため、導入しても廃止するケースもあるようです。

フレックスタイム制では、コアタイム以外は労働者のすべてが集合する機会が少なくなりますが、日常の業務が労働者の協同体制によって成り立つ業種では、労働者が連携することで業務を遂行するのが前提になるため、フレックスタイム制を導入することは困難といえます。会社側としても、フレックスタイム制を活用するインセンティブは生まれにくいといえます。

また、編集や設計などの業務が典型的ですが、業務量が一定でなく、まとまって入る業務の量が膨大になる場合は、フレックスタイム制を採用していると、業務の遂行が難しくなりかねません。時期における業務の増減について見通しが立たない場合も多いため、コアタイムなども、事前に明確に定めておくことができません。

「ある程度自由に労働時間を決定できる」というのは、時間にルーズが許されるとの誤解が生じるおそれがあるため、導入が敬遠される傾向にあります。

PART4 10 事業場外みなし労働時間制

労働時間

労働時間の算定が難しい場合に活用できる

■ 事業場外みなし労働時間制とは

　労働基準法は、労働時間の算定が困難な労働者について、事業場外みなし労働時間制を採用することを認めています。

　一般にタイムカードの打刻によって、労働時間が管理できる労働者とは異なり、事業場外での勤務を主に行い、労働時間の具体的な管理が難しい労働者について、労働基準法は、「事業場外（事業場施設の外）で業務に従事した場合において、労働時間を算定しがたいときは、所定労働時間労働したものとみなす」（38条の2第1項本文）と定め、容易な労働時間の算定方法を提示しています。

　ただし、「当該業務を遂行するためには通常所定労働時間を超えて労働することが必要となる場合においては、当該業務の遂行に通常必要とされる時間労働したものとみなす」（38条の2第1項但書）とも規定しています。これは、所定労働時間内（始業時刻から終業時刻まで）に終了できない仕事である場合は、所定労働時間労働したとはみなさず、その仕事をするのに通常必要な時間労働したとみなすことを意味します。

■ 事業場外みなし労働時間制を採用するための要件

　事業場外みなし労働時間制を採用するには、就業規則に定めることが必要です（労働者が常時10人以上の事業場では、労働基準監督署への就業規則の届出も必要です）。また、事業場外で勤務する労働者の労働時間は、前述した「所定労働時間」であるか、あるいは、通常は所定労働時間に終了できない業務に

事業場外みなし労働時間制の採用例

事業場外みなし労働時間制の採用が考えられる例として、外勤の営業職や出張中の場合などが挙げられる。

事業場外みなし労働時間制の対象

原則として、事業場外で労働に従事する事業場の労働者すべてが対象に含まれるが、18歳未満の者や請求があった妊産婦は対象から除かれる。

従事する場合は「当該業務の遂行に通常必要とされる時間（通常必要時間）＋事業場外みなし労働時間制が適用されない業務（事業場内での業務など）の労働時間」であるとみなされます。

たとえば、ある営業職の労働者の所定労働時間を「6時間」と規定している事業場があったとします。この場合、この労働者が実際に働いた時間が5時間であっても、反対に、実際に働いた時間が7時間であっても、この労働者が働いた時間（労働時間）は、原則として「6時間」であるとみなされます。

■ 労使協定の締結・届出について

事業場外で勤務する労働者の労働時間につき、所定労働時間を超える業務を遂行する場合の通常必要時間は、使用者が一方的に決定してしまうと、恣意的な時間（不当に短い時間）になるおそれが否定できません。そこで、事業場の過半数組合（ない場合は過半数代表者）との間で労使協定（事業場外労働のみなし労働時間を定める労使協定）を締結して、対象業務、有効期間、通常必要時間を取り決めておき、それに基づき、就業規則などに規定しておくという運用が可能です。

■ 適用されないケースもある

事業場外みなし労働時間制は、使用者や労働者が主観的に労

労働時間の算定に通常必要時間が適用される場合

所定労働時間を「6時間」と設定していても、特定の営業行為については、その遂行に通常必要とされる時間が「8時間」である場合は、これが所定労働時間を超えて「当該業務の遂行に通常必要とされる時間」（通常必要時間）となるため、その営業行為にあたった労働者は「8時間＋事業場外のみなし労働時間制が適用されない業務の労働時間（ゼロの場合もある）」労働したとみなされる。

法定労働時間を超過した通常必要時間の設定

本文記載の「通常必要時間」については、たとえば「10時間」のように法定労働時間を超過した時間の設定が必要な場合もある。この場合、事業場外労働のみなし労働時間を定める労使協定を締結したときは、その労使協定を労働基準監督署へ届け出なければならない。

働者の労働時間の管理が困難と感じる程度では、その適用が認められません。あくまでも、客観的に見て労働時間の算定が困難な業務内容であると認められることが必要です。

最高裁判例においては、旅行添乗員の業務内容について、客観的に労働時間の管理が困難とは認められず、事業場外みなし労働時間制の適用が認められなかったケースがあります。

■ 事業場外みなし労働時間制の適用範囲は狭くなっている

現在は通信技術が大幅に進化しており、GPS機能が搭載された携帯電話やスマートフォンが広く普及しているため、これまで事業場外みなし労働時間制が適用されると考えられていた業務についても、労働者の労働時間を管理・把握することが困難であるとは言い難いケースが増えています。

もっとも、在宅勤務制度（192ページ）とも関連しますが、在宅で行うテレワークは、私生活を営む自宅で業務が行われること、使用者による業務の遂行に対する具体的な指示がない場合や、情報通信機器により常に使用者と通信可能な状態でない場合は、事業場外みなし労働時間制の適用の余地があります。

■ 事業場外労働と残業代の支給の有無

事業場外労働のみなし労働時間制は、事業場外での勤務がある場合において、「所定労働時間」または「通常必要時間（事業場外労働みなし労働時間制が適用されない業務の労働時間があれば、それを加算する）」を労働したとみなす制度です。

これによって、残業代（時間外手当）の計算が簡単になりますが、残業代を支払わなくてもよいわけではありません。たとえば、労使協定で定めた通常必要時間が10時間であれば、1日8時間超の労働時間となるため、少なくとも2時間分の残業代を支給することが必要です。

通常必要時間と残業代の支払い

通常必要時間が8時間を超えていれば、1日の法定労働時間を超えるので、残業代の支払いが必要になる。また、通常必要時間を労使協定で定めるか否かを問わず、通常必要時間を含めた1日の労働時間が8時間を超える場合は、三六協定の締結と届出が必要である。

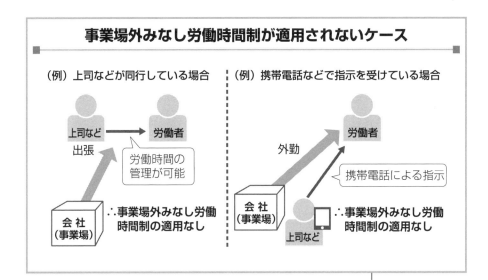

■ 事業場外みなし労働時間制を採用する上での注意点

　事業場外みなし労働時間制を採用するためには、労使協定でみなし労働時間を定めた場合、それが8時間以内であれば、労使協定の締結だけでかまいません。8時間を超えるみなし労働時間を定めた場合は、締結した労使協定を届け出ることが必要になることに注意しなければなりません。

　また、営業担当者の事業場外での労働時間は管理できないので、「営業手当」を支給し、残業代を営業手当に含めている会社もあるようです。しかし、通常必要時間を含めて8時間を超える場合は、月に何回事業場外での勤務があるかを把握し、「営業手当は○時間分の残業代を含む」という形で就業規則などに明記しておかなければ、別途残業代の支払いが必要です。

　なお、事業場外みなし労働時間制は、労働時間を「日ごと」に判断する制度であることを認識する必要があります。事業場外での勤務と事業場内での勤務が混在する場合は、労働時間の算定に注意が必要です。

事業場外みなし労働時間制を採用できない場合

外で働く場合でも労働時間を算定できるケースは、会社が労働時間を算定しがたいとはいえないため、事業場外みなし労働時間制の採用はできない。
たとえば、労働時間を管理する立場にある上司と同行して外出する場合は、その上司が始業時刻や終業時刻を把握・記録できるため、事業場外みなし労働時間制を採用できない（上図）。
また、出先の事業場などで、具体的に何時から業務に従事し、それが何時に終了するのかが明確なケースも、事業場外みなし労働時間制の採用は困難といえる。

PART4 11 専門業務型裁量労働制

労働時間

労使協定により定めた時間を労働したものとみなす制度

■ 裁量労働制とは

　労使協定によって、実際の労働時間と関係なく、労使協定で定めた時間を労働したとみなす制度が設けられています。このような労働を裁量労働といい、裁量労働により労働時間を測る方法を裁量労働制といいます。裁量労働制には、①労働基準法で定める専門業務に就く労働者について導入可能な専門業務型裁量労働制と、②企業の本社などで企画、立案、調査や分析を行う労働者を対象とした企画業務型裁量労働制の2種類があります。

■ 専門業務型裁量労働制とは

　業務の内容が専門的であるという性質上、時間配分などを含めた業務の進行状況など、労働時間の管理について労働者自身にゆだねることが適切である場合に、実労働時間ではなく、みなし労働時間を用いて労働時間の算定を行う制度を専門業務型裁量労働制といいます。

　たとえば、専門的な業務に従事する労働者の所定労働時間を「7時間」と規定しておくと、所定の労働日に、実際には所定労働時間よりも短く働いた場合（5時間など）であっても、反対に、所定労働時間よりも長く働いた場合（9時間）であっても、所定労働時間の労働に従事した（7時間働いた）ものと扱うことです。専門業務型裁量労働制における「専門業務」は、具体的には、以下の20種類の業務が対象に含まれます。

① 新商品・新技術の研究開発、人文科学・自然科学の研究

裁量労働制の必要性

原則として、労働者の労働時間を算定するにあたっては、その労働者の実労働時間を基に算定することになる。しかし、業務の中には必ずしも労働の成果が労働時間と関連しない職種もある。特に、労働者自身が、業務の遂行について比較的広い裁量が与えられている場合には、その労働者に関して労働時間を「管理する」という概念自体がなじみにくく、裁量労働制を認める必要性がある。

労使協定で定めておく事項

本文記載以外にも、業務の遂行・手段・時間配分について会社が具体的な指示をしない、対象労働者（対象業務に従事する労働者）の健康・福祉を確保するための措置を講ずる、労働者からの苦情処理に関する措置を会社が講ずること、有効期間（3年以内が望ましい）などを、労使協定で定めておく必要がある。

専門業務型裁量労働制とは

【専門業務】(20種類) → (例) 所定労働時間を「7時間」と定める

- 5時間働いた（所定労働時間より短い）
- 9時間働いた（所定労働時間より長い）

「7時間」働いたとみなす【専門業務型裁量労働制】

② 情報処理システムの分析・設計
③ 新聞・出版事業における記事の取材・編集、放送番組制作における取材・編集
④ 衣服、室内装飾、工業製品、広告などのデザイン考案
⑤ 放送番組・映画製作などのプロデューサー、ディレクター
⑥ 広告・宣伝事業の商品などに関するコピーライター
⑦ システムコンサルタント
⑧ インテリアコーディネーター
⑨ ゲーム用ソフトの制作
⑩ 証券アナリスト
⑪ 金融商品の開発
⑫ 大学教授、准教授、講師
⑬ 公認会計士
⑭ 弁護士
⑮ 建築士
⑯ 不動産鑑定士
⑰ 弁理士
⑱ 税理士（ただし、税理士資格を持っていない者が税務書類の作成業務を行っても、税理士業務を行ったことにはなりません）

プログラミングは含まれない

プログラミングは裁量性が高い業務とはいえないため、②の業務には該当せず、専門業務型裁量労働制の対象業務には含まれない。

⑲　中小企業診断士
⑳　M&Aアドバイザーの業務（令和6年4月に追加）

■ 専門業務型裁量労働制を採用するための要件

　専門業務型裁量労働制を導入するには、事業場の過半数組合（ない場合は過半数代表者）との間で労使協定を結び、就業規則で専門業務型裁量労働制に関する事項を定めることが必要です。労使協定や就業規則は労働基準監督署への届出が必要です（就業規則は常時10人以上の場合に届出が必要です）。

　労使協定では、まず対象業務を定めます。対象業務は前述した20種類に限られます。社内で「専門業務」と考えても、20種類のいずれかに該当しなければ、専門業務型裁量労働制の適用は認められません。次に、みなし労働時間を定めます。1日あたり何時間労働したこととして労働時間を算定するかを定める必要があり、その時間が対象労働者の労働時間になります。

■ 専門業務型裁量労働制を採用するメリット

　専門業務型裁量労働制を採用することで、労働者側に自由な裁量が認められますので、労働者が働きやすい形態で、業務に取り組むことが可能になります。また、労働者自身が計画的に業務を遂行できるため、結果的に業務の遂行について効率が上がることにもつながります。一方、みなし労働時間を採用することで、ある程度労働時間に対して必要な経費を見積もることが可能ですので、企業側にとっても、経費の予算を組むことが容易になるというメリットもあります。

■ 専門業務型裁量労働制を採用する上での注意点

　専門業務型裁量労働制の採用で「みなし労働時間」を用いることができるため、賃金算定のための労働時間の管理が比較的容易になります。また、労使協定で業務遂行に必要な1日の所

M&Aアドバイザーの業務

銀行・証券会社における顧客の合併・買収に関する調査分析の業務、および調査分析に基づく合併・買収に関する考案・助言の業務のことを指す。令和6年4月施行の労働基準法改正で追加された。

割増賃金

みなし労働時間が時間外・休日・深夜の労働に該当する部分については、割増賃金の支払いが必要になることに注意が必要である。たとえば、みなし労働時間を9時間と定めている専門業務に従事させた場合は、時間外労働である1時間分の割増賃金の支払いが必要になる。

専門業務型裁量労働制を導入する際に労使協定で定める事項

1	対象業務の範囲
2	対象労働者の範囲
3	1日のみなし労働時間数
4	業務の遂行方法、時間配分などについて、従事する労働者に具体的な指示をしないこと
5	労使協定の有効期間（3年以内が望ましい）
6	対象業務に従事する労働者の労働時間の状況に応じた健康・福祉確保措置
7	苦情処理に関する措置
8	労働者本人の同意を得ること
9	労働者が同意しなかった場合の不利益取扱いの禁止
10	同意の撤回の手続き
11	⑥と⑦の措置および措置の実施状況に関する労働者ごとの記録や、制度の適用にあたっての同意および同意の撤回に関する労働者ごとの記録を、有効期間中と当該有効期間後3年間保存すること

定労働時間を「みなし労働時間」として定めることが可能で、これは法定労働時間を超える時間でもかまいません。

しかし、専門業務型裁量労働制を採用した場合、会社は、労働者が実際に労働している時間に加えて、その勤務形態の把握自体も難しくなることがあります。会社の希望時間帯における労働者の出勤の確保が保証できず、労働者が希望する場合は深夜主体の勤務形態を認めることになりかねません。深夜主体の勤務体系になると、賃金算定にも注意しなければならず（深夜割増賃金など）、労働者の健康状態への注意も要するなど、労使間のトラブルの原因になります。そこで、労働者の出社時間に関する事項も労使協定で取り決めるのが望ましいといえます。

会社の具体的な指示の有無

業務について細かく指示命令を行うのではなく、業務の期限を定めることや、業務の進行状況について報告を求める程度であれば、会社による具体的な指示には該当しない。

また、対象労働者の健康・福祉を確保する措置は、裁量労働制が労働者の裁量を広く認める一方で、労働者が働きすぎに陥る危険があるため、勤務状況を把握して働きすぎの危険を防ぐため、これらの措置を取り決めておくことが必要である。

PART4 12 企画業務型裁量労働制

労働時間

対象になる労働者や事業場について制約がある

■ 企画業務型裁量労働制とは

　企画業務型裁量労働制とは、事業の運営に関する特定の業務を担う労働者の労働時間に関して、みなし労働時間を用いて労働時間管理を行う制度をいいます。

　企画業務型裁量労働制の対象業務となる「企画業務」とは、「事業の運営に関する事項についての企画、立案、調査及び分析の業務であって、対象業務の性質上これを適切に遂行するにはその遂行の方法を大幅に労働者の裁量にゆだねる必要があるため、対象業務の遂行の手段及び時間配分の決定等に関し使用者が具体的な指示をしないこととする業務」（労働基準法38条の4第1項）を指します。

■ 企画業務型裁量労働制を採用するための要件

　専門業務型裁量労働制と同様に、たとえば、所定労働時間を「6時間」と定めておくと、所定の労働日に、実際には所定労働時間より短く働いた（5時間働いた）としても、反対に所定労働時間より長く働いた（7時間働いた）としても、所定労働時間の労働に従事した（6時間働いた）ものと扱われます。

　そして、企画業務型裁量労働制の場合は、労働者側と使用者側の代表で構成する労使委員会（労働者側と使用者側のそれぞれが半数いることが必要です）を設置し、事業場における労働条件に関する事項について調査や審議を行います。

　その上で、労使委員会が委員の5分の4以上の多数の同意により、対象業務や対象労働者の範囲などを定めて、企画業務型

企画業務型裁量労働制とは

【企画業務】→（例）所定労働時間を「6時間」と定める
- 5時間働いた（所定労働時間より短い）
- 7時間働いた（所定労働時間より長い）
  ⋮

「6時間」働いたとみなす【企画業務型裁量労働制】

裁量労働制の採用を認める決議を行い、これを労働基準監督署に届け出なければなりません。この届出により、対象労働者が、労使委員会の決議で定めた時間（みなし労働時間）労働したとみなすことができる、という制度になっています。このように、必ず労使委員会の決議を必要とするのが企画業務型裁量労働制の特徴です。

労使委員会における決議事項は、①対象業務や対象労働者の範囲、②みなし労働時間（所定労働時間）、③労働者の健康・福祉を確保する措置、④労働者の苦情処理のための措置、⑤労働者本人の同意を得ること、⑥労働者が同意しなかった場合の不利益取扱いの禁止、⑦同意の撤回の手続き（令和6年4月から追加）、⑧決議の有効期間（3年以内が望ましい）、⑨制度の実施状況（労働時間の状況、③④⑤⑦の実施状況）に関する労働者ごとの記録を保存することが挙げられます。

■ 労使委員会の決議事項について注意すべき点

対象労働者については、対象業務を適切に遂行するための知識・経験などを有しており、かつ、対象業務に常態として従事している労働者であることが必要です。

対象労働者

専門業務型裁量労働制と同様に、対象労働者は、使用者から業務の遂行にあたり具体的な指示を受けなくても業務を遂行できることが前提となる。

一般に職務経験5年以上の労働者であれば、上司の具体的指示を受けなくても業務の遂行が可能なので、対象労働者に含めることができる。しかし、新卒者などは、対象業務を担当する部署に在籍していても、上司からの具体的指示が必要なので、対象労働者に含めることはできない。

もっとも、対象労働者に含まれる場合であっても、実際に企画業務型裁量労働制を適用するためには、その対象労働者から個別の同意を得る必要がある。

定期報告の頻度

令和6年4月施行の労働基準法改正で、定期報告の頻度が「6か月以内に1回」から本文記載の頻度へと緩和された。また、定期報告の事項について、労働者の同意、労働者の同意の撤回の実施状況が追加された。

対象事業場については、企画業務型裁量労働制の対象業務である「企画業務」が事業の中枢を担うことの多い業務であることから、①本社や本店、②事業の運営について重大な決定が行われる事業場、③本社や本店から独立して事業の運営に必要な重大な事項の決定権限を持つ支社などに限定されます。

なお、企画業務型裁量労働制を導入した後も、使用者は、労使委員会の決議の有効期間の始期から起算して、初回は6か月以内ごとに1回、その後は1年以内ごとに1回、定期的に労働基準監督署に対して定期報告をする義務を負います。定期報告をすべき事項は、①対象労働者の労働時間の状況、②労働者の健康・福祉を確保する措置、③労働者の同意、労働者の同意の撤回の実施状況です。

■ 企画業務型裁量労働制のメリット

企画業務型裁量労働制を採用するメリットは、専門業務型裁量労働制のメリットとほぼ同様です。つまり、労働者がもっとも働きやすい形態で、業務に取り組むことが可能で、労働者自身が計画的に業務を遂行できるため、結果的に業務の遂行について効率が上がります。また、みなし労働時間を採用することで、ある程度給与に関して必要な支出を見積もることができるため、企業にとっても経費の予算を組むことが容易になるというメリットがあります。

しかし、企画業務型裁量労働制については、対象になる業務や労働者だけでなく、対象になる事業場についても制約がある点に注意が必要です。

■ 企画業務型裁量労働制を採用する上での注意点

企画業務型裁量労働制を採用することで、みなし労働時間を用いて、労働者の労働時間の管理が比較的容易になる反面、みなし労働時間が時間外・休日・深夜の労働に該当する部分につ

企画業務型裁量労働制の主な要件

1 対象事業場	②の対象業務が存在する事業場（本社・本店等に限る）
2 対象業務	企業等の運営に関する事項についての企画、立案、調査及び分析の業務であって、業務の遂行方法等に関し使用者が具体的な指示をしないこととするもの 【例】経営状態・経営環境等について調査・分析を行い、経営に関する計画を策定する業務
3 対象労働者	②の対象業務を適切に遂行するための知識・経験等を有し、対象業務に常態として従事する労働者（本人の同意が必要）
4 決議要件	委員の5分の4以上の多数による合意
5 労使委員会	委員の半数は過半数組合（ない場合は過半数代表者）に任期を定めて指名されていることが必要
6 定期報告事項	対象労働者の労働時間の状況、労働者の健康・福祉を確保する措置、労働者の同意、労働者の同意の撤回の実施状況について報告
7 決議の有効期間	3年以内とすることが望ましい

いては、割増賃金の支払いが必要になることは、専門業務型裁量労働制における注意点と同様です。

また、企画業務型裁量労働制を採用する上で、出勤時間や労働者の深夜主体の勤務形態などについて、企業の目が行き届きにくいという問題があります。

そして、企画業務型裁量労働制の独自の問題点として、労使委員会の設置と決議が必須であることや、労働基準監督署に対する定期報告が必要であることから、より手続きとして煩雑であるということが挙げられます。

特定高度専門業務・成果型労働制

PART4
13

労働時間

対象労働者には深夜割増賃金の支払いも不要となる

■ 高度プロフェッショナル制度とは

特定高度専門業務・成果型労働制（高度プロフェッショナル制度）は、専門的な知識を必要とする特定の業務を行う年収1,075万円以上の労働者を対象としています。労使委員会での決議と本人の同意を前提として、年間104日以上の休日の確保措置や、健康管理時間の状況に応じた健康・福祉確保措置を講ずることで、労働基準法に定められた時間外・休日・深夜の割増賃金の支払いが不要になる制度です。

使用者には、対象労働者に対し、一定の休日の確保などの健康・福祉確保措置をとることが義務付けられています。導入手続きとしては、前提として、対象事業場において使用者側と当該事業場の労働者側の双方を構成員とする労使委員会を設置しなければなりません。その上で、労使委員会の委員の5分の4以上の多数による議決で、対象業務や対象労働者などの事項を決議し、当該決議を使用者が労働基準監督署（所轄労働基準監督署長）に届け出ることが必要です。さらに、高度プロフェッショナル制度（高プロ制度）が適用されることについて、対象労働者から書面による同意を得ることが求められます。

労使委員会で決議すべき事項は、①対象業務の範囲、②対象労働者の範囲、③健康管理時間、④健康・福祉確保措置などの事項です。なお、これらの決議事項や労働者の同意に関して就業規則にも明示が必要です（就業規則の変更を伴うので、常時10人以上の労働者を使用している場合は届出も必要です）。

① 対象業務の範囲

どんな制度なのか

対象労働者には、深夜割増賃金に関する規定も適用されないので、深夜時間帯も含めて労働者が自分のペースで時間配分を行える点が特徴。反面、深夜中心の勤務体系に偏ることなく、労働者の健康・確保措置をいかに講じていくのか、使用者側の工夫が求められる。

同意をしない労働者への不利益取扱いの禁止

高度プロフェッショナル制度（高プロ制度）の適用に同意をしなかった労働者に対して、解雇その他の不利益な取扱いを行うことは許されない（不利益取扱いの禁止）。また、高プロ制度の適用を受けて働き始めてからも、その適用を労働者の意思で撤回できる。

特定高度専門業務・成果型労働制

特定高度専門業務・成果型労働制（高度プロフェッショナル制度）

対象労働者
・年収が平均給与額の3倍以上
・対象業務
　⇒高度な専門的知識など

健康・福祉確保措置
・年間104日の休日を確保する措置の義務化
・インターバル措置など（選択的措置）

成果型報酬制度の導入
・法定労働時間（1週40時間、1日8時間）、休憩時間、休日、深夜割増賃金に関する労働基準法の規定の適用除外　など

　対象業務は、高度の専門的知識などが必要で、業務に従事した時間と成果との関連性が強くない業務です。

② **対象労働者の範囲**

　使用者との間の書面による合意に基づき職務の範囲が明確で、かつ、年収見込額が1,075万円を上回る水準以上の労働者です。

③ **健康管理時間**

　健康管理時間とは、対象労働者が「事業場内に所在していた時間」と「事業場外で業務に従事した場合における労働時間」とを合計した時間のことです。労使委員会は、健康管理時間の状況に応じて、使用者が講ずるべき対象労働者の健康確保措置や福祉確保措置（健康診断の実施など）を決議します。

④ **長時間労働防止措置**

　労使委員会は、労働者の長時間労働を防止するため、次の3つの措置を使用者がすべて講ずべきことを決議します。

ⓐ　対象労働者に対し、4週間を通じ4日以上、かつ、1年間を通じ104日以上の休日を与えること。

ⓑ　対象労働者の健康管理時間を把握する措置を講ずること。

ⓒ　対象労働者に24時間につき継続した一定時間以上の休息時間を与えるか、対象労働者の健康管理時間を1か月または3か月につき一定時間を超えない範囲にするなどの措置を講ずること。

対象業務の具体例

たとえば、金融商品の開発業務やディーリング業務、アナリストによる企業・市場等の高度な分析業務、コンサルタントによる事業・業務の企画・運営に関する高度な助言などの業務が念頭に置かれている。

PART4 14 妊娠中、産前産後の保護制度

労働時間

働く女性すべてに認められる権利

■ 労働基準法の保護規定

　労働基準法は、妊産婦（妊娠中の女性と産後1年を経過しない女性）および胎児の心身の健康を守るため、産前産後の休業期間とその後30日間は解雇を禁止し、また、出産後の母体の健康回復や育児などを考慮した職場環境づくりを義務付けています。

■ 就業制限など

　妊産婦が危険有害業務などに就業することによって、流産などの危険が増すため、トンネル内での工事などの坑内業務については、申し出の有無を問わず、妊娠中の女性を従事させることができません。また、産後1年を経過しない女性が申し出れば、その女性を坑内業務に従事させることはできません。
　次に、重量物を取り扱う業務や有毒ガスが発生する場所での業務など、妊娠・出産・保育に悪影響を及ぼす危険有害業務については、妊娠中の女性を従事させることができません。
　さらに、妊娠中の女性が請求した場合、使用者は、その女性を現在の業務より軽易な業務に転換させなければなりません。

■ 労働時間や休日などの制限

　妊産婦が請求した場合、会社が変形労働時間制（98ページ）を採用していても、法定労働時間（1日8時間、1週40時間が原則）を超える労働をさせることはできません。同じく妊産婦が請求した場合、使用者は、時間外労働や休日労働をさせることや、深夜業に就業させることもできません。

労働基準法上の出産
労働基準法でいう「出産」とは、妊娠4か月以上の分娩を意味する（死産・流産を含む）。

危険有害業務
産後1年を経過しない女性も、原則としては危険有害業務に従事させることができない。ただし、その女性から従事しないとの申し出がない限り、危険有害業務に従事させることができる業務もある。

産前産後休業
産前休業と産後休業では性質が異なり、就業規則で単に「産前産後あわせて14週間を産前産後の休業とする」と規定することはできない。なお、産前産後の休業中を有給とすることは義務付けられていない。

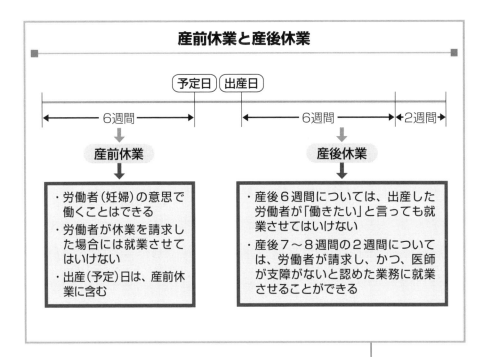

■ 産前産後休業・育児時間など

6週間（双子などの多胎妊娠の場合は14週間）以内に出産することが予定されている女性が産前休業を請求した場合、使用者は、その女性を就業させてはいけません。

その一方で、産後休業は出産日の翌日から8週間です。出産後8週間を経過するまで、使用者は、女性からの請求の有無にかかわらず就業させてはいけません。ただし、出産後6週間を経過した女性が就労したいと請求し、医師が支障ないと認めた業務に就業させることはできます。そして、産後休業に続く育児のための休業が、育児・介護休業法で別個に定められている育児休業と位置付けられます。

その他にも、生後1年に達しない生児を育てる女性は、1日2回各々少なくとも30分、法定の休憩時間とは別に、生児を育てるための時間（育児時間）を請求できます。

>**育児時間**
>
>育児時間はパートタイマーやアルバイトにも与えられる。ただし、1日の労働時間が4時間を下回る女性従業員から請求があった場合は、1日1回少なくとも30分の育児時間を与えればよい。育児時間中を有給とすることは義務付けられていない。「1日2回」という回数も、本人の請求に基づき、まとめて1日1回60分（育児時間を連続2回取得したものと扱う）とすることも可能である。

PART4 15 子育て期間中の労働時間の配慮

労働時間

令和6年成立の法改正で制度の充実が図られている

■ 子が3歳到達までは所定労働時間を短縮できる

育児・介護休業法は、育児休業の取得中でない3歳未満の子を養育する労働者（日雇い労働者、1日の所定労働時間が6時間以下の労働者を除く）の申し出により、事業主が講じる措置として以下のものを規定しています。なお、①の措置は義務とされており、②～⑦の措置は努力義務とされています。

① 所定労働時間の短縮（短時間勤務制度）
② フレックスタイム制
③ 始業・終業時刻の繰上げ・繰下げ（時差出勤制度）
④ 託児施設の設置運営
⑤ ④に準ずる便宜の供与
⑥ 育児休業に準ずる措置（子が1歳から3歳未満の場合）
⑦ テレワーク（令和6年成立の育児・介護休業法改正で追加）

■ 子が3歳到達までは所定外労働が免除される

育児・介護休業法により、事業主は、育児休業の取得中でない3歳未満の子を養育する労働者（日雇い労働者を除く）の申し出により、事業の正常な運営を妨げる場合を除き、所定外労働（所定労働時間を超える労働のこと）を免除する義務があります（次ページ図）。ただし、労使協定を結ぶことで、ⓐ継続雇用1年未満の労働者、ⓑ1週間の所定労働日数が2日以下の労働者を、所定外労働の免除の適用対象外にできます。

なお、令和6年成立の育児・介護休業法改正で、所定外労働が免除される労働者の範囲を、小学校就学（入学）前の子を養

労使協定による除外

労使協定を結ぶことで、ⓐ継続雇用1年未満の者、ⓑ1週間の所定労働日数が2日以下の者、ⓒ業務の性質や業務の実施体制に照らして短時間勤務制度の措置を講じることが困難な者、を本文記載の①の措置の対象外にできる。
ただし、ⓒに該当する労働者に本文記載の①の措置を講じない場合、事業主は、本文記載の②～⑦のいずれかの措置を講じなければならない。

所定外労働の免除と例外

3歳までの子どもを
養育している労働者
(改正施行後は小学校就学前)

所定外労働の免除を請求 →

事業主

【原則】請求者(労働者)に所定外労働(残業)をさせることはできない
【例外】事業主は「事業の正常な運営を妨げる場合」には拒むことができる
⇒「その労働者の担当する業務の内容、代替要員の配置の難しさなどを考慮して」客観的に判断される

育する労働者に拡大することが決まっています。

■ 子が小学校就学までの労働時間の配慮など

育児・介護休業法は、小学校就学前などの子を養育する労働者が働きながら子育てするのを支援するため、事業主が講じるべき措置として、①看護休暇、②時間外労働の制限、③深夜業の免除を定めています。さらに、令和6年成立の育児・介護休業法改正で、④柔軟な働き方を実現するための措置を講じる義務が追加されることが決まっています。

① 看護休暇

看護休暇とは、小学校就学前の子を養育する労働者(日雇い労働者を除く)が、病気やケガをした子の看護のために休暇を取得できる制度で、事業主に対して看護休暇の付与を義務化しています。なお、令和6年成立の育児・介護休業法改正で、子の行事参加などの場合も看護休暇の取得が可能となり、看護休暇の対象者を小学校3年生までの子を養育する労働者に拡大することが決まっています(これに伴って、法改正施行後は名称が「看護等休暇」に変更されます)。

事業主は、看護休暇の申し出を拒否できず、年次有給休暇での代替もできません。ただし、労使協定を結ぶことで、看護休

看護休暇の取得日数

看護休暇は1年間につき5日間(小学校就学前の子が2人以上の場合は10日間)を限度として取得できる。この場合の「1年間」は、事業主が別段の定めをした場合を除き、4月1日から翌年3月1日までの期間を意味する。現在は「時間単位」で看護休暇を取得することが可能である。

暇の対象外とされた労働者（1週間の所定労働日数が2日以下の労働者など）については申し出を拒否できます。

② 時間外労働の制限

事業主は、小学校就学前の子どもを養育する労働者（日雇い労働者を除く）が請求した場合、1か月24時間、1年150時間を超える時間外労働をさせることができません。事業主は、事業の運営を妨げる場合を除き、この請求を拒否できません。

労働者は、事業主に対して、制限開始予定日の1か月前までに、時間外労働の制限を求める期間（1か月以上1年以内の連続する期間）を明示して請求することが必要です。この請求の回数に制限はなく、子の小学校就学前であれば、何度でも時間外労働の制限を請求できます。

③ 深夜業の免除

事業主は、小学校就学前の子を養育する労働者（日雇い労働者を除く）が請求した場合、22時から翌朝5時までの深夜時間帯に労働させることができません。事業の正常な運営を妨げる場合を除き、この請求を拒否できません。

労働者は、事業主に対して、制限開始予定日の1か月前までに、深夜業の制限を求める開始日と終了日（1か月以上6か月以内の連続する期間）を明示して請求することが必要です。この請求にも回数制限はありません。

④ 柔軟な働き方を実現するための措置を講じる義務

事業主は、3歳以上の小学校就学前の子を養育する労働者に関し、事業主が職場のニーズを把握した上で、柔軟な働き方を実現するための措置を講じる義務があります。

■ 養育者に対する均衡措置など

上記の法律上の制度や措置をとることが事業主の義務ではない場合であっても、子の養育と仕事を両立させるために、必要な措置を講じるよう努力が求められている場合があります。

労使協定で対象外にできない労働者
従前は「継続雇用6か月未満の労働者」を労使協定に基づき看護休暇の対象外にできたが、令和6年成立の育児・介護休業法改正により対象外とすることはできない。

深夜業の免除の適用除外者
ⓐ継続雇用1年未満の者、ⓑ深夜おいてに保育する条件を満たす16歳以上の同居の家族がいる者、ⓒ1週間の所定労働日数が2日以下の者、ⓓ所定労働時間の全部が深夜にある者のいずれかに該当する労働者は、深夜業の免除の適用から除外される。

柔軟な働き方を実現するための措置
ⓐ始業時刻などの変更、ⓑテレワーク、ⓒ短時間勤務、ⓓ新たな休暇の付与、ⓔその他働きながら子を養育しやすくするための措置、のうち事業主が2つを選択するとされている。

子育てをする労働者に対する企業側の対応

	内容・企業の対応
育児休業制度	原則として子が１歳になるまで。子の小学校就学まで育児休業に準じる措置の努力義務
所定労働時間の短縮	子が３歳までは義務、子の小学校就学まで努力義務
所定外労働の制限	子が３歳までは義務、子の小学校就学まで努力義務（法改正施行後は子の小学校就学まで義務）
子の看護休暇	子の小学校就学まで義務（法改正施行後は子が小学校３年生を終えるまで義務）
時間外労働の免除・制限	子の小学校就学まで義務（子が３歳までは免除）
深夜業の免除	子の小学校就学まで義務
始業時刻変更等の措置	子の小学校就学まで努力義務

　たとえば、１歳から小学校就学までの子を養育する労働者について、育児休業に準じる措置や、始業時刻変更等の措置を講じることが挙げられます。始業時刻変更等の措置とは、フレックスタイム制の導入などを指します（110ページ）。

　事業主は、雇用する労働者に対する転勤命令など、就業の場所の変更を伴う配置変更を行う場合、就業場所の変更により働きながら子を養育することが困難になる労働者がいるときは、子の養育の状況に配慮しなければなりません。

　また、事業主は、所定労働時間の短縮措置（短時間勤務制度など）、所定外労働の制限、時間外労働の免除・制限、深夜業の免除、看護休暇などの申し出や、これらの取得を理由として、その労働者に対して、解雇などの不利益な取扱いをすることは認められません。不利益な取扱いとは、解雇をすることの他、勤務しなかった日数を超えて賃金を減額することや、賞与や昇給などで不利益な算定を行うことなどが該当します。

配置変更

配置変更を命じる配転命令にあたり、会社が子の養育の状況を考慮しなかった場合、それにより直ちに法的な効力が生じるわけではない。ただし、配転命令の違法性が争われた場合、配転命令が使用者側の権利濫用にあたるか否かを判断する要素になる。

Column

年少者の労働時間

　労働基準法では、満18歳に満たない者（18歳未満の者）を年少者、満15歳に達した日以後の最初の3月31日が終了するまでの者（中学校卒業までの者）を児童といいます。

　原則として、児童を労働者として使用することは禁止されています。例外として、非工業的業種で、児童の健康・福祉に有害でなく、その労働が軽易なものは、所轄労働基準監督署長の許可を受けて満13歳以上の児童を修学時間外に使用可能です。また、映画制作・演劇の事業は、ILOの国際条約においても子役の就業を認めており、満13歳未満の児童も、所轄労働基準監督署長の許可を受けて修学時間外に使用可能です。

　なお、上記の許可がされた児童の労働時間は、修学時間（当該日の授業開始時刻から同日の最終授業終了時刻までの時間から休憩時間を除いた時間）を通算して、1週40時間、1日7時間を超えることはできません。修学時間のない日曜日に児童を労働させることは、別に修学日に法定の休日が与えられているのであれば問題ありません。

　また、年少者については、原則として、時間外労働や休日労働を行わせることはできず、変形労働時間制やフレックスタイム制も適用できません。したがって、所定労働時間が1日8時間、1週40時間の事業場では、日曜日から土曜日までの同一の週における休日の変更はできますが、他の週に休日を変更することはできません。ただし、非常災害時などの場合には、所轄労働基準監督署長の許可を条件に、必要な限度で、時間外労働や休日労働をさせることができます。

　さらに、原則として、年少者を深夜時間帯（午後10時から午前5時まで、児童の場合は午後8時から午前5時まで）に使用することもできません。

PART 5

賃 金

PART5 1 賃金

賃金

労働の「対価」として使用者から支払われるもの

■ 賃金は労働の対償である

賃金は、一般的に「給与」と呼ばれています。労働基準法上の賃金には、労働の直接の対価だけでなく、家族手当、住宅手当のように労働の対価よりも生計の補助として支払うものや、通勤手当のように労働の提供をより行いやすくさせるために支払うものも含まれるとされています。さらに、休業手当、年次有給休暇中の賃金のように、実際に労働しなくても労働基準法が支払いを義務付けているものも含まれます。

また、賞与や退職金などは、当然には労働基準法上の賃金にあたりませんが、労働協約・就業規則・労働契約などで支給条件が決められていれば、使用者に支払義務が生じるので、賃金に含まれるとされています。

■ 給与の範囲は法律によって異なる

法律によって「給与」の範囲が異なる場合もあります。

たとえば、労働基準法では、労働契約・就業規則・労働協約などによって支給条件があらかじめ明確にされている退職金や結婚祝金・慶弔金などは、給与(労働基準法では給与のことを「賃金」といいます)に含めます(次ページ図)。

一方、社会保険(健康保険や厚生年金保険)では、退職金や結婚祝金・慶弔金などは、労働契約・就業規則・労働協約などによってあらかじめ支給条件が明確にされていても、給与(社会保険では給与のことを「報酬」といいます)に含めません。

おおまかにいうと、労働基準法では、給与の支払確保のため、

賃金

賃金は労働の提供への対償としての性質を持っているため、会社が出張や顧客回りのために交通費を支給する場合があるが、これは会社の経費なので賃金には含まれない。

ストック・オプション

ストック・オプションとは、会社が役員や労働者に自社株を購入する権利を与えておき、一定の業績が上がった際に、役員や労働者がその権利を行使して株式を取得し、これを売却して株価上昇分の差益を得ることができる制度である。
ストック・オプションは、労働基準法上の賃金に含まれない。

労働基準法で賃金とされているものの範囲

賃金の定義	賃金、給料、手当、賞与その他名称のいかんを問わず、労働の対償として使用者が労働者に支払うすべてのもの	
	賃金となるもの	**賃金とならないもの**
具体例	・退職金、結婚祝金など、労働契約、就業規則、労働協約などによってあらかじめ支給条件の明確なもの（例外） ・祝祭日、労働者の個人的吉凶禍福に対して支給されるもので、前例または慣例によってその支給が期待されているもの（例外）	・退職金、結婚祝金、死亡弔慰金、災害見舞金などの恩恵的給付（原則） ・祝祭日、会社の創立記念日または労働者の個人的吉凶禍福に対して支給されるもの（原則）
	・事業主の負担する労働者負担分の労働者の税金、労働保険料、社会保険料 ・スト妥結一時金 ・現物支給として労働者に渡す「通勤定期券」 ・労働基準法26条の休業手当	・制服、作業衣など、業務上必要な被服の貸与 ・出張旅費 ・法定額を超えて支給される休業補償費 ・役職員交際費
	・仲居さんが使用者の手を介して再分配されて受けるチップ（例外） ・社宅の利用代金を徴収する場合、徴収金額が実際費用の3分の1以下であるときは、徴収金額と実際費用の3分の1との差額部分については賃金とみなされる（例外）	・仲居さんなどが客から受けるチップ（原則） ・社宅の貸与、給食などの福利厚生施設（原則） ・福利厚生のために使用者が負担する生命保険料などの補助金

給与の範囲を広くとっていると考えられます。その他、労働保険（労災保険と雇用保険は給与の範囲が同じ）、社会保険（健康保険と厚生年金保険は給与の範囲が同じ）、源泉所得税などにおいて、少しずつ給与の範囲が違うということです。

■ 賃金支払いの5原則とは

労働基準法では、労働者保護の観点から、労働者が提供した

労務について確実に賃金を受領できるようにするため、賃金支払いについて、以下の5つの原則を定めています（賃金支払いの5原則）。

① **通貨払いの原則**

現金（日本円）で支払うことを要し、小切手や現物で支払うことはできない。

② **直接払いの原則**

仕事の仲介人や代理人に支払ってはならない。

③ **全額払いの原則**

労働者への貸付金その他のものを控除してはならない。

④ **毎月1回以上払いの原則**

毎月1回以上支払うことが必要。

⑤ **一定期日払いの原則**

一定の期日に支払うことが必要。

■ 賃金のデジタル払い

賃金には前述した通貨払いの原則が適用されますが、労働者の同意を条件として、本人名義の銀行口座または証券総合口座への賃金の支払いが例外として認められています。さらに、令和5年4月1日以降は、過半数組合（過半数組合がない場合は過半数代表者）との間で労使協定を締結し、労働者への説明とその同意を得ることを条件として、厚生労働大臣が指定した本人名義の資金移動業者口座への賃金の支払いも、例外として認められるようになりました。

また、使用者は、労働者に資金移動業者口座への賃金支払いを選択肢として提示する場合、現金での賃金支払いに加えて、銀行口座または証券総合口座への賃金支払いを選択肢としてあわせて提示しなければなりません。つまり、現金または資金移動業者口座のみを賃金支払いの選択肢として提示することは許されません。

賃金のデジタル払い

厚生労働大臣が指定する資金移動業者は、主に「〇〇ペイ」などの名称で、キャッシュレス決済（バーコード決済など）を提供している業者を想定しており、指定を受けるためには多くの要件をクリアすることが要求されている。主な要件として、①資金移動業者口座の上限額は100万円以下に設定されていること、②口座残高を現金化する場合については、1円単位で現金化（払い出し）ができる口座であること、③現金化ができないポイントや仮想通貨などによる賃金の支払いは認められていないことが挙げられる。

最低賃金の種類

最低賃金には、①地域別最低賃金、②特定最低賃金（従来の産業別最低賃金）がある。どちらも都道府県ごとに時間給で設定されており、ほぼ毎年10月頃に最低賃金額が改定される。
地域別最低賃金と特定最低賃金とが競合する場合には、原則として金額の高いほうの最低賃金額が優先して適用され、地域別最低賃金・特定最低賃金による最低賃金額以上の賃金を支払わない場合は、罰則が科せられる。

賃金支払いの5原則の内容

原則	内容	例外
❶通貨払い	現金（日本円）で支払うことを要し、小切手や現物で支払うことはできない	**労働協約が必要** ● 通勤定期券の現物支給、住宅貸与の現物支給 ● 外国通貨による支払い **労働者の同意が必要** ● 銀行口座への振込み、証券総合口座への払込み、資金移動業者口座への資金移動による支払い（いずれも本人名義の口座に限る） ● 退職金については、上記に加えて、銀行振出小切手、郵便為替による支払い
❷直接払い	仕事の仲介人や代理人に支払ってはならない	● 使者である労働者の家族への支払い ● 派遣先の使用者を通じての支払い
❸全額払い	労働者への貸付金その他のものを控除してはならない	● 所得税、住民税、社会保険料の控除 **書面による労使協定が必要** ● 組合費、購買代金の控除など
❹毎月1回以上払い	毎月1回以上支払うことが必要	**臨時に支払われる賃金** ● 結婚手当、退職金、賞与など
❺一定期日払い	一定の期日に支払うことが必要	● 1か月を超えて支払われる精勤手当、勤続手当など

■ 最低賃金とは

　賃金の額は使用者と労働者との合意の下で決定されるものですが、景気の低迷や会社の経営状況の悪化などの事情で、一般的な賃金よりも低い金額を提示する使用者もいます。

　そのような場合、賃金をもらって生活をしている労働者の立場では、提示額をそのまま受け入れざるを得ないという状況になり、苦しい生活環境を強いられることも考えられます。

　そこで、国は最低賃金法を制定し、賃金の最低額を保障することによって労働者の生活の安定を図っています。最低賃金法の対象となるのは労働基準法に定められた労働者であり、パートタイマーやアルバイトも当然に含まれます。

最低賃金の例外

最低賃金法のルールを一律に適用すると、かえって不都合になるケースが生じる可能性もある。たとえば、試用期間中の者や、軽易な業務に従事している者、精神・身体の障害により著しく労働能力の低い者などについては、都道府県労働局長の許可を得ることによって、最低賃金額を下回る賃金を設定することが認められている。

PART5 2 平均賃金

賃金

有給休暇や労災の場合に支給される金額の基準になる金額

■ 平均賃金とは

年次有給休暇を取得した場合や、労災（労働災害）などによって休業した場合など、何らかの事情で労働しなかった期間であっても、賃金が支払われることがあります。この場合、その期間の賃金額は、会社側が一方的に決めるのではなく、労働基準法の規定に基づいて1日の賃金額を算出し、その額に期間中の日数を乗じた額とすることになっています。その基準となる1日の賃金額を平均賃金と呼びます。

労働基準法12条によると、平均賃金の算出方法は「これを算定すべき事由の発生した日以前3か月間にその労働者に対し支払われた賃金の総額を、その期間の総日数で除した金額」とされています。たとえば、機械の故障や業績不振など、使用者側の事情で労働者を休業させる場合、使用者は休業期間中、労働者にその平均賃金の100分の60以上を休業手当として支給します（同法26条）。年次有給休暇を取得中（年次有給休暇中）の労働者に支給する金額についても、就業規則等の定めに従い、平均賃金または所定労働時間労働した場合に支払われる通常の賃金により算定することになります（同法39条9項）。

なお、平均賃金の基準になる「3か月（3か月間の総日数）」とは、暦の上の日数のことです。また、算定の対象となる「賃金の総額」には、基本給の他、通勤手当や時間外手当などの諸手当も含まれますが、臨時に支払われた賃金や3か月を超える期間ごとに支払われた賃金などは「賃金の総額」から控除されることになります（次ページ図）。

労働基準法12条の趣旨

本文記載のように、平均賃金の算定にあたり、直近の3か月の賃金を用いて計算する趣旨は、できるだけ直近の賃金額から平均賃金を算定することによって、労働者の収入の変動幅を少なくするためである。

平均賃金の基準になる「3か月」について

平均賃金の基準になる3か月を算定するにあたり、その期間中に、業務上の傷病による休業期間や育児・介護休業期間などが含まれる場合は、その期間の日数分が「3か月」から控除されるので（3か月の算定に含めない）、その期間内に支払われた賃金額も「賃金の総額」から控除される（計算基礎から除外する期間・賃金）。

平均賃金の具体的な計算例

$$\frac{算定事由の発生した日以前3か月間にその労働者に支払われた賃金総額}{上記の3か月間の総日数}$$

【「以前3か月間」の意味】

算定事由の発生した日（＊）は含まず、その前日からさかのぼって3か月
賃金締切日がある場合は、直前の賃金締切日からさかのぼって3か月

（＊）「算定事由の発生した日」とは、
　　解雇予告手当の場合「解雇通告した日」
　　休業手当の場合「その休業日の初日」
　　年次有給休暇中の賃金の場合「有給休暇の初日」
　　災害補償の場合「事故発生の日又は疾病の発生が確定した日」
　　減給の制裁の場合「制裁意思が労働者に到達した日」

【計算基礎から除外する期間・賃金】

・業務上の傷病による休業期間
・産前産後の休業期間
・使用者の責めに帰すべき事由による休業期間
・育児・介護休業法による育児・介護休業期間
・試用期間

【賃金総額から除外される賃金】

・臨時に支払われた賃金（結婚祝金、私傷病手当など）
・3か月を超える期間ごとに支払われた賃金（賞与など）
・法令または労働協約に基づかない現物給与

【平均賃金の最低保障額】

日給制、時間給制などの場合、勤務日が少ないと上記の計算式では異常に低くなってしまう場合があるため、最低保障額が定められている。上記計算式の算出額と、次の計算式の算出額を比較し、多い方を平均賃金とする。

・賃金が日給、時間給、出来高給その他の請負制であった場合

$$\frac{3か月間の賃金総額}{その期間中に労働した日数} \times \frac{60}{100} \quad \cdots \quad Ⓐ$$

・賃金の一部が、月給、週給その他一定の期間によって定められた場合
（月給・週給などと「日給、時間給、出来高給その他の請負制」との併用の場合）

$$\frac{月給・週給等の部分の総額}{上記の部分の総日数} + 上記Ⓐの金額$$

・雇入れ後3か月に満たない者の場合

　　　　雇入れ後に支払われた賃金総額÷雇入れ後の期間の総日数

割増賃金

時間外・休日・深夜労働には所定の割増賃金の支払が義務付けられている

賃金

■ 割増賃金とは

　使用者は、労働者の時間外・深夜・休日労働に対して、割増賃金の支払義務を負います（労働基準法37条）。

　法定労働時間（1日8時間、1週40時間が原則）を超えて労働者を働かせた時間外労働の割増率は25％以上です。ただし、月60時間を超える部分の時間外労働の割増率は50％以上です。

　次に、午後10時から午前5時までの深夜労働についても、同様に割増率は25％以上です。時間外労働と深夜労働が重なった場合は、2つの割増率を足すので、50％以上の割増率になります。また、法定休日に労働者を働かせた場合は、休日労働として35％以上の割増率になります。休日労働と深夜労働が重なった場合、割増率は60％以上です。

■ 代替休暇とは

　労働者の健康を確保する観点から、長時間労働の代償として割増分の残業代の支払いではなく、労働者に休暇を付与する方法（代替休暇）もあります。具体的には、労使協定を締結することにより、1か月の時間外労働が60時間を超えた場合、通常の割増率（25％以上）を上回る部分の割増賃金の支払いに代えて、有給休暇を与えることが認められています。

　代替休暇を付与するには、事業場の過半数組合（ない場合は過半数代表者）との間で労使協定の締結が必要です。労使協定で定める事項は、①代替休暇として付与できる時間数の算定方法、②代替休暇の単位、③代替休暇を付与できる期間、④代替

中小企業における適用

月60時間を超える部分の時間外労働の割増率に関する本文記載の規定は、中小企業については令和5年4月1日から適用されている。

代替休暇について

代替休暇は労働者の休息の機会を与えることが目的であるため、付与の単位は1日または半日とされている。
もっとも、通常の割増率の部分については、これまで通り25％以上の割増率による割増賃金の支払いが必要になる。

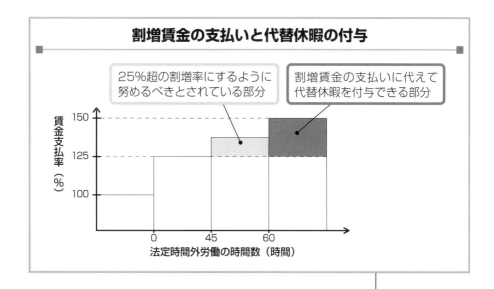

休暇の取得日の決定方法、⑤割増賃金の支払日です。

①の時間数の算定方法は、1か月の時間外労働時間数から60を差し引いてから、換算率を乗じます。たとえば、法定通りの割増率であれば、60時間を超えた部分の時間外労働の割増率50％から通常の時間外労働の割増率25％を差し引いた「25％」が換算率です。一方、法定を上回る割増率であれば、60時間を超えた時間外労働の割増率から通常の時間外労働の割増率を差し引いた数値が換算率になります。

■ 割増賃金の計算手順

労働者の1時間あたりの賃金（時間給）を算出し、その額に割増率を掛けた額が1時間あたりの割増賃金です。ただし、個人的事情にあわせて支給される賃金は、割増賃金の計算基礎となる賃金から除外されます。除外される手当として、①家族手当、②通勤手当、③別居手当、④子女教育手当、⑤住宅に要する費用に応じて支給する住宅手当、⑥臨時に支払われる賃金、⑦1か月を超える期間ごとに支払われる賃金があります。

代替休暇を付与できる期間

長時間労働をした労働者の休息の機会を与える休暇であるため、時間外労働をした月と近接していなければ意味がない。
そのため、労働基準法施行規則で時間外労働をした月から2か月以内、つまり翌月または翌々月と定めている。労使協定ではこの範囲内で、代替休暇の期間を定めることになる。

割増賃金の計算の手順

割増賃金を計算する手順は、まず月給制や日給制などの支払方法にかかわらず、すべての労働者の1時間あたりの賃金（時間給）を算出する。その額に割増率を掛けた金額が割増賃金になる。

PART5 4
賃金

三六協定①

残業をさせるには三六協定に加えて就業規則などの定めが必要である

■ 三六協定を結べば残業が認められる

　時間外・休日労働（残業）は、原則として労使協定を結び、そこで定めた範囲内で残業を行わせる場合に認められます。この労使協定は労働基準法36条に由来して三六協定といいます。同じ会社でも、残業の必要性は事業場ごとに異なりますから、三六協定は事業場ごとに締結しなければなりません。事業場の労働者の過半数で組織する労働組合（過半数組合がないときは労働者の過半数を代表する者）と書面による協定（三六協定）を締結し、所轄労働基準監督署に届ける必要があります。

　労働組合がなく労働者の過半数を代表する者（過半数代表者）と締結する場合は、その選出方法にも注意が必要です。選出に関して証拠や記録がない場合、過半数代表者の正当性が否定され、三六協定自体の有効性が問われます。そこで、選挙で選出する場合は、投票の記録や過半数の労働者の委任状があると、後のトラブルを防ぐことができます。

　三六協定は届出をしてはじめて有効になります。届出をする場合は、原本とコピーを提出し、コピーの方に受付印をもらい会社で保管します。労働基準監督署の調査が入った際に提示を求められることがあります。また、三六協定の有効期間は１年が望ましいとされています（法令上の制限はない）。

　使用者は、時間外労働については25％以上の割増率（月60時間超の例外あり、142ページ）、休日労働については35％以上の割増率で計算した割増賃金を支払わなければなりません。三六協定を締結せずに残業させた場合は違法な残業となりますが、

三六協定の効力

三六協定は個々の労働者に残業を義務付けるものではなく、「残業をさせても使用者は刑事罰が科されなくなる」（免罰的効果）という消極的な効果しかない。
使用者が残業を命じるためには、三六協定を結んだ上で、労働協約、就業規則または労働契約の中で、業務上の必要性がある場合に三六協定の範囲内で残業を命令できることを明確に定めておくことが必要である。

過半数代表

管理監督者は過半数代表者になることができない。もし管理監督者を過半数代表者に選任して三六協定を締結しても、その協定は無効となる、つまり事業場に三六協定が存在しないとみなされることに注意が必要である。

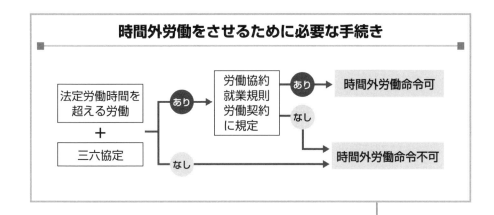

違法な残業についても割増賃金の支払いは必要ですので注意しなければなりません。

■ 就業規則の内容に合理性が必要

判例によると、三六協定を締結したことに加えて、以下の①と②の要件を満たす場合には、その就業規則などの内容が合理的なものである限り、それが労働契約の内容となるため、労働者は時間外・休日労働（残業）の義務を負うことになります。

① 三六協定の届出をしていること
② 就業規則、労働協約または労働契約の中で、業務上の必要性がある場合に、当該三六協定の範囲内で労働者に残業をさせることができる点について定めていること

以上の要件を満たすと、就業規則などに基づき残業命令が出された場合、労働者は正当な理由がない限り、残業の拒否ができません。これに従わないと業務命令違反として懲戒処分の対象になることがあります。一方、就業規則などに残業命令が出せる趣旨の規定がなければ、正当な理由もなく、残業を拒否されても懲戒処分の対象にはできません。

三六協定の締結とともに、就業規則などに基づき労働者に対し残業命令ができる場合であっても、その残業命令の効力が認

労働者の労働時間の管理

残業が恒常的に発生すると、残業代が含まれた給与に慣れてしまい、その金額を前提にライフサイクルができあがり、残業がなくなると困るので、仕事が少なくても残業する労働者が出てくるおそれがある。そこで、会社からの残業命令または事前申請・許可がなければ残業をさせない、という毅然とした対応をとることも必要である。

められない（残業義務が生じない）場合があります。具体的には、業務上必要性がない場合や、不当な目的に基づいているなど、労働者に著しく不利益を与えるような場合には、使用者側の権利の濫用と判断され、残業命令の効力が否定されます。

なお、会社として残業を削減したい場合や、残業代未払いなどのトラブルを防ぎたい場合は、時間外・休日労働命令書・申請書、時間外・休日勤務届出書などの書面を利用して、労働時間を管理するのがよいでしょう。

■ 三六協定の締結方法

三六協定で締結しておくべき事項は、①時間外や休日労働をさせる（残業命令を出す）ことができる労働者の範囲（業務の種類、労働者の数）、②対象期間・有効期間（対象期間は1年間に限る）、③時間外・休日労働をさせることができる場合（具体的な事由）、④「1日」「1か月」「1年間」の各期間について、労働時間を延長させることができる時間（限度時間）または労働させることができる休日の日数です。

④の限度時間について、かつては「時間外労働の限度に関する基準」という厚生労働省の告示で決められていましたが、平成30年（2018年）成立の労働基準法改正で、時間外労働の限度時間が労働基準法で明記されました。

限度時間の内容については、上記の告示を踏襲しています。つまり、1日の限度時間は定められていませんが、1年単位の変形労働時間制を採用している場合を除き、原則として1か月につき45時間、1年間につき360時間を超える時間外労働をさせることは、後述する特別条項付き協定（148ページ）がない限り許されません。

かつての告示では「1日」「1日を超え3か月以内の期間」「1年」の各期間の限度時間を設定するものとしていました。これに対し、改正後の労働基準法では「1日を超え3か月以内

対象期間と有効期間の違い
三六協定の対象期間とは、三六協定によって時間外労働や休日労働を命じることができる期間である。一方、三六協定の有効期間とは、三六協定が効力を持つ期間である。

1年単位の変形労働時間制の下での限度時間
1年単位の変形労働時間制を採用している場合は、1か月につき42時間、1年間につき320時間が限度時間である。

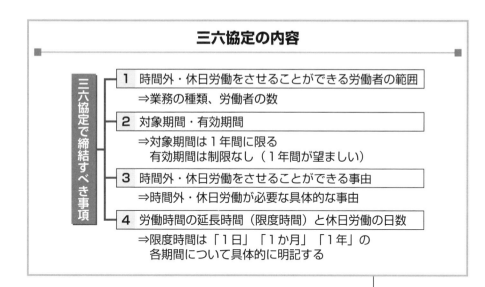

の期間」ではなく「1か月」の限度時間を設定することになりました。そのため、従来の告示に従って1週間や2か月などの限度時間を設定している場合は、これを改めて「1か月」の限度時間を三六協定で設定することが求められます。

また、三六協定は協定内容について有効期間の定めをしなければなりませんが、その長さについては労使の自主的な判断にまかせています（ただし労働協約による場合を除き無期限の協定は不可です）。しかし、前述の④にあるように、三六協定は必ず「1年間」の限度時間を定めなければなりません。したがって、事業が1年以内に完了するような例外を除き、有効期間は最低1年間となります。また、定期的に見直しをする必要がありますので、1年ごとに労使協定を結び、有効期間が始まる前までに届出をするのが望ましいでしょう。

労使協定の中には、労使間で「締結」をすれば労働基準監督署へ「届出」をしなくてよいものもありますが、三六協定については「締結」だけでなく「届出」をしてはじめて効力が発生するため、必ず届け出ることが必要です。

1日を超え3か月以内の期間

この期間については「1か月」の限度時間の設定も可能であった。従来から「1か月」の限度時間を設定していれば、改正労働基準法の施行後も特別な対応は不要である。

三六協定に違反した場合の罰則

三六協定で定めた労働時間の上限を超えて労働者を働かせた者は、6か月以下の懲役または30万円以下の罰金が科されることになる（労働基準法119条1号）。

三六協定②

例外的に限度時間を超えた時間外・休日労働が許される場合

■ 特別条項付き三六協定とは

労働者の時間外・休日労働については、労働基準法の規制に従った上で、三六協定により時間外労働や休日労働をさせることができる上限（限度時間）が決められます。しかし、実際の事業活動の中では限度時間を超過することもあります。そのような「特別な事情」に備えて特別条項付きの時間外・休日労働に関する協定（特別条項付き三六協定）を締結しておけば、限度時間を超えて時間外・休日労働をさせることができます。

特別条項付き三六協定が可能となる「特別な事情」とは、事業場における通常予見できない業務量の大幅な増加などに伴い、臨時的に限度時間を超えて労働させる必要がある場合です（労働基準法36条5項）。

また、特別条項付き三六協定の締結の有無を問わず、長時間労働を抑制するため、以下の①〜④の規制をすべて遵守しなければなりません（時間外労働の上限規制）。

① 時間外労働と休日労働の合計が月100時間未満
② 時間外労働が月720時間以内
③ 時間外労働と休日労働の合計について、2〜6か月平均80時間以内（2か月、3か月、4か月、5か月、6か月のいずれの期間においても月平均80時間以内）
④ 時間外労働が月45時間を超過できるのは年6回が限度

■ 建設業への時間外労働の上限規制の適用

建設業については、平成31年（2019年）4月に働き方改革関

遵守しない場合は刑事罰の対象

時間外労働の上限規制を遵守しないときは、刑事罰（6か月以下の懲役または30万円以下の罰金）の対象となる。

特別条項付き三六協定

原則 三六協定に基づく時間外労働の限度時間は月45時間・年360時間

1年のうち6か月を上限として
限度時間を超えた時間外・休日労働の時間を設定できる

↓

特別条項付き三六協定

【特別な事情(一時的・突発的な臨時の事情)】が必要
① 予算・決算業務
② ボーナス商戦に伴う業務の繁忙
③ 納期がひっ迫している場合
④ 大規模なクレームへの対応が必要な場合

【長時間労働の抑止】
※1か月につき100時間未満で時間外・休日労働をさせることができる時間を設定
※1年につき720時間以内で時間外労働をさせることができる時間を設定

連法が施行された後も、上記①〜④の時間外労働の上限規制の適用が5年間猶予されていました。しかし、令和6年4月1日からは、時間外労働は「月45時間以内、年360時間以内」を原則とし、特別条項付き三六協定を締結しなければ、これを超過できなくなりました。また、特別条項付き三六協定を締結しても、上記①〜④の時間外労働の上限規制を遵守しなければならなくなりました。

また、トラック・バス・タクシーのドライバー(自動車運転業務)についても、令和6年4月1日からは、時間外労働は「月45時間以内、年360時間以内」を原則とし、特別条項付き三六協定を締結しなければ、これを超過できなくなりました。ただし、特別条項付き三六協定を締結する場合、時間外労働の上限は年960時間とされていますが、建設業と異なり、上記①〜④の時間外労働の上限規制は適用されません。

時間外労働の上限規制が適用されない場合

令和6年4月1日以降も、建設業であっても、災害時における復旧・復興事業に限り、時間外労働の上限規制のうち①③が適用されない。

PART5 7 固定残業手当

賃金

人件費の予算管理を効率化できる

■ 固定残業手当とは何か

使用者は、労働者に時間外労働をさせた場合、割増賃金を支払わなければなりません。もっとも、時間外労働に対する割増賃金（残業手当）を固定給に含め、時間外労働の有無に関係なく、毎月定額（固定残業手当）を支給している会社も少なくありません。固定残業手当を適法に行うには、①基本給と固定残業手当を明確に区分する、②固定残業手当に含まれる時間外労働の時間数（固定残業時間）を明確にする、③固定残業時間を超過して時間外労働をさせた場合の他、休日労働や深夜労働をさせた場合には、別途割増賃金を支給する、という3つの要件を満たす必要があります。

その上で、固定残業手当を導入するには、会社の就業規則の変更が必要です。就業規則の一部である賃金に関する規程（賃金規程など）の変更でもかまいません。そして、変更した就業規則の届出（常時10人以上の場合）と労働者への周知も必要です。

■ 固定残業手当を導入するメリット

まず、同じ業務を残業なしでこなす労働者と残業月10時間でこなす労働者との間では、通常の残業手当だと不公平に感じられますが、固定残業手当では公平感があります。また、固定残業手当の導入によって給与計算の手間が大幅に削減されます。さらに、固定残業時間以内であれば追加の人件費が発生せず、毎月の人件費がある程度固定化される（人件費の大まかな把握が可能となる）ので、予算管理がしやすくなります。

労働者の同意が必要な場合とは

固定残業手当の導入が賃金の引下げを伴う場合は、原則として個々の労働者の同意を得なければならない。
特に基本給と割増賃金部分の区分は、支給されるはずの割増賃金が適法に支払われているかどうかを、労働者が確認する手段として重要である。固定残業手当が実際の時間外労働の時間数で計算した金額を明確に下回ると判断された場合には、その差額の支払いを請求されるトラブルが生じるので注意が必要である。

固定残業の注意点

固定残業手当は「これさえ支払えば、時間外労働に対する割増賃金の支払いが一切不要になる」という便利なものではない。固定残業時間を超えていないからといって、余り分を「おつり」として回収することはできない。ムダな手当を支払わないという意味でも、固定残業手当は今までの平均的な時間外労働時間をベースに検討するのが得策である。

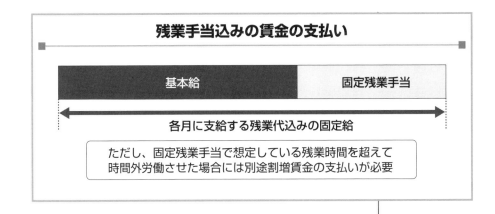

従業員の立場からすると、残業してもしなくても同じ給与なので、効率的に業務を遂行する方向性になり、結果として残業の減少につながります。

■ 固定残業時間はどのくらいが目安なのか

労働基準法では、時間外労働や休日労働を行わせるには、労使間で三六協定を締結し、それを労働基準監督署に届け出ることを義務付けています。この三六協定で設定できる時間外労働の限度時間が、原則として１か月45時間、１年360時間です。そうなると必然的に、１年間の限度時間360時間の12分の１、つまり月30時間が固定残業時間を設定するときの上限となります。もちろん、実際にそれほど時間外労働をしていない場合はもっと少なくなります。

固定残業時間を超過した場合は、別途超過分の時間外労働に対する割増賃金を支払う必要があります。ただし、固定残業時間を超過した場合は、その分について別途時間外労働に対する割増賃金を支払う必要がありますが、実務上この給与計算が煩雑で対応しきれない会社もあります。その場合は、月30時間を上限とするなど、若干多めに固定残業時間を設定し、固定残業時間以内に収まるようにしたほうがよいでしょう。

固定残業手当がなじまない業種もある

たとえば、小売店や飲食店は、営業時間が毎日ほぼ同じで、開店前や閉店後の業務の時間も大きな変動はないため、毎日ある程度一定の労働時間となる。このような業種では、固定残業手当を導入しやすいといえる。営業職の場合も、日中のクライアント訪問、帰社後の残業による提案書の作成などのように、一定の時間外労働が見込まれるならば固定残業手当の導入を検討することができる。

一方、生産ラインが確立されている製造業や、一般的な事務職の場合は、業務量の増減を各労働者の裁量では行うことが難しい。そのため、固定残業手当を導入するより、実際に時間外労働をした時間に対しその都度計算した残業手当を支給するほうが、労働者のモチベーションにつながるとともに、人件費の軽減につながる。

年俸制

年単位で賃金総額を決める制度

■ どんな制度なのか

　年俸制とは、まず1年間の給与（賞与を含める場合もあります）の総額を決定し、その12分の1、あるいは16分の1（仮に賞与を4か月分と設定する場合）を毎月支給するという賃金体系です。

　賃金に関しては、労働基準法上さまざまな制約があるため、以下に挙げた年俸制における賃金に関する重要なポイントを把握しておくとよいでしょう。

① **賃金の支払方法について**

　年俸制では年単位で賃金総額が決まりますが、労働基準法24条は、毎月1回以上、一定期日の賃金支払いを要求しています。そのため、年俸制においても、最低でも毎月1回、特定の日に賃金を支払わなければなりません。

② **時間外労働の割増賃金について**

　年俸制を導入すれば、時間外労働の割増賃金を支払う必要がない、と勘違いしている使用者が少なくありません。しかし、年俸制では毎月支給される金額が1か月分の基本給となり、時間外労働をした場合には、この1か月分の基本給をベースに割増賃金を支払わなければなりません。つまり、年俸制を導入する場合であっても、時間外・休日・深夜の労働に対する割増賃金は必要です。

　そして、使用者が年俸制を導入する場合、年俸額の内訳は基本給だけなのか、一定時間分の残業手当（固定残業手当）を含んでいるのかを明確にする必要があります。

年俸制と割増賃金基礎額

年俸制を採用している会社で、従業員が法定労働時間（1日8時間、1週40時間が原則）を超える労働を行った場合、25％以上の割増率を加えた賃金の支払いが必要である。
そして、割増賃金基礎額（1時間当たりの賃金）の算定には、役職手当、資格手当、業務手当、皆勤手当、支給額が確定している賞与などが含まれる。

年俸制導入の注意点

本文記載のように、年俸制は残業代を節約できる制度とは限らない。業種・職種によっては、導入することが不適当なケースもあるため、業種や従業員の就業実態などを考慮して導入を検討していく必要がある。

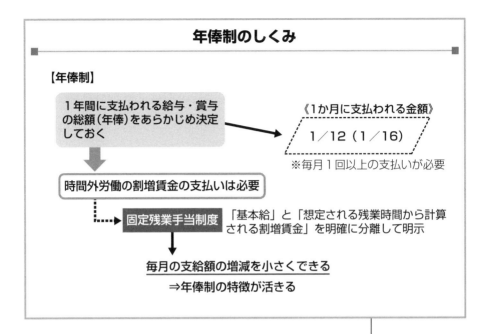

　もっとも、毎月の給与額が残業手当により増減があると、年俸制にした意味がなくなることから、固定残業手当の制度が用いられることが多いようです（150ページ）。固定残業手当の制度においては、年俸制の金額を設定するときに、純然たる基本給の部分と、想定される残業時間から計算された固定残業手当の部分を明確に分離して従業員に明示します。

■ 年俸制でも時間外労働の割増賃金は支払われる

　労働基準法では、給与計算期間ごとに残業時間を集計して、次の賃金支払日に残業手当を支払うこととされています。固定残業手当は例外的な処理です。ただし、固定残業手当が想定している残業時間を超えて残業を行わせたときは、別途残業手当の支払が必要になりますので、年俸制は決して残業代を直接的に節約できる制度ではありません。

割増賃金の支払いが不要になる場合

管理監督者に該当して労働時間の規制が適用除外とされる場合や、裁量労働制や事業場外みなし労働時間制の「みなし労働時間」の適用を受ける場合などは、一定の要件の下で時間外・休日の労働に対する割増賃金は不要になる（深夜労働に対する割増賃金は必要である）。

PART5 9 欠勤・遅刻・早退の場合の取扱い

賃金

働かなかった部分についての賃金は支払われない

■ ノーワーク・ノーペイの原則とは

給与は労働者の労働力の提供に対して支払われるものです。そのため、体調不良などの理由により従業員が仕事を休んだ場合、使用者は、その休んだ日数分の給与を支払う必要はありません。これを「ノーワーク・ノーペイの原則」といいます。

ノーワーク・ノーペイの原則に基づき、どのように賃金の支払いが控除されるのかについては、労働基準法では特に定めを置いていません。そのため、従業員が実際に休んだ分の賃金を超えない範囲内で、会社ごとに独自のルールが定められています。一般的には、就業規則や賃金規程に賃金控除に関する規定を設け、それに従って控除額を算出しています。

一般的な控除額の算出方法としては、「月給額÷1年間の月平均所定労働日数×欠勤日数」で算出する方法をとっている会社が多いようです。遅刻や早退などで1時間あたりの控除額を算出する場合は、「月給額÷1年間の月平均所定労働日数÷1日の所定労働時間」で控除額を求めます。

また、「月給額÷該当月の所定労働日数×欠勤日数」で算出する会社もあります。ただ、この方法で計算する場合は、毎月控除額が変わるため、給与計算処理が面倒になるというデメリットがあります。控除額を計算する際、給与を構成するどの手当を含めて控除額を計算するのか、という点についても賃金規程などで定める必要があります。

なお、就業規則の定めにより、職場の規律に違反した労働者に対し、制裁として給与を減額する方法があり、これを減給と

ノーワークノーペイの原則の適用対象

丸1日欠勤した場合だけでなく、始業時刻に遅れた場合（遅刻）、終業時刻の前に帰った場合（早退）、業務の自発的中断（途中離業）についても、労働力が提供されていない時間分は、給与を支払う必要がない。

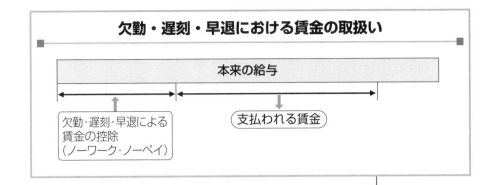

いいます。ただ、減給の制裁による控除額には、一定の制限があります（労働基準法91条）。

■ 労働者が欠勤・遅刻・早退した場合の控除

ノーワーク・ノーペイの原則に基づき、労働者が欠勤・遅刻・早退した場合には、その分を給与から控除することができます。

具体例で計算してみましょう。たとえば、Aさんは、今月、欠勤を1日、遅刻を3時間したとします。Aさんの会社は、1年間の月平均所定労働日数は20日で、1日の所定労働時間は8時間であり、控除額を計算するときは、基本給だけを対象としている会社であったとしましょう。Aさんの基本給が220,000円であり、欠勤1日につき1年間の月平均所定労働日数分の1日を控除するという方法をとる場合、欠勤分の控除額と遅刻分の控除額を別々に算出することになります。

まず、欠勤した分の控除額を求めます。220,000円÷20日×1日＝11,000円が1日分の控除額になります。続いて、遅刻した分の控除額を計算します。1時間あたりの控除額は1日あたりの控除額を所定労働時間で割って求めます。つまり、11,000円÷8時間×3時間＝4,125円が遅刻3時間分の控除額です。したがって、Aさんの今月の給与から控除される額は、11,000円＋4,125円＝15,125円ということになります。

> **減給の制裁の制限**
> 給与は労働者の生活を維持するための重要なものなので、減給については、労働基準法によって、1回の減給額が平均賃金の1日分の半額を超えることや、減給の総額が1つの賃金支払期における賃金の総額の10分の1を超えてはならないという制限がある。

Column

賃金の出来高払い制

　賃金を出来高払いによって支払う場合、仕事量の変動によって賃金額が大きく変動することになります。そのため、出来高払制は非常に不安定な賃金の支払形態といえるでしょう。

　この点に関して、労働基準法は、最低限の生活を維持するための賃金支払いに関する規定を設けており、その仕事量にかかわらず、使用者に対して、労働時間に応じた一定額の賃金（保障給）の支払いを保障することを義務付けています（労働基準法27条）。ここでの保障給とは、労働時間1時間につきいくらと定める時間給を原則としています。労働者の実労働時間の長短と関係なく一定額を保障するものは、保障給に該当しません。

　ただし、労働基準法27条の保障給の保護は、労働者が就労した場合を対象としています。そのため、単なる欠勤のように使用者の責めによらずに労働者が労務を提供しなかった場合は、当然ながら使用者は保障給を支払う必要はありません。

　なお、保証給の具体的な金額については、労働基準に定めはありませんが、労働者の生活保障のために、通常の実質収入とあまり差のない程度の賃金が保障されるように定めることが望ましいでしょう。休業手当が平均賃金の100分の60以上の支払いを義務付けていることを考慮すると、労働者が実際に就労している賃金の場合も平均賃金の100分の60程度は保障すべきと考えられています。また、出来高払い制においても、時間外・休日・深夜の労働を行った場合は割増賃金の支払義務も生じます。

　さらに、最低賃金法の適用がある労働者の場合には、最低賃金額以上の支払いが義務付けられています。出来高払制における保障給も、労働時間に応じるため、最低賃金の時間額が適用されます。

PART 6

休日・休暇・休業

PART6 1 休日と休暇

休日・休暇・休業

労働基準法は少なくとも毎週1日の休日を与えることを義務付けている

■「毎週1日の休日」が原則

労働基準法は、使用者に対し、労働者に毎週少なくとも1回の休日を与えなければならない旨を定めています。

労働基準法は、休日とする曜日を特定することまでは求めていませんが、実際にはほとんどの企業が休日とする曜日を特定しています。また、労働基準法は週休1日制を定めるのみであり、週休2日制にしなければならないとは規定していませんが、現在では多くの企業が週休2日制を採用しています。

■ 変形休日制とは

労働基準法では、週休1日制が原則ですが、「4週間を通じて4日以上の休日を与える」という制度をとることもできます。これを変形休日制（変形週休制）といいます。変形休日制を採用している場合、週休1日の原則は適用されません。

変形休日制では休日のない週があってもよく、また、どの週のどの日を休日にするということを具体的に就業規則などで定めておく必要もありません。結果として労働者に4週で4日の休日が与えられていればよいというものです。

■ 法定休日の労働は禁止されている

法定休日とは、「週1日の休日」または「4週4日の休日」（変形休日制を採用している場合）のことです。労働基準法は、法定休日における労働を原則として禁止しています。

なお、週休2日制を採用している場合、2日の休みのうち1

変形休日制の具体例

たとえば、第1週1日、第2週ゼロ、第3週2日、第4週1日というような変形休日制を採用することができる。

法定休日

労働者が人間らしい生活をするために最低限必要である。そのため、使用者は、法定休日に労働させた場合には、労働基準法上、その労働者に35％以上の割増賃金を支払わなければならないとされている。

休日についてのルール

休日についてのルール

① 週1回以上の休日を与えなければならない
→ 例外として、4週を通じて4日以上の休日を与えることもできる（変形休日制）

② 法定休日の労働を命じることはできない
→ 例外として、災害などの避けられない事情によって臨時の必要がある場合や、三六協定を結んだ場合は、休日労働を命じることが許される
→ ただし、割増賃金を支払わなければならない

※法定休日とは「週1日の休日」または「4週4日の休日」（変形休日制を採用する場合）のこと。

日は労働基準法上の休日である「法定休日」ではありませんから、2日の休みのうちどちらかの日に労働をさせても、法定休日労働にはなりません。たとえば、土曜と日曜の週休2日制を採用している企業の場合、いずれか一方の休日が法定休日となりますが、就業規則などで日曜日を法定休日と定めているのであれば、土曜日は法定休日ではなく「法定外休日」となります。そのため、土曜日に出勤させて労働させたとしても、法定休日労働における35％の割増賃金を支払う必要はありません。

■ 休暇とは

休日以外の休みのことを休暇といいます。慶弔休暇、夏期休暇、年末年始休暇などのことです。これらの休暇は、就業規則で定めることになっています。労働基準法で規定しているのは、年次有給休暇（年休、有休）です。また、近年、大企業を中心に導入され始めているのが裁判員休暇です。裁判員休暇を有給とするか無休とするかについては、法律上の定めはありませんが、裁判員休暇については就業規則上、有給とする規定を設けている企業もあります。

裁判員制度

平成21年5月に開始された裁判員制度に伴い、企業が裁判員裁判の裁判員として参加する労働者に対して休暇を与える制度。労働者が気兼ねなく、裁判員としての職務に取り組むことができるようにすることを目的とした休暇だといえる。

裁判員は、公判などに出席するため、3～5日程度裁判所に行かなければならない。裁判員裁判は、平日の午前から午後にかけて行われるので、会社員の場合は会社を休む必要がある。

なお、使用者には、裁判員休暇を取得した労働者に対し、裁判員休暇の期間中、賃金を支給する義務はない。そのため、国は、裁判員休暇について有給休暇制度を設けるよう、各経済団体や企業などに働きかけをしている。

PART6 2 振替休日と代休

休日・休暇・休業

代休の前提となる労働には割増賃金の支払義務がある

■ 代休と振替休日との違いは何か

　たとえば、使用者が「日曜に出勤してほしい。その代わり翌月曜日は休んでよい」との命令を出したとします。この場合、月曜日が振替休日であれば割増賃金の支払義務が生じないのに対し、代休であれば割増賃金の支払義務が生じます。

　振替休日とは、就業規則などで休日があらかじめ決まっている場合に、事前に休日を他の労働日と入れ替え、休日と定められていた日に労働し、代わりに他の労働日を休日とすることです。一方、代休は、法定休日に労働させたことが前提で、もともとの休日に労働させ、使用者が代償として事後に与える休日です。したがって、労働日に割増賃金の支払義務が生じるわけです。なお、使用者に代休を与える義務はありません。

　多くの会社では、土曜日と日曜日を休日と定めて（週休2日制）、日曜日を法定休日としていますが、あらかじめ日曜日を出勤日にする代わりに、木曜日を休日にするという事前交換を、使用者と労働者との間で取り決めておいた場合、休日になる木曜日は振替休日となります。振替休日においては、出勤日になる日曜日は、通常の労働日と変わりがありませんので、通常の賃金が支払われます（時間外労働となって割増賃金の支払義務が生じる可能性はあります）。

　たとえば、時給1,000円の賃金を得る労働者が8時間労働した場合、1,000円×8時間＝8,000円の賃金が支払われます。そして、休日になった木曜日は、本来の休日であった日曜日との交換に過ぎず、賃金は発生しません。したがって、振替休日に

休日労働が認められる場合とは

使用者が、労働者に休日労働を命じることができるのは、災害などの避けられない理由によって臨時の必要がある場合、または三六協定の締結・届出をした場合である。休日労働については、使用者は35%以上の割増率を加えた割増賃金を支払わなければならない。なお、公務員については、「公務のため臨時の必要がある場合」にも休日労働を命じることができる。

代休

恩恵的な休日なので、無給でもかまわないが就業規則で明確にしておくべきある。

振替休日と代休の違い

	振替休日	代休
意味	あらかじめ休日と労働日を交換すること	休日に労働させ、事後に代わりの休日を与えること
賃金	振替休日の前提となる労働日は休日労働にはならないので、通常の賃金の支払いでよい	代休の前提となる労働日は休日労働になるので、割増賃金の支払いが必要
要件	・就業規則や労働協約に振替休日の規定をする ・振替日を事前に特定 ・遅くとも前日の勤務時間終了までに通知 ・1週1日または4週4日の休日の確保	・特になし。ただし、制度として行う場合には就業規則などに具体的に記載が必要 ・使用者には代休を与える義務はない

おいて、賃金の上で特別考慮することはありません。

これに対し、事前の交換なく日曜日に出勤して、代わりに木曜日が休日になった場合、日曜日の労働は休日労働として、割増賃金（35％増）が支払われます。したがって、1,000円×8時間×0.35＝10,800円が支払われます。

■ 振替休日にするための要件

振替休日にするためには、①労働協約または就業規則に「業務上必要が生じたときは、休日を他の日に振り替えることがある」旨の規定を設けていること、②あらかじめ振り替える休日を特定しておくこと、③遅くとも前日の勤務時間終了までに当該労働者に通知しておくこと、④1週1日または4週4日の休日が確保されていること、という要件を満たすことが必要とされています。

代休の場合の賃金の支払いの具体例

本文のケース（時給1,000円の賃金を得る労働者が8時間労働）では、本来の労働日である代休日の木曜日には賃金が支払わないので、マイナス8,000円となる。結果として、10,800円−8,000円＝2,800円の差額が生じる。振替休日とするか代休にするかにより、労働者が手にする賃金に2,800円の差が生じる。

書面による管理を徹底させる

休日勤務は割増賃金の支払をめぐるトラブルになることがあるので、休日勤務届出書、代休請求願、振替休日通知書などの書面を利用して、労働日数の管理を徹底させるのがよい。

PART6 3 年次有給休暇

休日・休暇・休業

全労働日の8割以上出勤すると年次有給休暇を取得できる

■ 年次有給休暇とは

　年次有給休暇とは、一定期間勤続した労働者に対して、年間の一定日数の休暇を有給で保障する制度です。一般に「有給休暇」「年休」「有休」などと略して呼ばれます。労働基準法は年次有給休暇の積極的な活用を推進しています。

　有給休暇の権利（年休権）を得るには、いくつかの条件があります。①入社時から付与日まで継続して勤務していること、②付与日の直近1年（最初の有給休暇は入社時から6か月）の全労働日の8割以上出勤したことです。この2つの条件を満たせば、定められた日数の有給休暇が自動的に与えられます。

　年次有給休暇は、労働者の継続勤務年数に応じて優遇されていく（日数が増えていく）システムになっています。

　前述した①②の要件を満たすと、最初の6か月を経過した段階で10日間の年次有給休暇が与えられ、1年6か月を経過すると11日、2年6か月で12日となり、1日ずつ加算されます。そして、3年6か月経過した段階から2日ずつ加算され、最大20日間与えられます（次ページ図）。6年6か月を経過した段階で上限の20日に到達します。取得した有給休暇は、翌年に繰り越しができますが、2年で時効消滅することに注意が必要です。

　なお、「全労働日の8割」を計算するにあたって、以下の場合は出勤したものとみなされます（労働基準法39条10項）。

① 業務上の負傷または疾病による療養のために休業した期間
② 産前産後の休業期間
③ 育児・介護休業法による育児休業・介護休業の期間

年次有給休暇の目的

労働者が心身ともにリフレッシュし、新たな気持ちで仕事に向かっていけるようにすることにある。有給休暇の取得は労働者の権利なので、使用者（会社）は、労働者が安心して有給休暇を取得できるような職場環境を作らなければならない。
また、使用者は、労働者が有給休暇を取得したことを理由にして、賃金や査定で労働者にとって不利な取扱いをしてはいけない。

半日、時間単位の有給休暇

年次有給休暇が単位としている「労働日」とは、原則として午前0時から午後12時までの暦日を意味する。
使用者が有給休暇を与える場合は、時間単位あるいは半日単位に細切れにして与えるのではなく、1日単位で与えるのが原則である。ただし、労働者から半日単位の休暇を請求した場合、使用者が認めることはできる。また、労使協定を結ぶことを要件として、5日以内に限り時間単位で有給休暇を付与する制度もある。

有給休暇取得日数

労働日数 \ 継続勤務年数	0.5	1.5	2.5	3.5	4.5	5.5	6.5以上
①通常の労働者（週の所定労働日数が5日または週の所定労働時間が30時間以上の労働者）	10	11	12	14	16	18	20
②週の所定労働時間が30時間未満の労働者							
週の所定労働日数が4日または1年の所定労働日数が169日〜216日までの者	7	8	9	10	12	13	15
週の所定労働日数が3日または1年の所定労働日数が121日〜168日までの者	5	6	6	8	9	10	11
週の所定労働日数が2日または1年の所定労働日数が73日〜120日までの者	3	4	4	5	6	6	7
週の所定労働日数が1日または1年の所定労働日数が48日〜72日までの者	1	2	2	2	3	3	3

④ 有給休暇を取得した日

■ 年休の買上げができる場合

　年休（年次有給休暇）は、労働基準法に基づいて労働者に与えられた権利です。よって、使用者が年休を労働者から買い上げる（労働者に金銭を支払う）ことで、労働者が有給休暇を取得したものとし、買い上げた分の年休の日数を減らして、労働者から請求された日数の有給休暇を取得させないことは、年休の制度趣旨に反しますから、労働基準法違反になります。

　ただし、以下のケースについては、使用者が年休を買い上げたとしても、労働者にとって不利益が生じないので、例外的に許されます。

① 取得後2年が経過して時効消滅した日数分
② 退職する労働者が退職する時点で使い切っていない日数分
③ 法定外に付与した日数分

■ 基準日の設定と分割付与

年次有給休暇は、入社後6か月経過した時に、原則として10日付与し、その後1年を経過するごとに一定日数が付与されます。しかし、入社日は労働者ごとに異なることも多く、個々の労働者ごとに有給休暇の付与を行うと、付与日数や消化日数の管理が複雑になります。そのため、年次有給休暇を付与する「基準日」を設定し、管理上の負担を軽減するという「斉一的取扱い」を取ることが認められています。

また、新入社員など初年度の労働者については、法定の年次有給休暇の付与日数を一括して与えずに、その日数の一部を法定基準日以前に付与することもできます（分割付与）。ただし、斉一的取扱いや分割付与をするためには、①年次有給休暇の付与要件である8割出勤の算定において、短縮された期間は全期間出勤したとみなすこと、②次年度以降の年次有給休暇の付与日も、初年度の付与日を法定基準日から繰り上げた期間と同じまたはそれ以上の期間を法定基準日より繰り上げること、という要件を満たすことが必要です。

また、使用者は、10日以上の年休が付与されている労働者に対して、法定基準日から1年以内に、時季を指定して5日以上の有給休暇を与えなければなりません（斉一的取扱いによる基準日を設定している場合は、その基準日から1年以内に5日以上の有給休暇を与えることが必要です）。ただし、労働者の時季指定による有給休暇の日数分や計画年休の日数分については、使用者の時季指定義務が発生しません。

■ 使用者には時季変更権がある

使用者は、労働者が請求した時季に有給休暇を与えると事業の正常な運営に支障をきたす場合には、有給休暇を他の時季に振り替えて与えることができます（時季変更権）。

事業の正常な運営に支障をきたす場合かどうかは、労働者の

基準日

労働基準法の規定に基づいて労働者に対して年次有給休暇が付与される日。実務上は、毎年4月1日または10月1日を基準日として、その基準日に全労働者に対して一斉に年次有給休暇を付与する企業が多く見られる。

年次有給休暇の管理

年次有給休暇記録・管理簿を作成し、付与日数、消化日数、残日数を記録する必要がある。

時季変更権についての判例

判例の中には、会社の命令（時季変更命令）を無視して1か月の連続した有給休暇を取得した労働者を解雇した事件で、会社の正当性を認め、解雇無効の訴えを退けたものがある。ただし、単に人手不足である、業務が忙しいという理由だけで、会社が時季変更権を行使することは許されない。

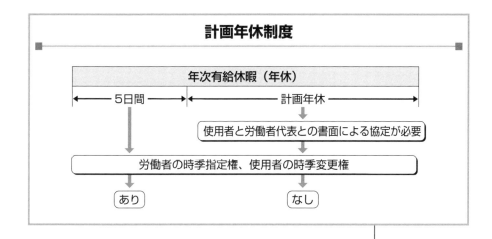

所属する事業場を基準にして、事業の規模・内容、当該労働者の担当する作業の内容・性質、作業の繁忙、代行者の配置の難易、他の年休請求者の存在など、さまざまな状況を総合的に考慮して判断します。

■ 計画年休（年休の計画的付与）を導入する際の注意点

年休（年次有給休暇）は、労働者が自分の都合にあわせて休暇日を自由に指定できますが、例外的に年休のうち5日を超える分（たとえば、年休を13日取得する権利のある労働者は8日分）について、使用者が労働者個人の意思にかかわらず、労使協定で有給休暇の日を定めることができます（計画年休）。

計画年休の付与の方法は、①事業場全体の休業による一斉付与方式、②グループ別の付与方式、③年休付与計画表による個人別付与方式、の3つがあります。たとえば、①の一斉付与方式を利用すれば、ゴールデンウィークに一斉に有給休暇を取得して、会社全体で連続の休みにすることができます。

そして、労使協定により計画年休を決めた場合は、労働者側・使用者側ともに、その決めた取得時季を変更できなくなります。

計画年休を導入するには

書面による労使協定（過半数組合がある場合にはその労働組合、過半数組合がない場合には労働者の過半数代表者との書面による協定）の締結が必要となる。労使協定の届出は不要である。

PART6 4 休職

休日・休暇・休業

使用者が行う一定期間の労働義務を免除する処分のことである

■ 休職にはどんな意味があるのか

休職とは、一定の事由がある場合に、使用者が労働契約を維持した状態のまま、労働者が業務に就くことを免除または禁止することをいいます。なお、休業という言葉も、文字どおりに言うと「業務を休むこと」ですが、労働基準法をはじめとする法律の規定に基づき、業務に就くことを免除または禁止されることを指します。一般的には、法律の規定以外の事由によって、長期間にわたり会社を休むことを休職と呼んでいます。

休職には、①労働者側の申し出によるもの、②使用者側の事情によるもの、③それ以外の事情によるものがあります。

① 労働者側の申し出による休職

労働者側の申し出によるものとしては、産前産後休業、育児休業、介護休業など法律に定められた休業と、労働者個人の私的な事情による休職があります。労働者側が自らの事情で休職を申し出る場合、その事由には次のようなものがあります。

・私傷病による休職

業務以外の原因による病気やケガによって労働者が働けなくなった際に、一定期間会社を休むことを許し、一定期間内に回復しなければ労働者を退職扱いにするという制度です。

・私事による休職

留学や実家の家業を手伝うなど家庭の事情がある、議員など公職に就任した、組合専従になった、などの事由で労務の提供が不能になった場合に休職を認める制度です。

その他の事情による休職

本文記載の、③それ以外の事情による休職の例としては、大震災や水害によるやむを得ない休職など、双方の責任によるものとは言いがたい事情によって休職する場合がある。

私傷病休職制度を利用しない解雇

病気やケガによって労働ができなくなった労働者を、私傷病休職制度があるのに、その制度を利用させずに解雇した場合は、解雇権の濫用として解雇自体が無効になる可能性が高い。

業務の停止による休業・休職

業務の停止による休業・休職について、使用者側の責任による場合は、業務停止中の休みは休業手当が必要な休業にあたる。しかし、天変地異やストライキなど使用者側の責任によらない場合は、その休みは休業手当が不要である休職にあたる。

休職の種類

私傷病休職	業務外の負傷・疾病で長期間休業する場合
起訴休職	刑事事件で起訴された社員を一定期間休職させる場合
懲戒休職	従業員が不正行為を働いた場合
出向休職	他社への出向に伴い、自社を休職する場合
専従休職	労働組合の役員に専念する場合
自己都合休職	海外留学や議員など公職への就任に伴う場合
ボランティア休職	ボランティア活動で休職する場合

② 使用者側の事情による休職

使用者側の事情によるものとしては、ⓐ業務災害（242ページ）など法律に定められた休業、ⓑ業務の停止による休業・休職（経営上の事情による操業停止など）、ⓒ業務命令による休職があります。ⓒの休職は、出向・研修などを命じる場合、就業規則違反をした者に懲戒を加える場合、刑事事件を起こして起訴された場合（起訴休職）などがあります。

■ 休職後の取扱いについて

休職期間中に休職事由がなくなった場合や、休職期間が満了したときは、休職が終了して復職（職場復帰）となります。復職について会社は理由なく拒むことはできません。

復職をめぐっては労使間のトラブルが多いため、休職事由が消滅した際の取扱い、休職期間の満了後の取扱い（復職手続き、休職期間の延長、退職や解雇の要件など）について、就業規則や私傷病休職取扱規程などで明確にしておくことが望ましいといえます。最近では、特に精神疾患者の私傷病休職を考慮した規定が重視されています。

企業が必要と認める場合の休職制度を置いておく

「企業が必要と認めた場合には労働者は休職可能である」という内容の休職制度を設けることは可能である。このような内容の休職制度を設けることで、予期できないトラブルが発生した場合でも、企業側の判断によって労働者に休職制度を利用してもらうことができる。これにより、企業が必要だと考えれば、いつでも労働者は休職制度を利用することができる。このような休職制度を設ける場合、通常は待遇や休職期間についても、企業側で決めることができる制度にしておくケースが多い。

休業手当

5

休日・休暇・休業

使用者の責任で労働者が就業できなかったときに支払われる

■ 休業手当とは

　法律の規定に基づく休業について、その休業が使用者の帰責事由により発生した場合、使用者は休業期間中、労働者に対し、その平均賃金の60％以上の手当を支払わなければなりません（労働基準法26条）。これを休業手当といいます。

　休業とは、労働に従事する義務がある時間について、労働者が労働を提供できるにもかかわらず労働ができないことです。労働者が労働に従事する義務をそもそも負わない休日とは、まったく異なる概念であることに注意が必要です。

　休業手当の支払義務が発生する休業理由として、①工場の焼失、②機械の故障・検査、③原材料不足、④流通機構の停滞による資材入手難、⑤監督官庁の勧告による操業停止、⑥経営難による休業、⑦違法な解雇などが挙げられます。

　また「60％」というのは、あくまで労働基準法に規定された最低額ですので、就業規則などによって60％を超える休業手当を支払うことを規定している場合は、その規定に従います。休業手当の支払いに際しては雇用調整助成金の利用を検討するのがよいでしょう。雇用調整助成金とは、経済上の理由による企業収益の悪化で、事業活動の縮小を迫られた事業主（使用者）が、労働者を一時的に休業、教育訓練または出向をさせた場合に、必要な手当や賃金等の一部を助成する制度のことです。

　なお、休業手当支払義務は、使用者の合理的な理由のない違法な解雇（上記の⑦）にも適用されるため、解雇が無効となり、かつ解雇を争っている間の期間中については、平均賃金の60％

民法上の使用者の帰責事由による休業に関する規定

民法の規定によると、使用者の帰責事由（責めに帰すべき事由）による休業の場合、労働者に賃金全額の請求権があるため、休業手当は労働者の権利を狭めているようにも見える。しかし、休業手当の不払いは刑事罰の対象となり、さらに最低60％を労働者に確保している点で重要な意味をもつ。また、使用者の帰責事由についても、労働基準法は民法よりも広く認めている。

休業手当

休業手当も賃金に含まれるため、賃金支払いの5原則（137ページ）が適用される。

平均賃金

有給休暇を取得した場合など、何らかの事情で労働しない期間中に賃金が支払われることがある。この場合、その期間中の賃金額は、労働基準法の規定に基づいて1日の賃金額を算出し、その額に期間中の日数を乗じた額とすることになっている。その基準となる1日の賃金額を平均賃金と呼ぶ。

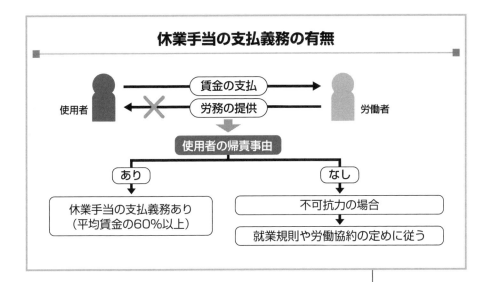

以上の休業手当を労働者に保障しなければなりません。

■ 派遣労働者の場合の休業手当

派遣労働者の場合は、休業手当の帰責事由は派遣元を「使用者」として判断します。たとえば、派遣先が不可抗力で操業できず、派遣労働者が派遣先で就業できなくても、必ずしも帰責事由に該当しないとはいえず、派遣元が派遣労働者を他の事業場に派遣する可能性などを含めて帰責事由の有無を判断します。

■ 1日の一部だけ休業した場合

1労働日が全休となった場合の他、1労働日の所定労働時間の一部が休業となった一部休業の場合も、休業手当の支払義務が生じます。休業手当は、1労働日についてまったく就労しなくても平均賃金の60％以上を保障するため、1労働日について就労した時間の割合で賃金が支払われたとしても、それが平均賃金の60％未満である場合は、60％との差額を休業手当として支払う必要があります。

休業の原因が不可抗力の場合

本文記載のように、休業手当が支払われるには、使用者の帰責事由が必要である。したがって、天災事変などの不可抗力に該当し、休業の帰責事由が使用者側になく、その場合における支払義務を定めた就業規則などもないときは、休業手当の支払いは任意となる。

PART6 6 育児休業

休日・休暇・休業

労働者が子を養育するためにする休業制度

■ どんな制度なのか

　少子化が進む中、育児をしながら働く人が生活と仕事を両立できるように整備されたしくみのひとつが、育児・介護休業法が規定する育児休業制度です。労働者が育児休業を取得した場合、労働者は労務提供義務が一定期間免除され、事業主（使用者）はその期間の賃金支払義務が原則免除されます。1歳未満の子を養育している労働者であれば、男女を問わず、原則として、事業主に申し出ることにより育児休業をすることができます。事業主は、育児休業の申し出を拒むことができません。

■ 育児休業を与えなくてもよい場合

　事業主は、日雇労働者に対しては、育児休業を与える義務がありません。また、有期雇用労働者については、令和4年4月1日施行の改正育児・介護休業法によって育児休業取得要件が緩和され、子が1歳6か月に達するまでに雇用契約が満了することが明らかでないという要件を満たせば、育児休業を取得できるようになりました。事業主側から見ると、有期雇用労働者からの育児休業の申し出を拒否できる範囲が狭まっているといえます。

■ 子が1歳に達するまで取得が可能

　育児休業の期間は、原則として、子の出生の日から1歳に達する日（民法の規定により1歳の誕生日の前日）までの1年間です。男性の場合は、上記の原則が適用されます。一方、女性の場合は、労働基準法に基づき、出産後8週間の「産後休業」

雇用保険からの支給もある

育児休業期間中は、雇用保険の「育児休業給付金」により、育児休業開始時賃金月額の50％（育児休業開始から180日目までは67％）が支給される。

法律上の親子関係がある子に限らない

法律上の親子関係がある子（実子・養子）だけでなく、特別養子縁組の監護期間中の子や、里親に委託されている子などを養育する場合にも、育児休業を取得できる。

労使協定により育児休業を与えなくてもよい場合

事業主と労働者の間で取り交わす労使協定に基づき、以下に該当する労働者を育児休業の対象から除外できる。
① 継続雇用期間が1年未満の者
② 育児休業申し出の日から1年以内（1歳6か月までおよび2歳までの育児休業の延長申し出をする場合は6か月以内）に雇用関係が終了することが明らかな者
③ 週所定労働日数が2日以下の者

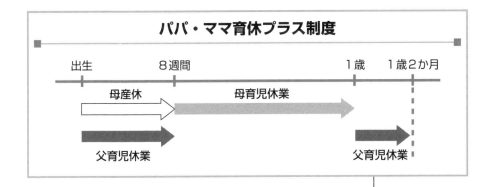

の取得が認められているため、産後休業の終了後（の翌日）から育児休業をすることが可能です。

■ 育児休業が延長される場合

子が1歳に達する時点で、保育所に入所できない等、雇用の継続のために特に必要と認められる場合、事業主に申し出ることで、子が1歳6か月に達するまでを限度に育児休業の延長が可能です。さらに、子が1歳6か月に達する時点でも、雇用の継続のために特に必要と認められる場合、子が2歳に達するまでを限度に育児休業の再延長が可能です。

■ パパ・ママ育休プラス制度

男性による育児休業の取得を促すための制度が「パパ・ママ育休プラス制度」です。育児休業を取得しようとする労働者本人の配偶者が、子の1歳に達する日以前において育児休業をしているなどの要件を満たす場合に、育児休業の対象となる子の年齢を1歳2か月まで延長する制度です。ただし、父母がそれぞれ取得できる育児休業の期間は、原則1年間が上限です。

■ 育児休業の取得促進のための法改正

女性労働者の育児休業の取得率と比べて、男性労働者の育児

育児休業の延長や再延長の要件

育児休業の延長や再延長が認められるには、子の1歳の誕生日の前日（再延長の場合は子が1歳6か月になる日）に、労働者本人またはその配偶者が育児休業中であることを必要とする。

パパ・ママ育休プラス制度の要件

本文記載の要件の他にも、労働者本人の育児休業開始予定日が子の1歳の誕生日以前であることや、本人の育児休業開始予定日が、配偶者がしている育児休業の初日以降であること、という要件も満たすことが必要である。

休業の取得率は年々増加傾向にあるものの、依然として低い状況にあります。そこで、希望に応じて男女ともに仕事と育児などが両立できるように、以下のような育児・介護休業法の改正が行われました。

① 男性の育児休業取得促進のため、子の出生直後の時期に柔軟な育児休業ができる枠組みの創設

令和4年10月1日施行された改正育児・介護休業法で「産後パパ育休（出生時育児休業）」が創設され、子の出生後8週間以内に4週間まで柔軟に育児休業が取得できるようにするための枠組みが創設されました。産後パパ育休の取得の申出期限は、子が1歳に達する日までの育児休業が1か月前であるのとは異なり、2週間前に短縮されています。一方、分割して取得できる回数は、子が1歳に達する日までの育児休業と同じく2回までとなります。産後パパ育休の制度は、特に男性労働者がより柔軟に、妻の産休中に2回に分けて育児休業を取得できやすくなるメリットがあります。

なお、産後パパ育休を取得して休業している期間中は、就業しないのが原則ですが、労使協定を締結すれば、労使で合意した範囲で、休業期間中に就業することも認められます。

② 育児休業を取得しやすい雇用環境の整備、妊娠・出産を申し出た労働者への個別周知・意向確認の措置（義務）

令和4年4月1日に施行された改正育児・介護休業法で、事業主は、育児休業の申し出・取得を円滑にするための雇用環境の整備に関する措置や、自己または配偶者の妊娠・出産の申し出をした労働者に対して個別の制度周知や休業の取得以降の確認のための措置をすることが義務付けられました。

措置の内容としては、研修の実施や相談窓口の設置、制度や取得事例の社内共有などが挙げられます。

③ 育児休業の分割取得

令和4年10月1日施行された改正育児・介護休業法で、子が

「男性版の産休」

従来、男性労働者が育児休業を取得するのは、出産後の妻の心身の負担を軽減するため、出生後8週間以内に取得するケースが多く、育児休業ではなく有給休暇を取得するケースもあった。

法改正により新設された「産後パパ育休」は、出生後8週間の期間に柔軟な対応ができるようにするのをめざしており、「男性版の産休」ともいえる。

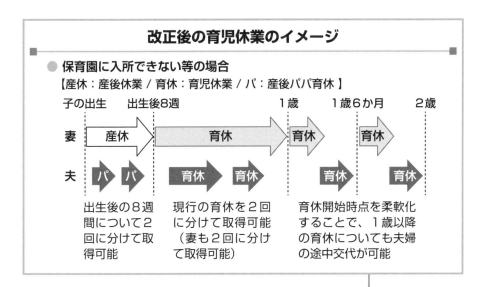

1歳に達する日までの育児休業を、分割して2回まで取得することが可能になりました。これにより、女性労働者が長期間にわたり育児休業を取得しなくても、育児休業の取得を2回に分けることで、一度職場復帰し、自分のキャリアを維持することもできるようになります。

④ 育児休業取得状況の公表（義務）

令和5年4月1日に施行された改正育児・介護休業法で、常時使用する労働者が1000人超の事業主は、育児休業の取得状況を公表することが義務化されました。男性労働者の育児休業取得率を公表することで、採用が有利になったり、社会的信用が増したりするなどの効果が期待されます。

⑤ 有期雇用労働者の育児休業取得要件の緩和

前述したように、有期雇用労働者の育児休業取得要件が緩和され、子が1歳6か月に達するまでに雇用契約が満了することが明らかでないことという要件を満たせば、継続雇用期間が1年未満であっても育児休業を取得できるようになり、育児休業給付金の受給が可能となりました。

改正前の育児休業の取得回数

従来、子が1歳に達する日までの育児休業の取得は、特別の事情がない限り1回に限られており、申し出ができる休業は連続したひとまとまりの期間とされていた。

改正前の有期雇用労働者の取扱い

従来、育児休業対象者について、「育児休業の申し出の時点で過去1年以上継続して雇用されていること」かつ「子が1歳6か月に達するまでの間に雇用契約が満了することが明らかでないこと」という要件があり、1年以上継続雇用されていない有期雇用労働者は、育児休業対象者でなく、事業主が独自に休業を与えても育児休業給付金の対象者とはならなかった。

介護休業

PART6 7 休日・休暇・休業

要介護者を介護するための休業を取得できる

■ 介護休業とは

　介護休業とは、労働者が要介護状態にある家族を介護することが必要な場合に、事業主に申し出ることにより、休業を取得できる制度です。

　要介護状態とは、負傷、疾病、身体上あるいは精神上の障害により、2週間以上の期間にわたり常時介護を必要とする状態を指します。ここでの「常時介護を必要とする状態」については、介護保険制度の要介護状態区分において要介護2以上であるなど、行政通達で詳細な判断基準が示されています。

■ 介護休業の対象となる労働者

　日雇労働者を除き、要介護状態にある家族を介護する労働者は、事業主に申し出ることにより、介護休業をすることができます。事業主は、労働者からの介護休業の申し出を拒むことができません。

　ただし、有期契約労働者が介護休業を取得するには、介護休業の申し出の時点で、介護休業開始予定日から起算して、93日を経過する日から6か月経過する日までに雇用期間が満了し、更新されないのが明らかでないことが必要です。なお、かつては「継続雇用期間が1年以上」という要件もありましたが、令和4年4月1日以降は撤廃されています。

■ 介護休業の取得手続き・取得期間

　介護休業を取得する場合は、労働者が、原則として休業開始

介護対象の「家族」

介護休業における介護対象の「家族」には、配偶者（事実婚を含む）、父母（養父母を含む）、子（養子を含む）、配偶者の父母（養父母を含む）、祖父母、兄弟姉妹、孫が含まれる。

介護休業の対象から除かれる労働者

以下の①～③のいずれかに該当する労働者（有期雇用労働者であるか否かを問わない）については、労使協定を締結することで、介護休業の対象から除外できる。
① 継続雇用期間が1年未満の者
② 介護休業の申し出があった日から93日以内に雇用期間が終了することが明らかな者
③ 週所定労働日数が2日以下の者

介護休業のしくみ

内容	労働者が、要介護状態にある家族の介護が必要な場合に、事業主に申し出ることによって休業期間を得ることができる制度
取得対象者	2週間以上にわたって常時介護を必要とする「要介護状態」にある対象家族を介護する労働者
取得できない労働者	・日雇労働者は取得できない ・継続して雇用された期間が1年未満の者（入社1年未満の者）、介護休業の申し出後93日以内に雇用期間が終了することが明らかな者、1週間の所定労働日数が2日以下の者は、労使協定で対象外にできる
取得手続き	原則として、休業開始予定日の2週間前の日までに申し出る
取得回数	要介護状態にある対象家族1人につき、最大3回に分けて取得できる

予定日の2週間前の日までに、事業主に書面などで申し出を行います。この申し出により介護休業を取得できますが、要介護状態にある対象家族1人につき、通算93日まで、3回を上限として、分割して介護休業を取得できます。

介護休業は、終了予定日の到来以外にも、対象家族と労働者の親族関係の消滅（対象家族の死亡・離婚・離縁など）といった事情で、対象家族の介護が不要になったり、介護ができなくなったりした場合に終了します。

なお、介護休業を取得した場合、一定の要件を満たせば、雇用保険から介護休業給付金を受給することが可能です。休業開始時賃金月額の67％が支給されますが、介護休業給付金の支給期間中に事業主から賃金が支払われている場合は、支給額の調整が行われるため注意が必要です。

介護休業終了時の通知

本文記載の事情で、介護が不要や不能になったため、介護休業を終了する場合、労働者から事業主への通知が必要である。

介護休業給付金が支給されない場合

介護休業の開始時点で、介護休業終了後に離職することが予定さている場合は、介護休業給付金の受給対象に含まれない。介護休業給付金は介護休業終了後の職場復帰を前提としているからである。

Column

介護休暇とは

　介護休暇とは、要介護状態にある対象家族の介護その他の世話をする労働者（日雇労働者を除く）が、1年度（事業主が特段の定めをしていなければ4月1日から翌3月31日まで）に5日（対象家族が2人以上の場合は10日）の休暇を取得できる制度です。令和3年1月1日以降、介護休暇の取得は「1日」または「時間」単位で可能です。

　介護休暇を利用すると、ヘルパーが急な都合で来られなくなった場合など、短期間の介護が必要になったときも、1日または時間単位で休暇を取得できます。ここでの「世話」には、通院の付き添いや、対象家族が介護サービスの提供を受けるために必要な手続きの代行などが含まれます。

　介護休暇を取得するには、事業主に対して、対象家族との続柄、対象家族が要介護状態にある事実、介護休暇を取得する年月日などを明らかにして、申し出をすることが必要です。

　なお、①継続雇用期間が6か月未満の労働者、②週所定労働日数が2日以下の労働者については、労使協定を締結することで、介護休暇の対象から除外することができます。

■ 介護休暇のしくみ

取得対象者	要介護状態にある対象家族の介護その他の世話をする労働者
取得できない労働者	・日雇労働者は取得できない ・継続して雇用された期間が6か月未満の者（入社6か月未満の者）、1週間の所定労働日数が2日以下の者は、労使協定で対象外にできる
取得手続き	対象家族との続柄など、一定の事項を明らかにして事業主に申し出る
取得日数	1年度あたり、要介護状態にある対象家族が1人であれば5日間、2人以上であれば10日間

PART 7

退職・解雇・懲戒処分

PART7 1 退職・解雇

退職・解雇・懲戒処分

労働者を解雇するには原則として解雇予告の手続きが必要

■ 解雇や辞職は退職の一形態

　労働契約が解消されるすべての場合を総称して退職といいます。解雇や辞職は、退職の1つの形態だといえます。

　解雇とは、使用者が一方的に労働契約を解除すること、をいい、辞職とは、労働者が一方的に労働契約を解除することをいいます。

　辞職や解雇以外の退職には、①労働者と使用者の合意により退職する場合（合意退職）の他、②定年に達した場合、③休職期間が終了しても休職理由が消滅しない場合、④労働者本人が死亡した場合、⑤長期にわたって無断欠勤及び音信不通が続いている場合など、法令や就業規則などの定めにより当然に退職する場合（自然退職）もあります。

　会社が従業員を辞めさせる場合、解雇によって辞めさせる方法以外に、退職勧奨と呼ばれる方法があります。退職勧奨とは、使用者である会社側が労働者である従業員に対して、会社を辞めてもらうように頼むことです。辞めるように頼まれた従業員はそれに応じて辞めることもできますが、断ることもできます。

　なお、使用者の退職勧奨のしかたがあまりに強引でしつこい場合など、行き過ぎた退職勧奨は、違法な退職強要となり、使用者は、退職強要の相手方である従業員に対して損害賠償責任を負うことになる場合もあるので注意が必要です。

■ 労働者からの退職の申入れは口頭でもよい

　民法によると、労働者側からの退職の申入れがあった場合は、

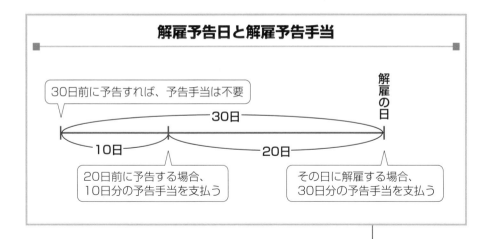

退職申入れの日から２週間経過後に辞職が可能です（民法627条）。退職手続きは、就業規則で決められているのが通常です。退職願を提出しなくても、「○月○日で退職します」と自分の意思を使用者側に口頭で伝えるだけで法的には有効ですが、証拠を残す意味では書面のほうが適切でしょう。

■ 解雇予告とは

労働者を解雇する場合、会社は少なくとも30日前までに、解雇を予告しなければなりません。この制度を解雇予告といいます。解雇予告は、口頭で伝えても法的には有効ですが、後の争いを避けるためには、書面でも解雇を通知したほうがよいでしょう。「解雇予告通知書」といった表題をつけ、解雇する相手、解雇予定日、会社名と代表者名を記載した上で、解雇の理由を記載します。

ただし、従業員側の責任による懲戒解雇の場合など、やむを得ない事情があって解雇する場合には解雇予告は不要です。

また、解雇する労働者の30日分以上の平均賃金を解雇予告手当として支払うことで即日解雇することもできます。

懲戒解雇と解雇予告

「天災事変その他やむを得ない事由があって事業の継続ができなくなった場合」や「従業員に責任があって雇用契約を継続できない場合」には、前述した解雇予告や解雇予告手当の支払いが不要となる（労働基準法20条１項ただし書）。
したがって、解雇する従業員に懲戒解雇事由がある場合には、「従業員に責任があって雇用契約を継続できない場合」に該当するので、労働基準監督署長の認定を受ければ解雇の予告は必要ない。

普通解雇・懲戒解雇・整理解雇

解雇権を濫用した場合には解雇は無効である

退職・解雇・懲戒処分

普通解雇
能力不足による解雇など、やむを得ない解雇事由がある場合に行われる解雇のこと。整理解雇、懲戒解雇以外の解雇は普通解雇となる。

整理解雇
経営不振による合理化など経営上の理由に伴う人員整理のことで、一般的にはリストラともいう。

懲戒解雇
会社の秩序に違反した者に対する懲戒処分としての解雇のこと。

■ 普通解雇を行う場合

　解雇とは、会社が従業員との労働契約を解除することです。解雇は、その原因により、普通解雇、整理解雇、懲戒解雇などに分けることができます。普通解雇は適性が著しく低いと認められるような場合に行われるもので、リストラによる整理解雇や制裁としての懲戒解雇とは意味合いが異なります。

　普通解雇は、民法628条により、やむを得ない事由があれば、就業規則等の定めがなくても行うことができます。ただし、後に述べるように、客観的に合理的な理由があり、社会通念上相当であると認められるものでなければなりません（労働契約法16条）。なお、労働者に解雇事由を明示するとともに、使用者の解雇権の濫用を防止する観点から、就業規則等に解雇事由を明示するのが一般的です。また、解雇のたびに、一から合理性や相当性を検討するよりも、一般的に合理性・相当性が認められる解雇事由について就業規則等で定めておいたほうが、使用者側としても解雇の適法性を判断しやすいといえます。

■ 解雇権を濫用したと認められる場合には解雇は無効

　客観的に合理的な理由を欠き、社会通念上相当と認められない解雇は、解雇権の濫用となり、無効となります（労働契約法16条）。

　解雇権の濫用に該当せず、解雇は有効であると認められるものとしては、一般的に、①ケガや病気などにより心身に障害を負い、今後も業務に耐えられない状態となっている労働者につ

無効となる解雇の例

- 合理的な理由のない解雇
- 差別的待遇による解雇
- 産休期間および産後に働き出してから30日以内の解雇
- 労災によるケガや病気を治すための休職期間および働き出してから30日以内の解雇
- 育児休業や介護休業を取得することを理由とする解雇
- 労働組合との協議協約を無視した解雇や不当労働行為による解雇

いて、その休職期間が満了した場合、②長期欠勤や勤務不良、または心身虚弱など、勤務成績や仕事の能率が著しく低い労働者で、改善の見込みがなく就業に耐えないと判断される場合、③その他著しく会社秩序を乱すなど適格性を欠く場合、などが挙げられます。

その他にも、雇用契約の期間が定められている場合は、原則として、その契約期間の途中でその従業員を解雇することはできません。契約期間内は雇用が保障されているからです。

期間満了時に更新を拒絶することはできますが、労働者の雇用関係継続への合理的な期待が認められる場合などには、更新拒絶（雇止め）は禁止されています。更新を拒絶する場合には事前の説明など労働者に対して十分配慮するようにしましょう。

■ 懲戒解雇が行われるケース

労務の提供が不十分である従業員を解雇する場合、普通解雇とする場合がほとんどですが、中には懲戒処分としての解雇を検討せざるを得ない悪質な行動を起こす従業員もいます。ただし、従業員がどんなにひどいことを行ったとしても、就業規則

雇止め
期間の定めのある労働契約において、契約期間の満了をもって労働契約の更新を拒否することを雇止めという。

や雇用契約書に懲戒解雇に関する規定が置かれていない場合には、その従業員を懲戒解雇とすることはできません。

懲戒解雇を行う前提として、就業規則や雇用契約書に、どのようなケースが懲戒解雇となるかが明示されている必要がありますが、合理的な内容であれば会社の裁量で懲戒解雇事由を定めることができます。

ただし、懲戒解雇処分は労働者に不利益を与える程度が非常に大きいものであるため、たとえば「一度遅刻をしたら、懲戒解雇処分とする」といった、軽微な事由を懲戒解雇事由と定めて懲戒解雇を行うことは認められません。このような規定を根拠として該当者を懲戒解雇処分にしたとしても、懲戒解雇の有効性について裁判で争われた場合、裁判所に懲戒解雇は無効であると判断されることになります。

諭旨解雇
懲戒解雇の一種だが、労働者の反省を考慮し、退職金などで不利にならないように依願退職の形式をとる解雇のこと。

■ 整理解雇が行われるケース

会社が経営不振に陥り、賃金を支払うことができなくなって従業員の雇用を維持することができない場合のように、やむを得ない事情がある場合に行われる解雇を整理解雇といいます。整理解雇を行う場合には、普通解雇をする場合よりも厳しい要件をクリアしなければなりません。

一般的には、以下の①～④の要件を満たすことが必要となります。

① **人員削減の必要性**

人員削減の必要性が認められるには、たとえば経営不振や不況によって、会社の合理的運営上やむを得ないものでなければなりません。

② **解雇回避に向けた努力**

人員削減の必要性が認められても、解雇の回避に向けて努力をしたことが必要となります。具体的には、残業の抑制、希望退職の募集や配転を行うように努力したことなどが挙げられます。

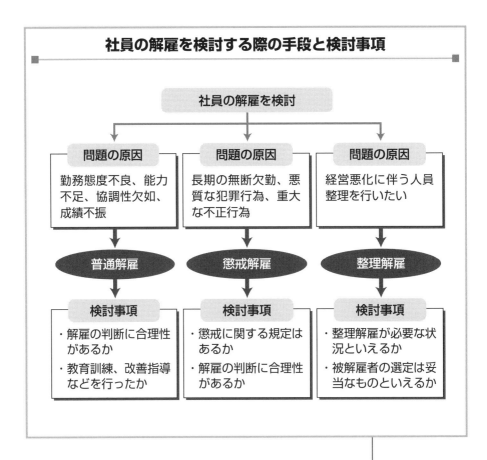

③ 被解雇者の人選の合理性

整理解雇の対象者を選ぶ際には、その人選の基準に合理性があり、かつ、具体的に解雇される者の選定についても合理性があることが必要です。たとえば、欠勤日数、遅刻回数などの勤務態度や勤続年数などの会社貢献度を基準に整理解雇の対象者を選んだ場合には、合理性が認められるといえるでしょう。

④ 解雇の手続きの相当性

整理解雇の手続きが相当であることも必要となります。使用者が労働者や労働組合に対し、人員を整理する必要性などを説明した上で十分に協議したかどうかが重要となります。

懲戒処分の種類と制約

PART7 3
退職・解雇・懲戒処分

懲戒処分が懲戒権の濫用として無効とされる場合もある

■ 懲戒処分の種類

労働者が会社のルールを破って職場の秩序を乱した場合、使用者は職場の秩序維持のために、労働者にペナルティ（制裁）を科すのが懲戒処分です。労働者に懲戒処分を科すには、就業規則の中で、処分の対象になる行為と懲戒処分の種類が具体的に定められていることが必要です。懲戒処分には、次のようなものがあります。

① **戒告・けん責**

どちらも将来を戒める処分ですが、始末書を提出させないのが戒告で、始末書を提出させるのがけん責です。

② **減給**

労働者が受け取るべき賃金額から一定額を差し引く処分です。

③ **出勤停止（自宅待機、懲戒休職）**

一定期間、労働者の就労を禁止する処分です。出勤停止中は賃金が支払われません。

④ **降格**

職位や役職を引き下げる処分です。あくまでも懲戒処分として行うものであって、人事上の措置としての降格とは異なります。

⑤ **諭旨解雇**

本人の自発的退職という形で解雇する処分です。解雇であっても、懲戒解雇よりも軽い懲戒処分です。なお、退職金については、全部または一部を支給しないとしている会社や、全額支給するとしている会社など、会社によってさまざまです。

戒告・けん責

戒告・けん責は、懲戒処分の中ではもっとも軽い処分であるが、昇給、昇格、賞与などの一時金の査定上不利に扱われることがある。

減給額に関する制限

労働基準法91条は、制裁1回の金額が平均賃金の1日分の半額を超える減給を禁止している。もう一つ、一賃金支払期（月1回の給与のときは1か月）における制裁の総額が、その一賃金支払期の賃金の総額の10分の1を超える減給も禁止している。

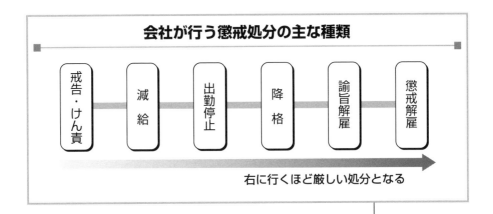

⑥ 懲戒解雇

本人の責めに帰すべき事由に基づき、懲戒処分として解雇を行うものであり、一番重い懲戒処分です。懲戒解雇事由があれば、解雇予告や解雇予告手当の支払をせずに即時解雇ができますが、所轄労働基準監督署長の除外認定が必要です。

懲戒解雇事由としては、職場の秩序を乱す行為や服務規定違反を繰り返している場合、窃盗や傷害、詐欺といった犯罪を行うなど会社の名誉を著しく汚し、信用を失墜させた場合、私生活上の著しい非行などが考えられます。懲戒解雇された労働者は、退職金の全部または一部が支払われないのが通常です。

懲戒処分と損害賠償請求
懲戒処分とは別に、会社に実際に損害が発生した場合には、会社が受けた損害の賠償を労働者に請求することができる（民法415条）。

■ 懲戒処分が無効となる場合がある

労働契約法15条は、懲戒処分は、当該懲戒に係る労働者の行為の性質・態様・その他の事情に照らして、客観的に合理的な理由を欠き、社会通念上相当であると認められない場合は、懲戒権を濫用したものとして、当該懲戒処分は無効とすると規定しています（懲戒権濫用法理）。つまり、労働者の規律違反などの行為に対して、懲戒処分の内容は釣り合いがとれたものでなければならず、重すぎる懲戒処分は無効となることに注意しましょう。

PART7 4 内部告発

退職・解雇・懲戒処分

内部告発者を保護する法律がある

■ 内部告発とは

ある組織に属する人が、組織内で行われている（または行われようとしている）不正行為について、事業者内部や行政機関などに通報することを内部告発といいます。行政機関の役割としては、行政調査による情報収集や、収集された情報に基づいた行政指導による予防措置が考えられますが、不正行為が表面化していない段階での行政調査には限界があります。

そこで、事業者内部での公益を害するおそれのある事実を内部から通報した労働者等（労働者、派遣労働者、退職後1年以内の者、役員）を保護することにより、不正行為の予防を促すための法律として、平成16年（2004年）に「公益通報者保護法」が制定されました。この法律では、公益通報をしたことを理由とする不利益取扱い（解雇・降格・減給など）を禁止して、公益通報をした人（公益通報者）を保護しています。

■ 事業者とはどこまでの範囲を指すか

公益通報者保護法の適用対象である「事業者」とは、「法人その他の団体及び事業を行う個人」を指します。たとえば、①株式会社や持分会社（営利目的がある法人）、②一般法人・公益法人、③協同組合、④特定非営利活動法人（NPO法人）、⑤個人事業主、⑥国の行政機関、⑦地方公共団体が挙げられます。つまり、事業（営利目的がないものを含む）として活動していれば、すべて「事業者」に該当して適用対象となります。

内部告発の具体例と問題点

食品の産地偽装、入札談合、ヤミカルテル（非合法なカルテル）、リコール隠しなど、事業者間で生じた問題とはいえ、その結果が公益を害する不正行為が報道されることがある。不正行為の多くは、外部からは認識しにくい事業者内部の間または力関係に格差のある者同士の間で生じるため、潜在的に事態が悪化していくのが通常である。従業員が内部告発をすることで事業者から報復措置を受けるとなれば、不正行為を知っても通報を控えてしまうのが心情であろう。

公益通報とは

公益のために事業者による一定の法令違反行為を通報すること。通報先は、①事業者内部、②監督官庁や警察などの行政機関、③マスコミ（報道機関）や消費者団体などの事業者外部となっている。
なお、③の事業者外部への通報が保護されるには、証拠隠滅のおそれがあるか、または人の生命もしくは身体に危害が及ぶ状況にあるなど、クリアすべき条件がある。

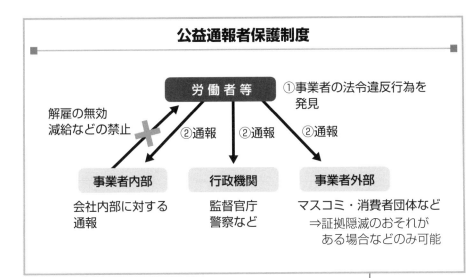

■ 公益を害するおそれのある事実の通報先と保護要件

　公益通報者保護法は、公益通報を理由とする不利益取扱いを禁止して、公益通報者を保護しています。具体的には、公益通報を理由とする解雇を無効とするとともに、同様の理由による降格・減給・退職金不支給などを禁じています。公益を害するおそれのある事実の通報先と、公益通報者が保護されるための要件（保護要件）として規定するのは、以下の3つです。

① 事業者内部（内部公益通報）

　労働者等がその内部で勤務する事業者です。具体的には、会社の監査役もしくはそれに準じる役職の人、コンプライアンスの専門部署、会社が通報先として定めた労働組合もしくは顧問弁護士などが当てはまります。

② 行政機関（行政機関公益通報）

　通報対象事実について処分・勧告などをする権限を有する行政機関に通報した者も、公益通報者保護法の保護対象とされています。ここでの「行政機関」には、議会を除く地方公共団体の機関も含まれます。

内部公益通報の保護要件

対象事実が生じ、もしくはまさに生じようとしていると思料する場合である。したがって、通報すべき事情があると思った労働者等は、直ちに内部公益通報ができる。

行政機関公益通報の保護要件

ⓐ対象事実が生じ、もしくはまさに生じようとしていると信じるに足りる相当な理由がある（単なる伝聞や憶測ではない）場合、または、ⓑ対象事実が生じ、もしくはまさに生じようとしていると思料し、かつ、一定の事項を記載した書面を提出した場合である。したがって、行政機関公益通報の場合は、相当の証拠・供述があるか、または通報すべき事情があるのを示した書面を提出することを要する。

③ 事業者外部（外部公益通報）

通報対象事実の性質によっては、マスコミ（報道機関）や消費者団体などの外部の第三者を通じて広く通報する必要が生じる場合もあります。しかし、事業者が受けるダメージが大きいことから、外部公益通報の場合は、内部公益通報・行政機関公益通報に比べて保護要件が厳しくなっています。

具体的には、行政機関公益通報の ⓐ の要件（前ページ脚注参照）にプラスして、「内部公益通報・行政機関公益通報をすれば解雇その他不利益な取扱いを受けると信ずるに足りる相当の理由がある」「内部公益通報をすれば証拠の隠滅・偽造などのおそれがあると信ずるに足りる相当の理由がある」「事業者が公益通報者について知り得た事実を公表するおそれがあると信ずるに足りる相当の理由がある」「正当な理由なく事業者から内部公益通報・行政機関公益通報をしないよう要求された」「書面により内部公益通報をした日から20日を経過しても正当な理由なく調査が行われない」「個人の生命・身体・財産に対する損害（回復できない損害などに限る）が発生し、もしくは発生するおそれがあると信ずるに足りる相当の理由がある」という6つの事項のうち1つ以上に当てはまることが保護要件とされています。

■ 公益通報者保護法の問題点と改正点

公益通報者保護法は、思ったほどの効果を発揮せず、相変わらず食品産地の偽装事件などが起こっていたため、主に以下のような法改正が行われました（令和4年6月施行）。

ⓐ 保護される通報対象事実が、犯罪行為だけでなく行政罰としての過料対象の事実にも拡大されました。

ⓑ 行政機関公益通報と外部公益通報の保護要件が、それぞれ緩和されました（前述した保護要件は改正後のものです）。

ⓒ 保護対象者が、退職後1年以内の者、事業者の役員（取締

公益通報者保護法が改正された背景

法改正前は、①保護される通報対象事実が犯罪行為に限定され、犯罪行為より軽微な事実は対象外である、②行政機関公益通報や外部公益通報の保護要件が厳しすぎる、③事業者を退職した者（退職者）や労働者でない役員が保護対象外である、④企業のコンプライアンスに対する姿勢が不十分である、⑤行政機関の権限が限定的で監督が不十分である、といった問題点が指摘されていた。

役、監査役、理事など）にも拡大されました。
ⓓ 事業者に対して、内部公益通報に対応する業務に従事する者（公益通報対応業務従事者）を指定する義務と、公益通報に対応するために必要な体制を整備する義務が課されました（ただし、従業員300人以下の中小企業は努力義務）。
ⓔ ⓓについて、内閣総理大臣は、事業者に対して、報告を求め、助言・指導・勧告をすることができ、報告をしないまたは虚偽の報告をした事業者は過料に処せられ、さらに、勧告に従わない事業者を公表できるようになりました（ただし、内閣総理大臣の権限は、政令で定めるものを除いて、消費者庁長官に委任されます）。行政機関も事業者と同じく、公益通報に対応するために必要な体制を整備する義務が課されました。
ⓕ 公益通報によって損害を受けたことを理由に、事業者が公益通報者に対して損害賠償請求ができないことを定めました。
ⓖ 公益通報をした役員が、公益通報を理由に解任された場合における損害賠償請求権について定めました。

■ 差別的な取扱いと裁判所の評価

　不正行為が表面化すると会社は社会的信用を失い、倒産の危機にさらされます。そこで、会社の経営陣はもちろん、同僚たちも、内部告発者に対して差別的な取扱いをすることがありえます。差別的な取扱いについて、内部告発者が会社を被告として損害賠償請求訴訟を起こした際の裁判例を見ると、公益通報者保護法の保護対象となる事案だけでなく、その内部告発が保護要件を満たしていなくても、総合的に見て会社の対応に違法性があると判断される場合には、内部告発者の損害賠償請求を認めています。

　公益通報者保護法は、退職した元労働者や元派遣労働者も、退職後1年以内の場合は保護対象に加えられています。また、会社外部の取引先の労働者等も保護対象となります。

守秘義務

ⓓの改正に関連して、公益通報対応業務従事者には刑罰（30万円以下の罰金）付きの守秘義務が課されている。

Column

解雇・退職に関する書面

　労働基準法は、解雇をしようとする使用者に対して、少なくとも30日前の解雇予告またはこれに代わる予告手当の支払いを義務付けています。解雇予告をする場合、一般的には、解雇する労働者、解雇予定日、解雇の理由などを記載した「解雇予告通知書」などの書面によって予告します。解雇予告通知書に解雇に関する詳細を記載しておくことによって、仮に後日、解雇された従業員が解雇を不当なものであるとして訴訟を起こした場合でも、正当な解雇の理由があることを明確に説明・証明しやすくなります。

　また、会社が解雇（または解雇予告）した従業員について、解雇の理由を証明する書面として、「解雇理由証明書」があります。解雇（または解雇予告）した従業員から解雇理由証明書を交付するように求められた場合、使用者はこの書面を交付しなければなりません。

　「解雇理由証明書」には、解雇した相手、解雇日時（解雇予定日）、解雇理由が記載されます。解雇に正当な理由があることを証明できるような裏付けとして、具体的な事実や理由を記載しておくことが大切です。

　また、解雇理由証明書に似た書類として、「退職証明書」があります。会社を退職（解雇された場合も含みます）した従業員は、いつ、どのような経緯で退職するに至ったのかを証明する書類（退職証明書）が必要になった場合、会社に対して退職証明書を交付するよう請求することができます。

　なお、退職証明書に記載される事項は、退職者が記載を求めた事項に限られます。そのため、たとえば退職事由が解雇の場合において、元従業員が退職事由の記載を求めなかったときは、会社は、その人が解雇された旨を記載してはいけません。

PART 8

在宅勤務・副業などの新しい働き方

PART8-1 テレワーク勤務の必要性

在宅勤務・副業などの新しい働き方

業務効率化や人材確保など、会社にもメリットがある

■ テレワークとは

「テレワーク」とは、労働者が情報通信技術（ICT）を利用して、会社などの職場から離れた場所で仕事をすることをいいます。テレワークは、Tele（離れた）とWork（仕事）を組み合わせてできた言葉です。ほぼ同じ意味を指す言葉として「リモートワーク」という言葉を使うこともあります。

テレワークは、情報通信技術（ICT）を用いることにより、労働者は時間や場所に拘束されずに、労働力を活用することができる手法であり、テレワークの形態として、在宅勤務、モバイル勤務、サテライトオフィス勤務という3つの形態に分類することができます。

各形態の内容や特徴は以下のとおりです。

・在宅勤務

在宅勤務とは、自宅を就業場所とする働き方です。在宅勤務において、労働者は会社などに出社することなく業務を処理することができます。そして、会社から離れた場所でもPCや携帯電話などを使用することで、上司など会社に勤務している他の労働者と必要なコミュニケーションをとることができます。

・モバイル勤務

モバイル勤務とは、自宅ではなく、移動中の電車や飛行機などの交通機関の中や、出張先のホテルなど、状況に応じて就業場所を選択して仕事をする働き方です。

・サテライトオフィス勤務

サテライトオフィス勤務とは、本社などの本来の勤務先とは

在宅勤務の実際

業務はすべて在宅勤務で行うという「完全在宅勤務」を採用している会社は、多くはない。在宅勤務を採用している会社は、1週間のうちの1日から2日程度、または月に1日から数日を在宅勤務として、その他の日は会社に出勤して業務を行うこととしている場合が多い。また、1日の労働日のうち、一定の時間帯のみを在宅勤務に切り替えるという在宅勤務の部分的利用も行われている。

モバイル勤務

特に出張が多い営業職の労働者などに適した働き方。出張中の移動時間帯や、宿泊を伴う出張先での時間をうまく活用して、就業時間に充てることができるため、労働能率の向上の効果が期待できる。また、出張先などでも、PCや携帯電話などにより会社にいる上司など、他の労働者と連絡を取り合うことができるので、業務の進展などの報告も容易に行うことができ、出張などを終えた労働者が、会社などに寄って、業務に関する報告などを行うことなく、出張先などから直接自宅などに戻ることができるというメリットもある。

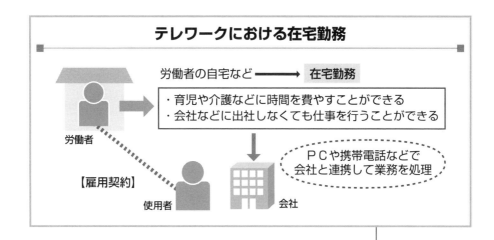

異なるオフィスに出勤して、仕事をすることです。在宅勤務とは異なり、労働者は自宅などで就業するわけではありませんが、たとえば、自宅から遠い会社に勤務している労働者が、会社が設けた、より自宅から近いサテライト事務所などに勤務することで、移動時間を短縮して、効率的に就業することが可能です。

サテライトオフィス勤務は、さらに専用型と共用型に分類することが可能です。専用型とは、あらかじめ会社などが、自社の社員やグループ会社の社員などが使用することを想定して、その会社専用のサテライトオフィスを設けている場合をいいます。

これに対して、共用型とは、特定の会社の専用サテライトオフィスではなく、いくつかの企業などがテレワークのためのスペースとして、共同で1つのサテライトオフィスを用いる働き方をいいます。

■ テレワークが企業にもたらす効果

テレワークを導入することによって、業務の効率が向上する効果があります。たとえば、技術営業の社員が不在のときに、見込客から製品に関する技術的な内容の問い合わせがあったとしましょう。技術営業の社員が出張中など不在である場合には、

専用型
労働者が自宅から近いサテライトオフィスに出勤して、テレワークを行う場合はもちろん、出張中の労働者が、出張先から近いサテライトオフィスに立ち寄って就業するという活用方法もある。

共用型
複数の企業などが、1つの場所を共有してテレワークを行うため、シェアオフィス、あるいは、コワーキングスペースなどと呼ばれることもある。共用型サテライトオフィスは、元々、個人事業主やフリーランスの形態で働く人のための共用スペースとして活用され始めたオフィスだが、最近では、企業が共用スペースを運営している施設との間で契約を締結して、自社の社員などに共用スペースを用いたテレワークを行うことを認めるという活用事例も増えている。

見込客の問い合わせに応じることができず、受注のチャンスを逃してしまうかもしれません。しかし、テレワークを用いて技術営業の社員が見込客などの問い合わせにタイムリーに対応することが可能であれば、時間や場所を問わずに、受注のチャンスを捉えることが期待できます。

また、テレワークを導入することで、有能な人材を失いにくいという効果も挙げられます。たとえば、女性労働者が結婚・妊娠・出産をきっかけにして、それ以前と雇用スタイルが大きく変化してしまうことを理由に、離職するケースが非常に多いという問題点があります。しかし、テレワークを導入することによって、労働者は、時間や場所を柔軟に選択して就業することが可能となるため、ライフスタイルに合わせて就業を継続することが可能です。そのためテレワークは、会社側にとって、有能な人材を雇用し続けるためにも有効だといえます。

■ 在宅勤務のメリットとデメリット

在宅勤務制度が普及することで、育児や介護と両立して仕事に就くことができます。家庭などを職場にすることができるため、仕事に対する集中力が向上し、結果として仕事の効率や生産性が上がることも期待されています。

さらに、ウイルスのパンデミック(大流行)、災害対策、過疎化といった社会問題に対しても、在宅勤務制度は有効な対策になることが期待されています。また、在宅勤務で使用する機器等は、労働者個人が持っている通信環境を利用する場合が多く、在宅勤務の開始で、会社の新たな費用負担は少ない場合がほとんどです。会社にとっても、経験を積み重ねてきた優秀な労働者を失うことなく業務を継続させることができますし、災害で交通網が分断されたときなどにも、業務を止めずに対応できるといった効果が期待されます。このため、国も在宅勤務の体制づくりを後押ししています。

在宅勤務のその他のメリット

在宅勤務には、労働者が病気やケガをした場合に一定程度の労働力を活用できるというメリットもある。たとえば、労働者が足を骨折してしまい出勤することが困難な状況でも、自宅で安静な状態で就業することができる場合には、休業などをさせることなく、継続的に労務を提供してもらうことができる。

在宅勤務の主なメリット・デメリット

在宅勤務のメリット	在宅勤務のデメリット
育児や介護と両立して仕事に就くことができる	プライベートと仕事の線引きがしにくく、管理者の目が行き届かないため、勤務実態を把握しづらい
自宅の室内などの静かな環境で就業することで、仕事に対する集中力が向上し、効率・生産性が上がる	労働時間の把握など、在宅勤務者に対する労務管理の体制整備が必要となる
ウイルスのパンデミック（大流行）、災害対策、過疎化といった社会問題に対する有効な対策になる	必要な情報通信機器を企業側で準備しなければならない場合、費用の負担が大きい
在宅勤務で使用する機器等を労働者個人の通信環境を利用する場合、在宅勤務の開始による会社の費用負担を抑えられる	ノートパソコンや USB メモリなどの使用にあたって、情報漏洩のリスクや、セキュリティが万全でない公共 Wi-Fi に接続してしまうことによるウィルス感染のリスクがある
在宅勤務は労働者自身の病気やケガの場合にも、一定程度の労働力を活用することができる	

　一方で、在宅勤務には管理が難しいという問題点もあります。自宅で仕事をするとなると、プライベートと仕事の線引きがしにくく、管理者の目が行き届かなくなります。そのため、仕事をさぼったり、その反対に過剰なオーバーワークをしてしまうことを管理者が随時確認することができないため、勤務実態を把握しづらいという点が問題となります。そのため、在宅勤務者の労働時間を正確に管理・把握し、適切な評価ができるようにする体制を整えておくことが非常に重要となります。

　また、在宅業務で必要となるノートパソコンやUSBメモリなどの使用については、情報漏洩のリスクや、セキュリティが万全でない公共Wi-Fiに接続してしまうことによるウィルス感染のリスクも危惧されます。そのため、公共Wi-Fiの使用を禁止するなど、社内で明確なルールを定めておくことが重要です。

PART8 2 在宅勤務・副業などの新しい働き方

テレワークの適切な導入及び実施の推進のためのガイドラインの概要

厚生労働省のガイドラインの概要をおさえておく

■「テレワークの適切な導入及び実施の推進のためのガイドライン」とは

厚生労働者は、使用者が適切に労務管理を行いながら、労働者が安心して働くことのできる形で良質なテレワークを推進し、定着させていくことができるようにするために、「テレワークの適切な導入及び実施の推進のためのガイドライン」を策定し公表しています。

このガイドラインは、平成30年2月に厚生労働省が策定・公表した「情報通信技術を利用した事業場外勤務の適切な導入及び実施のためのガイドライン」を令和3年3月に改定したものです。厚生労働省は、テレワークが「新たな日常」「新しい生活様式」に対応した働き方であるとともに、働く時間や場所を柔軟に活用することができる働き方であることから、働き方改革の推進の観点からも、その導入および定着を図ることが重要であるとして、ガイドラインの改定を行ったものです。

ガイドラインでは、テレワークの導入に際しての留意点、労務管理上の留意点、テレワークにおける労働時間管理、安全衛生の確保などに関して、主要な点が挙げられています。

■ ガイドラインの主な内容
・テレワークの導入に際しての留意点

ガイドラインでは、「テレワークを円滑かつ適切に、制度として導入し、実施するにあたっては、導入目的、対象業務、対象となり得る労働者の範囲、実施場所、テレワーク可能日（労

> **ガイドラインの改定**
> テレワークの推進を図るためのガイドラインであることを明示的に示す観点から、令和3年3月に、ガイドラインのタイトルが「テレワークの適切な導入及び実施の推進のためのガイドライン」に改定された。

「テレワークの適切な導入及び実施の推進のためのガイドライン」の趣旨

ガイドライン → テレワークの導入及び実施にあたり、労務管理を中心に、労使双方にとって留意すべき点、望ましい取り組み等を明らかにしている

↓

ガイドラインを参考として、労使で十分に話し合いが行われ、良質なテレワークが導入され、定着していくことを期待

働者の希望、当番制、頻度等)、申請等の手続、費用負担、労働時間管理の方法や中抜け時間の取扱い、通常又は緊急時の連絡方法等について、あらかじめ労使で十分に話し合い、ルールを定めておくことが重要である」としています。

また、ガイドラインは、テレワークの推進にあたっては、「既存業務の見直し・点検」「円滑なコミュニケーション」「グループ企業単位等での実施の検討」といった取り組みを行うことが望ましいとしています。

・労務管理上の留意点

① テレワークにおける人事評価制度

ガイドラインでは、テレワークは非対面の働き方であるため、個々の労働者の業務遂行状況や、成果を生み出す過程で発揮される能力を把握しづらい側面があるため、人事評価は、企業が労働者に対してどのような働きを求め、どう処遇に反映するかといった観点から、企業がその手法を工夫して、適切に実施することが基本であるとしています。

② テレワークに要する費用負担の取扱い

ガイドラインでは、テレワークを行うことによって労働者に過度の負担が生じることは望ましくないとしており、個々の企

> **テレワークの導入にあたっての望ましい取り組み**
> ガイドラインは、①不必要な押印や署名の廃止、書類のペーパーレス化、決裁の電子化等が有効であり、職場内の意識改革をはじめ、業務の進め方の見直しに取り組むこと、②働き方が変化する中でも、労働者や企業の状況に応じた適切なコミュニケーションを促進するための取り組みを行うことが望ましいとし、③企業のトップや経営層がテレワークの必要性を理解し、方針を示すなど企業全体として取り組む必要があるとしている。

業ごとの業務内容、物品の貸与状況等により、費用負担の取扱いはさまざまであるため、労使のどちらがどのように負担するか、また、使用者が負担する場合における限度額、労働者が使用者に費用を請求する場合の請求方法等については、あらかじめ労使で十分に話し合い、企業ごとの状況に応じたルールを定め、就業規則等において規定しておくことが望ましいとしています。

たとえば、ⓐ在宅勤務をする労働者が個人で契約した電話回線等を用いて業務を行わせる場合、ⓑ通話料、インターネット利用料などの通信費が増加する場合、ⓒ労働者の自宅の電気料金等が増加する場合などにおいては、実際の費用のうち業務に要した実費の金額を在宅勤務の実態（勤務時間等）を踏まえて合理的・客観的に計算し、支給することも考えられるとしています。

・**テレワークのルールの策定と周知**

ガイドラインでは、「テレワークを円滑に実施するためには、使用者は労使で協議して策定したテレワークのルールを就業規則に定め、労働者に適切に周知することが望ましい」としています。

たとえば、労働者に対し雇入れ直後からテレワークを行わせることが通常想定される場合は雇入れ直後の就業の場所として、また、その労働契約の期間中にテレワークを行うことが通常想定される場合は変更の範囲として、自宅やサテライトオフィスなど、テレワークを行う場所を明示する必要があるとしています。

また、労働契約や就業規則において定められている勤務場所や業務遂行方法の範囲を超えて使用者が労働者にテレワークを行わせる場合には、労働者本人の合意を得た上で労働契約の変更が必要であることに留意する必要があるとしています。

・**テレワークにおける労働時間管理の工夫**

ガイドラインは、使用者がテレワークの場合における労働時

テレワーク状況下における人材育成・テレワークを効果的に実施するための人材育成

ガイドラインは、①オンラインでの人材育成は、オンラインならではの利点を持っているため、その利点を活かす工夫をすること、②テレワークの導入初期や、機材を新規導入したとき等には、必要な研修等を行うこと等が有用であるとしている。また、自律的に働くことができるよう、管理職による適切なマネジメントが行われることが重要であり、管理職のマネジメント能力向上に取り組むことも望ましいとしている。

「テレワークにおける人事評価制度」についての主な留意点

テレワークにおける人事評価制度

- 評価方法を、オフィスでの勤務の場合の評価方法と区別する際には、誰もがテレワークを行えるようにすることを妨げないように工夫を行うことが望ましい
- 以下のような場合は適切な人事評価とはいえない
  - 時間外等のメール等に対応しなかったことを理由として不利益な人事評価を行うこと
  - テレワークを実施せずにオフィスで勤務していることを理由として、オフィスに出勤している労働者を高く評価すること

間の管理方法をあらかじめ明確にしておくことによって、労働者が安心してテレワークを行うことができるようにするとともに、使用者にとっても労務管理や業務管理を的確に行うことができるようにすることが望ましいとしています。

① テレワークにおける労働時間の把握

ガイドラインでは、使用者がテレワークにおける労働時間を把握する方法として、たとえば、「労働者がテレワークに使用する情報通信機器の使用時間の記録等により、労働時間を把握すること」「使用者が労働者の入退場の記録を把握できるサテライトオフィスにおいてテレワークを行う場合には、サテライトオフィスへの入退場の記録等により労働時間を把握すること」が挙げられています。また、労働者の自己申告により労働時間を簡便に把握する方法として、「一日の終業時に、始業時刻及び終業時刻をメール等にて報告させること」といった方法が挙げられています。

② テレワークに特有の事象の取扱い

ガイドラインは、テレワークに特有の事象の取扱いとして、一定程度労働者が業務から離れる時間（「中抜け時間」）が生じ

テレワークにおける労働時間管理の把握

ガイドラインは、労働時間の管理については、本来のオフィス以外の場所で行われるため使用者による現認ができないなど、労働時間の把握に工夫が必要となる一方で、情報通信技術を活用する等によって、労務管理を円滑に行うことも可能だとしている。

ることが考えられるとしています、中抜け時間については、労働基準法上、使用者は把握することとしても、把握せずに始業及び終業の時刻のみを把握することとしても、いずれでもよいとされており、使用者がテレワーク中の中抜け時間を把握する方法として、たとえば「一日の終業時に、労働者から報告させること」が考えられるとしています。

また、勤務時間の一部についてのみテレワークを行う際の移動時間については、労働者による自由利用が保障されている時間については、休憩時間として取り扱うことが考えられ、他方、使用者が労働者に対し業務に従事するために必要な就業場所間の移動を命じ、その間の自由利用が保障されていない場合の移動時間は、労働時間に該当するとしています。

時間外・休日労働の労働時間管理については、テレワークの場合も、使用者が時間外・休日労働をさせるには、三六協定の締結、届出や割増賃金の支払が必要となり、また、深夜に労働させる場合には、深夜労働に係る割増賃金の支払が必要であるとしています。さらに、テレワークにおける長時間労働等を防ぐ手法として、ガイドラインは、時間外等におけるメール送付を自粛するよう命じることや、所定外深夜・休日は事前に許可を得ない限り社内システムへアクセスできないよう制限すること、使用者がテレワークにおける時間外等の労働に関して、一定の時間帯や時間数の設定を行う場合があること、時間外等の労働を行う場合の手続等を就業規則等に明記しておくことや、テレワークを行う労働者に対して、書面等により明示しておくこと、などが有効であるとしています。

・テレワークにおける安全衛生の確保

ガイドラインでは、自宅等においてテレワークを実施する場合においても、事業者は、労働安全衛生法等の関係法令等に基づき、労働者の安全と健康の確保のための具体的な措置を講ずる必要があるとしています。

テレワークにおける安全衛生の確保

ガイドラインは、テレワークでは、労働者が上司等とコミュニケーションを取りにくい、上司等が労働者の心身の変調に気づきにくいという状況となる場合が多く、事業者は、「テレワークを行う労働者の安全衛生を確保するためのチェックリスト（事業者用）」を活用する等により、健康相談体制の整備や、コミュニケーションの活性化のための措置を実施することが望ましいとしている。

> ## テレワークにおける労働時間管理の工夫についての主な内容
>
> ### テレワークにおける労働時間管理の把握の手法
> - パソコンの使用時間の記録等の客観的な記録を基礎として、始業及び終業の時刻を確認(テレワークに使用する情報通信機器の使用時間の記録等や、サテライトオフィスへの入退場の記録等によって労働時間を把握)
> - 労働者の自己申告による把握
>
> ### 長時間労働対策
> - メール送付の抑制等やシステムへのアクセス制限等
> - 時間外・休日・所定外深夜労働についての手続(労使の合意で、時間外等の労働が可能な時間帯・時間数をあらかじめ使用者が設定する等)

　重要な点として、メンタルヘルス対策に関する措置が挙げられます。具体的には、労働者が柔軟に労働時間や場所を選択することが可能なテレワークについては、労働者が長時間労働のためにメンタルヘルスに支障をきたす可能性があります。そのため使用者は、健康診断やストレスチェックなどの健康確保のために必要な措置を講じる義務を適切に果たすことが重要です。

・テレワークにおける労働災害の補償

　ガイドラインでは、テレワークを行う労働者は、事業場における勤務と同様に、労働基準法に基づき、使用者が労働災害に対する補償責任を負うとしています。そのため、労働契約に基づいて事業主の支配下にあることによって生じたテレワークにおける災害は、原則として業務上の災害として労災保険給付の対象となるとしています。その上で、テレワークを行う労働者はこの点を十分理解していない可能性があるため、使用者はこの点を十分周知することが望ましいとしています。

PART8 3 在宅勤務の導入手順

在宅勤務・副業などの新しい働き方

現状把握→対象範囲決定→社員への周知・理解→試行という手順

在宅勤務の対象となり得る業務

たとえば、資料作成、プログラミングなどのデスクワークは場所を選ばず、会議、研修などもインターネットなどを利用すれば在宅でも可能である。そこで、具体的にどのような業務について、在宅勤務の対象にして、業務の効率化を図る必要があるのかを明確化する必要がある。さらに、在宅勤務の実施頻度についても、導入する会社などの状況によっても異なるが、通常は、週に1回から2回程度の実施からスタートしていくと、スムーズな導入につながるといえる。

■ どんな手順で行うのか

在宅勤務を導入する際には、在宅勤務の持つメリット・デメリット（195ページ図参照）を認識した上で、なぜ在宅勤務を導入する目的を明確化した上で、以下の手順を経る必要があります。

ⓐ 現状を把握する

在宅勤務を導入する際に、現在の自社のルールと環境を確認して、在宅勤務の導入が可能であるのかを確認する必要があります。まず、就業規則において、始業・就業時間や、給与体系などの規定がどのようになっているのかを確かめます。そして、在宅勤務を導入することで実態との矛盾・抵触が生じる場合には、必要に応じて就業規則などの修正・変更を行う必要があります。

また、在宅勤務を導入するためには、PCなどのICT機器が十分に足りているのかを確かめるとともに、必要に応じて、Web会議システムなどの情報会議ツールの整備を検討することも重要です。さらに、それらのICT機器に情報漏洩に対するセキュリティ対策を講じておくことも必要です。

ⓑ 対象者の範囲を確定する

在宅勤務の対象範囲の確定とは、具体的には、在宅勤務の対象者、対象業務、実施頻度を確定することをいいます。対象者については、スタートの段階では、あまり大人数にならないようにすることがポイントです。管理職など、在宅勤務制度に対して理解度が高い社員から徐々に対象範囲を広げていくとよいでしょう。

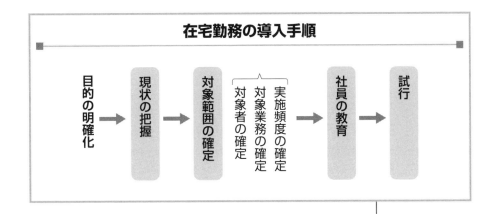

ⓒ 社員の教育、試行

在宅勤務制度の導入にあたり、導入の目的、勤務体制、ICT機器の使用方法などについて、研修会を開催するなどして、社員に理解してもらう必要があります。そして、3か月から6か月程度の試行期間を設定し、本格的な導入に向けた課題の探求・修正を経て、在宅勤務の本格的な導入に向けて備える必要があります。

■ ICT環境を整備する

在宅勤務では、情報通信環境の整備が必須です。情報通信環境とは、①パソコン（PC）、タブレット、②サーバ、③ネットワーク回線から構成されます。サーバとは、他の端末に対し、自身が持っている情報を提供したり、処理結果を返したりする役割をもつコンピュータやソフトウェアのことです。それに対し、①のパソコンやタブレットをクライアントと呼ぶこともあります。

また、ネットワーク回線は、公衆回線と専用回線があります。専用回線は高額になることが多く、公衆回線上に仮想的に専用回線を作るVPN回線が、在宅勤務では一般的に多く利用されています。

サーバと従業員が利用する端末がネットワーク回線でつなが

情報会議ツール

最近では、ビジネスチャットやWeb会議システムに特化したツールもある。ビジネスチャットでは、電子メールのようなかしこまった挨拶などを省略することができ、電話のような1対1の関係をグループ内にオープン化することができる。
Web会議システムは、お互いの顔を見られるだけでなく、資料なども共有できる。在宅勤務ではコミュニケーションが課題に挙げられることが多く、コミュニケーションを補完するためにWeb会議システムを導入する会社もある。

ることで、ICT環境が構築されます。たとえば、在宅で経理業務を行っている従業員が、自身の端末で仕訳などを入力するとサーバに情報が蓄積されていきます。それらの情報を別の従業員が自身の端末からサーバにアクセスし閲覧や上書きすることができます。こういったICT環境の方式にはいくつかあります。

ⓐ　リモートデスクトップ方式

　勤務先の会社に設置されているPCのデスクトップ画面を、自宅などのPCやタブレット端末などで遠隔から閲覧、操作する方式です。会社のPCを遠隔で操作しているためセキュリティ面で優れているメリットがあります。その一方、ネットワーク環境の回線速度に依存するため動作が重くなる、会社のPCを常時オンにしておく必要がある、などのデメリットがあります。

ⓑ　仮想デスクトップ方式

　この方式は、リモートデスクトップ方式の会社PCをサーバに置き換えた方式です。そのためサーバ上に仮想デスクトップを作成し、手元の端末から遠隔でログインし、操作する方式です。データはサーバ上で一元管理されるためセキュリティに優れていますが、サーバを準備する初期コストがかかります。

ⓒ　クラウド型アプリ方式

　クラウドとは、会社内外や利用端末の場所を問わず、インターネット上のクラウドアプリにアクセスし、利用端末から操作する方式です。ⓐ、ⓑのように社内にPCやサーバを用意する必要がなく、それらがクラウドサーバ上にある点で異なります。災害などの非常時において、社内のPCが利用できなくなっても他のPCからアクセスできる利点があります。

ⓓ　会社PCの持ち帰り方式

　会社で使用しているPCを社外に持ち出して利用する方式です。通常業務と在宅業務で同じPCを利用するため、使い慣れた端末で業務を行うことができる反面、端末の紛失などの情報漏洩リスクを伴います。

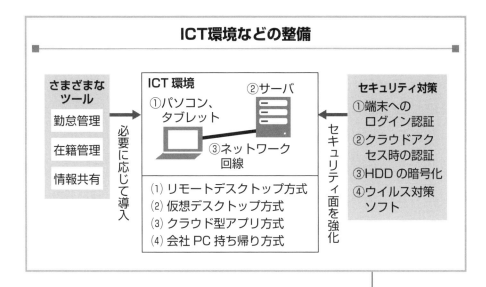

■ 在宅勤務に必要なツールを整理する

在宅勤務には、勤怠管理ツール、在籍管理ツール、情報共有ツールがあると便利です。

勤怠管理ツールは、始業時刻、終業時刻を打刻するツールです。給与計算ソフトと連動することができるため、労務管理の効率化を図ることもできます。

在籍管理ツールは、従業員が何をしているかを見える化するツールです。勤務時間中のデスクトップ画面をランダムに取得し、上司などの管理者が従業員の作業の様子を確認することができます。従業員にとっては一定の緊張感をもって仕事をこなすため時間意識の向上などを図ることができます。

情報共有ツールは、従業員間で情報の共有を図るためのツールで、スケジュール、ワークフロー管理、電子メール、電子掲示板、ドキュメントの共有などの機能が一つに統合されたツールです。グループウェアと呼ぶこともあります。通常勤務であっても、同一の部署ごとにグループウェアを使用している例もあります。

> **在宅管理ツール**
> 取得するデスクトップ画面の解像度を低く設定することができるなど、プライバシーに配慮したツールや、着席や退席を申告することができ、勤務時間の記録をする機能、働き過ぎを抑制するアラート機能などを備えたツールもあるため、実情に合わせて検討するとよい。

副業・兼業

PART8 4 在宅勤務・副業などの新しい働き方

副業・兼業のメリットとデメリットを理解しておく

■ 副業・兼業とは

　副業や兼業とは、一般的には「本業以外で収入を得る仕事」とされています。企業と雇用契約を結んで労働者として働く場合を副業と呼び、個人事業主として請負契約などを結んで業務を行う場合などを兼業と呼ぶこともありますが、一般的には「副業」と「兼業」は厳密に使い分けられているものではなく、同じ意味を指すことが多いです。

　副業・兼業にはさまざまな形態がありますが、副業・兼業を行うことについては法的な規制はありません。日本では欧米に比べて会社の開業率が低いことや、少子高齢化による労働力の減少などが課題として挙げられています。これらの課題に対して副業・兼業を推進していくことは、起業の促進や、慢性的な人手不足の解消に有効だと考えられています。

■ どんなメリット・デメリットがあるのか

　副業・兼業は、企業にとって、人材育成につながるというメリットがあります。具体的には、社外でも通用する知識・スキルの研鑽に努めることで自立した社員を増やすことができることや、副業が個人事業であれば経営者の感覚を養うことができることなどが挙げられます。

　また、副業・兼業を認めることで優秀な人材をつなぎとめ、雇用継続につながるという、人材の流出を防止することができることなどもメリットとして挙げられます。さらに、副業先・兼業先から得た知識・情報・人脈は本業の事業拡大のきっかけ

副業・兼業のいろいろ

アパートやマンションなどを所有していて不動産所得を得る場合も、広義には副業あるいは兼業と言われることがある。最近では、ネットを介した個人間売買（ネットオークションなど）、株式売買（デイトレードなど）、アフィリエイト、などによって所得を得る副業・兼業もある。

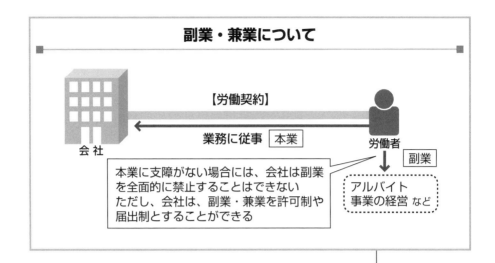

になる可能性があることから、新たな知識・人脈などを獲得できるというメリットもあります。

労働者にとってのメリットとしては、副業・兼業で収入が増加することが最も大きなメリットです。また、将来のキャリアを形成するためのリソースとなるさまざまな知識やスキル、人脈などを獲得する機会が増えることで、労働・人材市場における自分自身の価値を高めることができるというメリットもあります。

一方、企業にとってのデメリットは、長時間労働による社員の健康への影響や、労働生産性の低下が懸念されることです。業務上の情報漏洩、本業との競業によるリスクが高まることもデメリットのひとつです。また、副業による長時間労働で本業でも労災リスクが高まることや、現行の法制度上は、本業と副業の労働時間が通算され、時間外労働の割増賃金が発生することなども挙げられます。

労働者にとってのデメリットは、就業時間の増加によって心身への負担が大きくなり、本業への支障をきたすことや、本業と副業・兼業の仕事のタスクが多くなると管理をすることが困

副業・兼業のメリットが大きいと考えられる業種

一般的に、技術革新の変化が激しいIT分野での副業・兼業は、社外の知識、スキル、人脈などを得ることができるというメリットがあるといえる。

副業・兼業に向かない場合

昼夜の交代勤務や肉体的負担の大きな業種・業態では、社員をきちんと休ませるという意味では、副業・兼業に向かない場合もある。

難になることなどが挙げられます。

■ 副業・兼業制限とは

　副業・兼業を規制している法律はなく、自由に行うことができるのが原則です。ただし、公務員については、国民の奉仕者という職務の立場があるため、国家公務員法や地方公務員法で副業を原則として禁止しています。

　一般企業の場合、労働者が副業・兼業を行うことは原則として自由ですが、会社がすべての副業・兼業を許してしまうと会社にとってさまざまな不利益やリスクが生じることがあります。たとえば、競合他社で副業をすると、その従業員が会社の機密情報を協業他社である副業先に漏らしてしまったり、副業先の業務で利用してしまう可能性があります。また、本業の会社で日中に就業した後、夜間にアルバイトなどの副業・兼業をすると、体力の消耗が激しくなったり睡眠時間が削られたりする結果、集中力の低下や体調不良に陥り、業務中のパフォーマンスの低下や軽率なミスが重なるなど、本業に支障が生じてしまう可能性もあります。

　このように副業・兼業を許可することで会社に不利益が生じうるような場合には、就業規則などにより副業・兼業を制限または全面的に禁止することができます。この副業制限に違反した場合には、その従業員に対し、懲戒処分を下すことも可能です。

■ 企業が副業・兼業制限をするケース

　企業が副業・兼業制限を設けるケースとして、以下のようなものが挙げられます。

① **副業・兼業が不正な競業に該当する場合や情報漏洩のおそれがある場合**

　副業・兼業先が競合する会社である場合、本業の会社の機密情報を漏洩してしまうというスクを伴います。また、競合他社

副業・兼業を制限できる場合

以下のように本業先の会社に不利益などが生じる場合には、会社は副業・兼業を制限または禁止することができる

① 副業・兼業が不正な競業に該当する場合や副業先・兼業先へ情報漏洩のおそれがある場合
② 本業である会社の名誉や信用を損なう行為や信頼関係を破壊する行為がある場合
③ 副業・兼業により長時間労働・過重労働となって疲労が蓄積したり健康を害したりして、本業に支障をきたすおそれがある場合

への転職や起業の準備として副業を始める場合もあり、このようなケースでは情報漏洩などのリスクはより一層高まります。

② **本業である会社の名誉や信用を損なう行為や信頼関係を破壊する行為がある場合**

たとえば、副業先・兼業先で違法な業務を行ってトラブルを起こしたような場合、本業である会社も、自社の従業員が問題行為をしたとして、会社の名誉や信頼が損なわれる危険性があります。

③ **働き過ぎによって健康を害するおそれがある場合**

副業・兼業をすると、必然的に労働時間が長くなることになります。そのため、体力の消耗が激しくなったり睡眠時間が削られたりする結果、本業で居眠りが増える、集中力が途切れるなど、本業に支障をきたす可能性があります。副業・兼業をする労働者自身にとっても、健康を害してしまい、場合によっては遅刻や早退、休職などが増えて十分に働くことができず、副業・兼業をしている意味がなくなってしまうような事態にもなりかねません。

> **会社側の懲戒処分の適法性を認めた裁判例**
>
> たとえば、毎日6時間に及ぶ深夜にまでわたる長時間の副業について、本業である会社における勤務に支障が生じるおそれがあるとして、会社が副業を行う労働者に懲戒処分を行うことが認められると裁判所に判断されたケースがある。
> また、会社の管理職にあたる労働者が、直接経営には関与しないものの競合他社の取締役に就任した事案について、情報漏洩の危険性や競業避止義務などの観点から、会社が当該労働者に対して懲戒処分を行うことが許されると裁判所に判断されたケースもある。

PART8 5
在宅勤務・副業などの新しい働き方

副業・兼業の促進に関するガイドラインの概要

会社としては労働者の健康管理や情報管理などに留意する

ガイドラインができた背景

かつての厚生労働省のモデル就業規則には副業・兼業に関しては「原則禁止」と規定されていたが、働き方改革の一連の流れの中で、モデル就業規則の副業・兼業に関する規定は「原則推進」に改定された。モデル就業規則の改定に加えて、副業・兼業の推進の環境整備を行うために作成されたガイドラインが「副業・兼業の促進に関するガイドライン」である。

管理モデル

ガイドラインには、労働時間の申告や通算における労使双方の手続上の負担を軽減し、労働基準法に定める最低労働条件を遵守されやすくなる簡便な労働時間管理の方法なども記載されている。

■「副業・兼業の促進に関するガイドライン」とは

今日では、副業・兼業を希望する人が増加しています。このような状況の中で、厚生労働省は、副業・兼業に安心して取り組むことができるように、副業・兼業の場合における労働時間管理や健康管理等について「副業・兼業の促進に関するガイドライン」を策定し、公表しています。最近では、ガイドラインは令和4年7月に改定されています。

以下、ガイドラインで示されている副業・兼業における企業や労働者がとるべき対応について見ていきましょう。

■ 企業はどのような対応をとるべきであるとされているか

ガイドラインは、まず、企業は原則として副業・兼業を認める方向とすることが適当であるとしています。その上で、副業・兼業において使用者が留意すべきさまざまな点を挙げています。

たとえば、副業・兼業を行う労働者の労働時間の管理を適切に行い、長時間労働とならないように配慮することが望ましいとしており、副業・兼業開始前の所定労働時間の通算や、副業・兼業開始後の所定外労働時間の通算を行うことを求めています。

さらに、使用者が副業・兼業に伴う労務管理を適切に行うために、届出制など副業・兼業の有無・内容を確認するためのしくみを設けておくことが望ましいとしています。

この他、使用者は副業・兼業を行っている労働者に対し、健康保持のため自己管理を行うよう指示し、話し合い等を通じて、副業・兼業を行う労働者の健康確保に資する措置を実施するこ

副業・兼業の促進に関するガイドライン

**ガイドライン：
現行の法令や解釈をまとめたもの**

下記の内容で構成される
- 副業・兼業の現状
- 副業・兼業の促進の方向性
- 企業の対応
- 労働者の対応
- 副業・兼業に関わるその他の現行制度について

→

【主な内容】
・副業を原則認めること
・労務提供上の支障や長時間労働のおそれがないか確認するために申請・届出制にすること望ましい
・労働時間、健康状態の把握を行うこと

など

とが適当であるとしています。

■ 労働者はどのような対応をとるべきであるとされているか

　ガイドラインでは、副業・兼業を希望する労働者は、まず、労働契約や就業規則などによって自身が勤めている企業における副業・兼業に関するルールを確認し、そのルールに照らして、業務内容や就業時間について適切な副業・兼業を選択する必要があるとしています。

　また、副業・兼業による過労によって健康を害したり、業務に支障を来したりすることがないよう、業務の量や進捗状況、業務に費やす時間や健康状態を管理する必要があるとしています。そこで、ガイドラインは、使用者が提供する健康相談等の機会の活用や、始業・終業時刻、休憩時間、勤務時間や健康診断の結果などを容易に管理することができるツールを利用して、自己の就業時間や健康の管理に努めることを推奨しています。

PART8 6 在宅勤務・副業などの新しい働き方

労働時間のルールと管理の原則

柔軟な働き方に向け労働時間の管理が必要

■ テレワークにおける労働時間管理

テレワークを導入する際には、それぞれの事業場に適した労働時間制度を構築する必要があります。

まず、「法定労働時間（週40時間、1日8時間）を超えて働かせてはならない」という労働基準法上の原則があります。つまり、労働基準法上、週の労働時間の合計の上限（40時間）と1日の労働時間の上限（8時間）の両面から、労働時間について規制されています。

なお、法定労働時間に関する労働基準法の規定には例外があり、事業場外みなし労働時間制（114ページ）やフレックスタイム制（110ページ）などが代表的なものです。

■ 時間外労働と副業の労働時間通算

使用者は法定労働時間を守らなければならないのが原則ですが、災害をはじめ臨時の必要性が認められる場合や、三六協定が結ばれている場合には、例外的に法定労働時間（週40時間、1日8時間）を超えて労働者を業務に従事させることができます。法定労働時間を超える労働を時間外労働といい、時間外労働に対しては割増賃金を支払わなければなりません。

なお、複数の事業場で働く場合（事業主を異にする場合も含む）、それぞれの事業場の労働時間を通算することになります。つまり、通算した労働時間が法定労働時間を超えた場合、超えた分の割増賃金は各事業場の使用者が支払う義務を負います。

さらに、労働基準法によって、原則として月45時間、年360

> **労働時間の管理**
> 労働時間の管理には、始業時刻・終業時刻、労働時間、休憩、中抜け時間などの管理が含まれる。

テレワークや副業における労働時間管理

```
         柔軟な働き方がしやすい
              環境整備
         ➡ 労働時間管理が重要
```

【テレワーク】
さまざまな労働時間制を活用する
・通常の労働時間制
・事業場外みなし労働時間制
・フレックスタイム制　など

【副業】
労働時間の通算規定に気を付ける
※割増賃金の支払義務をどちらの使用者が負うか

時間という時間外労働の上限が定められています。

■ 法律が認めるさまざまな労働時間制を活用する

テレワークの労働時間については、1日8時間1週40時間のように通常の労働時間制を採用することも可能です。しかし、通常勤務を行う事業場を離れて自宅などで勤務するという特性上、労働時間の管理が難しくなります。会社が労働時間を管理するという煩雑さを回避するために、労働者自身に始業時刻・終業時刻などの労働時間の判断をゆだねる労働時間制を採用するということもテレワークを円滑に進める上で選択肢になりえます。労働者に労働時間等の判断をゆだねる労働時間制として、「事業場外みなし労働時間制」「フレックスタイム制」「裁量労働制」が挙げられます。

・事業場外みなし労働時間制

テレワークによって、労働時間の全部または一部について自宅などの事業場外で業務を行った場合には、事業場外みなし労働時間制を採用することができる場合があります。テレワークに事業場外みなし労働時間制を適用するためには、使用者の具

> **「月45時間、年360時間」の例外**
>
> 特別条項付き協定により、これらより長い時間外労働の上限を定めることも認められる。その場合であっても、①時間外労働は年720時間を超えてはならない、②時間外労働が月45時間を超える月数は1年に6か月以内に抑えなければならない、③時間外・休日労働は1か月100時間未満に抑えなければならない、④2～6か月の各平均の時間外・休日労働を月80時間以内に抑えなければならない、という規制に従わなければならない。
> 上記①～④の長時間労働の上限規制に従わないと、罰則の対象になる。

体的な指揮監督が及ばず、労働時間を算定することが困難であることが必要です。この労働時間制では、労使で定めた時間を労働時間とすることができます。たとえば、労使で定めた時間が8時間であれば、実労働時間が7時間や9時間であったとしても、8時間働いたとみなします。

　そして、労使で定めた時間が法定労働時間内であれば、割増賃金などの支払いを行う必要がありません。ただし、休日労働や深夜労働の場合には割増賃金の支払いが発生します。また、労使で定めた時間よりも実労働時間が多くなってしまうと労働者にとって不利益なため、必要に応じて労使で定めた時間、業務量の見直しが必要になります。

・フレックスタイム制

　フレックスタイム制は、3か月以内の一定期間の総労働時間を定めておいて、その期間を平均し、1週当たりの労働時間が法定労働時間を超えない範囲内で、労働者が始業時刻や終業時刻を決定することができる制度です。

　労働者の意思により、始業時刻・終業時刻の繰り上げ、繰り下げができます。

　フレックスタイム制をテレワークだけでなく、通常勤務にも採用することで、会社へ通勤して勤務する日は比較的長い労働時間を設定し、テレワークで勤務する日は短い労働時間を設定することもできます。このように柔軟に労働時間を決めることができるので、育児や家事などとの両立もしやすくなります。

　なお、必ず勤務しなければならない時間帯としてコアタイムを設定することができますが、設定が困難な場合は、設定しないという選択も可能です。

　フレックスタイム制は、あくまで、始業時刻・終業時刻を労働者の意思で決定できる制度ですので、会社が労働者の労働時間を適切に把握しなければならないことは、通常勤務と変わりありません。

フレックスタイム制のデメリット

本文記載のようにフレックスタイム制を導入することで労働時間を柔軟に設定できるメリットがあるが、労働時間管理や時間外手当の計算が煩雑になるデメリットもある。

労働時間を柔軟に調整できる制度

事業場外みなし労働時間制　裁量労働制　フレックスタイム制

【注意点】
労働者の健康確保の観点から、会社は適正な労働時間管理を行う

・裁量労働制

　研究開発などの専門性の高い業務や企業経営に関する企画・立案などの業務などについては労働者の裁量が大きく、業務の遂行手段や時間配分を労働者自身に任せたほうがよい場合があります。その際に導入するのが裁量労働制です。事業場外みなし労働時間と労働時間の考え方は同様で、労使で労働時間を1日8時間とみなすと定めた場合、実際の労働時間が6時間や9時間であったとしても、8時間労働したとみなします。

　裁量労働制には、専門業務型裁量労働制と企画業務型裁量労働制があります。それぞれ対象となる職種や手続きの方法が異なります。専門業務型裁量労働制の中には、プログラマーやコピーライターなどのテレワークと親和性の高い職種が多くあります。また、労使で定めた時間よりも実労働時間が多くなってしまうと労働者にとって不利益なため、必要に応じて労使で定めた時間、業務量の見直しが必要になることは、事業場外みなし労働時間制と同様です。

■ 会社の労働時間管理の責務

　労働者の健康確保の観点から、フレックスタイム制はもちろん、事業場外みなし労働時間制や裁量労働制においても、会社は労働時間の適正な管理をすべきだといえます。

PART8
7

在宅勤務・副業などの新しい働き方

労働時間の通算

三六協定の締結、割増賃金の支払いが必要な場合もある

■ 割増賃金などとの関係で労働時間は通算される

労働基準法38条1項は、「労働時間は、事業場を異にする場合においても、労働時間に関する規定の適用については通算する」と規定しています。「事業場を異にする」とは、労働者が複数の事業場で就労する場合をいい、同一の事業主の下で複数の事業場で労働している場合だけでなく、事業主が異なる場合にも適用されます。たとえば、A社とB社という2つの会社で就労している労働者については、それぞれの労働時間を通算して計算されることになります。

労働時間の通算によって、法定労働時間を超えた場合、法定外労働時間を発生させた使用者が割増賃金を支払う義務を負います。ただし、通算した所定労働時間がすでに法定労働時間に達していることを知りながら労働時間を延長するときは、先に労働契約を結んでいた使用者も含め、労働時間を延長させた各使用者が割増賃金を支払う義務を負います。

以上の考え方を具体的なケースにあてはめて考えると、次ページ図（①～④）のような結論になります。なお、労働時間の通算により時間外労働が発生する可能性がある場合は、三六協定を締結し、届出をする必要があります。また、割増賃金の支払義務がどの事業主に発生するかは、それぞれのケースで異なるため、異なる事業主で労働している労働者に対して、他の事業主の事業場での所定労働日、所定労働時間や毎月の実労働時間を申告させることなどによって、他の事業主の事業場での労働時間を正確に把握しておくことが重要となります。

労働時間規制の対象とならない場合

労働基準法38条の労働時間の通算については、労働者のみが適用対象である。副業が自営業で業務委託契約や請負契約によって業務を提供している場合には、労働時間規制の適用対象外となり、労働時間を通算して1日8時間、1週40時間を超えても割増賃金の支払いは発生しない。
また、労働者でも管理監督者などの立場にある者は、労働時間規制の対象外であるため、割増賃金の支払いは発生しない。

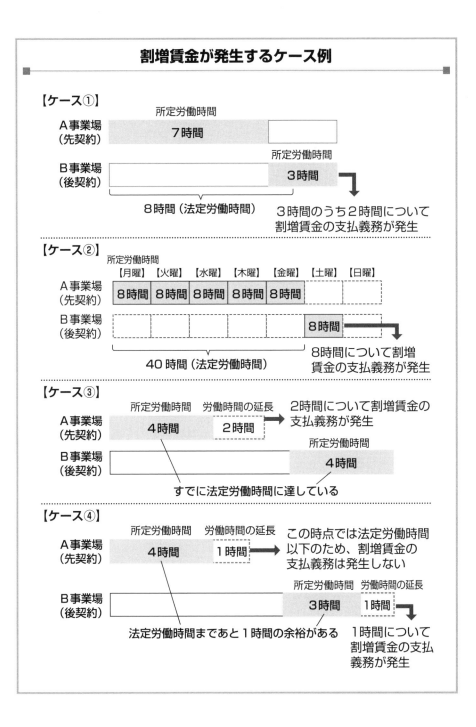

PART8 副業と労災保険

在宅勤務・副業などの新しい働き方

通勤中や業務中の被災など問題点を把握しておく

■ 複数の事業場で働く場合の労災保険

労災保険は、正社員・パート・アルバイトなどにかかわらず雇用されているすべての労働者が加入できます。そして、業務中や通勤時に被った負傷、疾病、障害、死亡に対して必要な給付を受けることができます。ただし、本業と副業・兼業のように複数の事業場で働く労働者については次のような問題があり、副業・兼業促進の妨げとなっていました。そこで、労働者災害補償保険法の改正が令和2年9月に行われ、見直しが行われています。

① **複数事業労働者が業務中に被災した場合の給付額**

これまで、複数事業労働者がA社で10万円、B社で7万円の賃金（平均賃金）を支給されていたケースで、B社で業務災害にあった場合、給付額はB社（災害発生事業場）で得ていた7万円を基に計算されていました。法改正後は、A社とB社の賃金の合計額17万円を基に保険給付額が算定されることになります。

② **複数事業労働者が通勤中に被災した場合の給付額**

複数事業労働者が通勤中に被災した場合でも、①と同様、両方の使用者から支払われる賃金の合計を基に保険給付額が算定されます。

③ **複数業務要因による災害**

脳・心臓疾患や精神障害などの疾病は、複数の事業で働く労働者の場合、いずれかの事業場の要因で発症したかがわかりにくい労働災害です。これまで、精神障害や脳・心臓疾患の労災認定においては労働時間の通算は行わず、160時間や100時間と

業務災害で休業する場合

通常A社（非災害発生事業場）でも就業できないため、B社（災害発生事業場）の平均賃金を基に算定された給付額では十分な生活保障を行うことが難しいといえる。

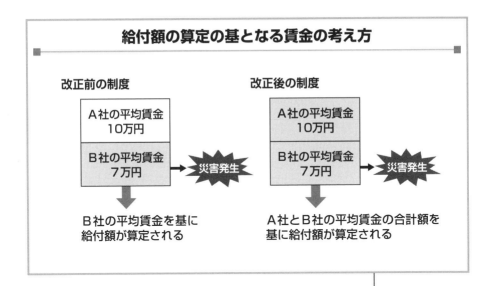

いう時間外労働もそれぞれの就業場所ごとで判断することになっていました。つまり、A社とB社で通算して160時間や100時間を超えていたとしても、それぞれの会社で超えていない場合には労災認定がされない可能性がありました。法改正後は、A社とB社の時間外労働やストレスなどの業務負荷を総合的に評価して労災認定を行います。このように労災認定された災害を「複数業務要因災害」といいます。

■ 保険料はどのように算定するのか

労災保険料は、保険給付の実績額に基づいて算定されます。たとえば、労災発生が多い事業場は保険料が高く、労災発生が少ない事業場は保険料が低くなります。法改正によって、非災害発生事業場の分も合算した賃金額をベースに労災給付がなされることになりますが、非災害発生事業場の次年度以降の保険料には、保険給付の実績について反映させないものとしています。

> **精神障害や脳・心臓疾患の労災認定**
> その疾病の発生原因が業務による心理的負荷、過重負荷を受けたことによるものであるかどうかを慎重に判断する。たとえば、発病前1か月間におおむね160時間以上の時間外労働があった場合には、業務による強い心理的負荷があったと認められる。また、一定の心理的負荷をもたらし得る出来事があり、発病前6か月間に1か月平均100時間以上の時間外労働があった場合にも、業務による強い心理的負荷があったと認められる。

PART8
9

在宅勤務・副業などの新しい働き方

副業と雇用保険・社会保険

どちらの事業所に加入すればよいのかなどが問題になる

■ 副業・兼業先の雇用保険に加入できるのか

　雇用保険の加入要件は、所定労働時間が20時間以上で継続して31日以上雇用見込みがある、ということです。しかし、雇用保険では、「同時に複数の事業主に雇用される場合には、生計を維持するのに必要な賃金を受ける雇用関係についてのみ被保険者となる」という要件があります。そのため、本業の事業場で雇用保険に加入している場合には、副業・兼業の事業場では雇用保険に加入できないということになります。

　また、本業のA社と副業・兼業のB社の両方とも週20時間以上の所定労働時間がない場合には、どちらの雇用保険にも入ることはできません。仮にA社を退職すると失業手当は支給されず、労働時間の短いB社においても十分な収入を得ることは難しいでしょう。こういった所定労働時間が短い複数就業者は、雇用保険の恩恵を受けることができません。

　なお、令和4年1月からは、65歳以上の複数就業者について、①各就業先の1週間の所定労働時間が20時間未満であり、②全就業先の1週間の所定労働時間が合算で20時間以上の場合、労働者からの申し出があれば、労働時間を合算して雇用保険を適用する改正が行われました。ただし、労働時間を合算できるのは2社までとされ、1社当たりの1週間の所定労働時間が5時間以上でなければ合算の対象となりません。

■ 社会保険と副業・兼業について

　副業・兼業先で働く場合には、事業所ごとに社会保険の加入

複数就業者の雇用保険加入

複数就業者の雇用保険加入については、失業手当受給時にさまざまな問題があることが指摘されている。たとえば、現行の失業保険ではアルバイト等の収入があると失業手当が制限されるため、複数就業者の場合の取扱いが問題となる。そのため、65歳以上の複数就業者に限定して試行的に制度が導入される。

副業・兼業と雇用保険の問題点

ケース①
労働者 | 事業主A 30時間 | 事業主B 10時間

⇒本業である事業主Aで雇用保険に加入できる

ケース②
労働者 | 事業主A 15時間 | 事業主B 10時間

⇒どちらも週の所定労働時間が20時間未満のため雇用保険に加入できない

※令和4年1月からは、ケース②の場合、労働者が65歳以上であれば、申し出ることで雇用保険に加入できるようになる

要件に該当するかどうかを判断します。そのため、たとえ複数の事業所の労働時間を合算して要件を満たしたとしても、社会保険が適用されるわけではありません。

複数の事業所で勤める者が、それぞれの事業所で加入要件に該当した場合には、どちらかの事業所の管轄年金事務所と医療保険者を選択する必要があります。標準報酬月額や保険料は、選択した年金事務所などで複数の事業所の報酬月額を合算して決定します。それぞれの事業所の事業主は、被保険者に支払う報酬額により按分した保険料を天引きし、選択した年金事務所などに納付します。具体的には、A社の報酬が25万円、B社の報酬が15万円であった場合には、選択した年金事務所で40万円の標準報酬月額を決定します。

保険料が仮に110,000円とすると、A社は110,000×25/40=68,750円、B社は110,000×15/40=41,250円を労使折半でそれぞれ負担し、選択した年金事務所などに納付します。

PART8
10

在宅勤務・副業などの新しい働き方

テレワーク・副業の場合の機密情報管理

ルールの策定、従業員教育、セキュリティ対策が必要となる

■ セキュリティ対策

　テレワークを行う場合、業務に関わる情報を社外に持ち出すことになるので、労働者に対して、情報を適切に管理するように徹底させる必要があります。たとえば、自宅以外の場所や移動時にノートパソコンやタブレットで業務を行う場合には、第三者に画面を覗き見されて会社の重要な情報が外部に漏れてしまう危険性があります。また、ノートパソコンなどの通信機器の紛失や盗難、セキュリティが確保されていない公共Wi-Fiへの接続、ウイルスの感染などによる情報の漏洩の危険性もあります。

　主なセキュリティ対策としては以下のものがあり、それぞれの会社や業務内容など、具体的な状況に応じた対策を講じておく必要があります。

① 端末へのログイン認証

　端末へのログインには、IDとパスワード以外に指紋認証などの認証情報を付加させることもあります。

② クラウドアクセス時の認証

　端末へのログイン認証と同様、利用者が従業員かどうかの確認を行うしくみを取り入れます。社外からインターネット経由で社内システムにアクセスする場合には、VPNソフトを利用するようにします。

③ HDDの暗号化

　PCの盗難に備え、HDD内のデータを暗号化しておきます。盗難や紛失がないように常にPCを手元に置いておくように徹底します。

VPN接続

VPN接続によって、インターネット上に仮想の専用回線を作ることができるため、通信のセキュリティを高めることができる。テレワーク以外にも、会社の拠点同士をVPN接続するなど一般的に用いられている。

テレワークに際しての情報管理

テレワーク
↓
情報漏洩の
リスクが高い

【防止策】
- 社内ルールの策定 … 個人用端末は利用させないなど
- 社内教育の実施 … 従業員の社内ルールの徹底
- セキュリティ対策 … 技術的・物理的な対策を行う

④ ウイルス対策ソフト

ウイルスの感染・侵入、不正サイトへのアクセス、を防ぐために導入します。導入後も最新のものに更新しておくことが重要です。また、OSやソフトのアップデートを更新しておくことも必要です。

■ どのような防止策を講じておくべきか

テレワークを導入する時点で、機密情報の漏洩について、防止策を講じておくことは必須になるでしょう。防止策を分類すると、「社内ルールの策定」「社内教育の実施」「セキュリティの対策」に分類することができます。

・社内ルールの策定

可能であれば、個人用端末（パソコン、タブレット）を利用させないルールにしたほうが安全です。個人用端末の利用は、不十分なセキュリティ対策、端末の私用、家族での共用など、情報漏洩のリスクが高まってしまいます。個人用端末を利用させる場合においても、規程や誓約書を作成すべきです。

また、会社が支給した端末を利用させる場合においても、事業場外での印刷は禁止にする、もしくは、印刷できないような設定にするなどの工夫が必要です。またUSBのような他の記録媒体にデータを保存しないなどのルールも定めておくべきです。

他にも、情報漏洩やそのおそれがある場合の対処方法などをあらかじめ定めておく必要があるでしょう。

・社内教育の実施

　社内ルールを定めて、周知するだけでは効果が薄いと考えられます。テレワークを希望する者には、社内研修などの教育を実施し、セキュリティに対する意識を高める必要があります。

　情報漏洩の原因の多くは、誤操作、管理ミス、紛失などで、従業員の意識で防げるものが多くあります。

・セキュリティの対策

　不正アクセス、ウイルスなどに対して技術的な対応が必要です。たとえば端末やクラウドデータへのログイン認証の多重化、HDDの暗号化、ウイルス対策ソフトを常に最新のものにしておくことなどがあります。また、社内のサーバにのみデータが保存され、従業員の端末にはデータが残らない社内システムへのアクセス方式を検討することも有効です。ネットワークに関しても注意が必要です。公衆WiFiを利用すると第三者からの通信内容の盗み見や改ざんなどの危険性があるため、VPNソフトなどを活用するとよいでしょう。また、在宅のネットワーク環境についてもセキュリティ対策製品が導入されているかの確認も必要です。

■ 副業先に会社の重要な情報が漏洩した場合

　副業先に会社の重要な情報が漏洩したときの対応については、「事実確認」「副業先への対応」「情報漏洩をした従業員への対応」「再発防止策の検討」に分けて考える必要があります。

　まず、事実確認については、漏洩した情報の内容はどのようなものか、漏洩先はどこか、なぜ漏洩してしまったのかなどを確認することが必要です。

　副業先への対応としては、副業先に情報が漏洩したことを伝えた上で、当該情報を利用しないこと、当該情報の返還・廃棄などをその情報を利用しないように依頼・要請することになります。

副業先に会社の重要な情報が漏洩した場合の対応

① 事実確認
　漏洩した情報の内容、漏洩先、漏洩が発生した理由など
② 副業先への対応
　漏洩した情報を利用しないこと、当該情報の返還・廃棄などを依頼・要請（差止請求や損害賠償請求についても検討）
③ 情報漏洩をした従業員への対応
　副業許可の取消し、懲戒処分などを検討
④ 再発防止策の検討

全従業員に対する注意喚起、定期的な社内研修、新たなセキュリティ対策の必要性などを検討

　情報漏洩が発生した場合の法的手段としては、不正競争防止法に基づく不正競争行為の差止請求や、損害賠償請求などが考えられます。

　差止請求を行うためには、不正競争防止法が定める「営業秘密」や「不正競争行為」などの要件を満たす必要があります。たとえば、「営業秘密」として保護されるかどうかについては、情報の内容だけでなく、会社においてその情報がどのように管理されていたのかも重要な事情となりますので、日頃から適正な情報管理体制を構築しておくことが必要です。

　副業先に情報を漏洩した従業員への対応については、厳重注意の上、副業許可の取消しや懲戒処分を行う必要性などを検討することになります。労働契約上の秘密保持義務違反などを理由に損害賠償を請求することもあります。

　再発防止策の検討としては、全従業員に対してあらためて適切な情報管理を行うよう注意喚起を行うことや、定期的に社内研修などを行うこと、新たなセキュリティ対策の必要性を検討する、などが考えられます。

懲戒処分

一般的なものとしては、処分の軽い順に、戒告、けん責、減給、出勤停止、降格、諭旨解雇、懲戒解雇がある。懲戒処分をするときは、就業規則にあらかじめ懲戒事由や懲戒処分の内容を定めておく必要がある。ただし、懲戒処分は、客観的に合理的な理由を欠き、社会通念上相当であると認められない場合は、懲戒権の濫用となり無効となる。

Column

勤務時間中に副業をしている労働者への対処法

　会社で働く労働者には、職務専念義務（誠実労働義務）があります。たとえば、労働者が勤務時間中に私用の電話やメールを行っていた場合は、職務専念義務違反にあたる可能性があります。勤務時間中に副業をしている場合も、職務専念義務違反となる可能性が高いといえます。職務専念義務は、公務員を除いて法律上明記されているわけではありませんが、判例・学説によれば、特段の合意がなくても労働契約に付随する義務として当然に生じるものと考えられています。職務専念義務の程度については、会社への損害の有無や業務への支障の有無がなくても、職務専念義務違反と判断されたケースもあります。

　勤務時間中の副業に対しては、まず、就業規則などに職務専念義務について明確にしておく必要があります。会社が懲戒処分を行う際には、就業規則などに記載された懲戒事由に該当することが必要です。副業を許可制、届出制にしている会社は多いと思いますが、あらかじめ誓約書をもらうなどの手続きを加えておくことも有効です。

　次に、労働者が勤務時間中に副業を行っていた場合は、その記録をつけておく必要があります。そして、口頭もしくは書面で注意や指導を行います。口頭で行った場合は記録に残りにくいため、面談などを利用して注意や指導を行い、注意や指導をした内容を記録しておきましょう。面談では、今後勤務時間中に副業をしない旨を約束させることも必要でしょう。

　また、副業について許可制を採用している場合には、勤務時間中は本業に専念することが許可の条件となることや、職務専念義務への違反を許可の取消事由とすることを、就業規則などに明記しておくことが有効です。注意や指導をしても改まらない場合は、懲戒処分を検討する必要があるでしょう。

PART 9

安全衛生管理・ハラスメント・労災

PART9-1 安全衛生管理

安全衛生管理・ハラスメント・労災

労働者の健康維持と作業環境の確保に取り組む

■ 労働安全衛生法とは

　労働安全衛生法は、事業主に対して、事業場の業種や規模に応じ安全・衛生の管理責任者の選任を義務付けています。

　安全衛生管理体制には、一般の会社の安全衛生管理体制と、特定の事業において自社従業員と請負関係事業主の従業員が同一の場所で働く場合の安全衛生管理体制の2つがあります。具体的には、次ページ図で示す安全衛生管理体制を整えなければなりません。

・一般の会社の安全衛生管理体制

　一般の会社の安全衛生管理体制では、一定の業種、規模（労働者数）の事業場について管理責任者の選任と委員会の設置を求めています。総括安全衛生管理者とは、安全管理者、衛生管理者を指揮し、安全衛生についての業務を統括管理する最高責任者です。工場長などのように、その事業場において、事業を実質的に統括管理する権限と責任をもっている者を総括安全衛生管理者として選任しますが、選任義務のない事業場の場合は、事業主がその責任を負うことになります。

・特定の事業において自社従業員と請負関係事業主の従業員が同一の場所で働く場合の安全衛生管理体制

　建設や造船を請け負う事業者で、労働者数が常時50人以上（ずい道等の建設、橋梁の建設、圧気工法による作業では常時30人以上）である場合は、統括安全衛生責任者を選任しなければなりません。その他、必要に応じて、元方安全衛生管理者、安全衛生責任者、店社安全衛生管理者を選任することになります。

統括安全衛生責任者
請負にかかる建設業や造船業で、全労働者数が常時50人以上（ずい道などの建設、橋梁の建設、圧気工法による作業では常時30人以上）の場合、統括安全衛生責任者の選任が必要である。

安全衛生をめぐる動き
近年の法改正では、ストレスチェック制度の創設、職場における受動喫煙防止対策の推進および重大な労働災害を繰り返す企業に対し、厚生労働大臣が「特別安全衛生改善計画」の作成指示ができるようになった。
また、産業医制度についても過重労働防止やメンタルヘルス対策など働き方改革を目的とした見直しが進められ、各事業場において体制の整備が求められている。

労働安全衛生法で要求されている安全衛生管理体制

業　種	事業場の規模・選任すべき者
製造業（物の加工を含む）、電気業、ガス業、熱供給業、水道業、通信業、自動車整備および機械修理業、各種商品卸売業、家具・建具・じゅう器等小売業、燃料小売業、旅館業、ゴルフ場業	①10人以上50人未満 　安全衛生推進者 ②50人以上300人未満 　安全管理者、衛生管理者、産業医 ③300人以上 　総括安全衛生管理者、安全管理者、衛生管理者、産業医
林業、鉱業、建設業、運送業、清掃業	①10人以上50人未満 　安全衛生推進者 ②50人以上100人未満 　安全管理者、衛生管理者、産業医 ③100人以上 　総括安全衛生管理者、安全管理者、衛生管理者、産業医
上記以外の業種	①10人以上50人未満 　衛生推進者 ②50人以上1000人未満 　衛生管理者、産業医 ③1000人以上 　総括安全衛生管理者、衛生管理者、産業医
建設業および造船業であって下請が混在して作業が行われる場合の元方事業者	①現場の全労働者数が50人以上の場合（ずい道工事、圧気工事、橋梁工事については、30人以上） 　統括安全衛生責任者、 　元方安全衛生管理者 ②ずい道工事、圧気工事、橋梁工事で全労働者数が常時20人以上30人未満、もしくは鉄骨造・鉄骨鉄筋コンクリート造の建設工事で全労働者数が常時20人以上50人未満 　店社安全衛生管理者（建設業のみ）

PART9-2 ストレスチェック

安全衛生管理・ハラスメント・労災

企業は原則として労働者へのストレスチェックの実施が義務付けられる

■ ストレス対策の重要性

業務上のストレスによって脳・心臓疾患の他、うつ病などの精神障害を発症したり、それらを悪化させたりすることが大きな社会問題になっています。また、業務による心理的負荷を原因とする精神障害により正常な判断能力が失われ、自殺に至る労働者も少なくありません。

この状況を受けて、常時50人以上の労働者を使用する事業場では、常時使用する労働者（無期雇用労働者、契約期間1年以上の労働者、週所定労働時間が通常の労働者の週所定労働時間の4分の3以上の労働者など）に対し、職場におけるストレスチェック（労働者の業務上の心理的負担の程度を把握するための検査）の実施が義務付けられています。労働者が常時50人未満の事業場では、ストレスチェックの実施は努力義務です。

職場におけるストレスチェックの主な内容は、以下のとおりです。ストレスチェックに関する労働者の個人情報を保護するセキュリティ体制の整備も必要です。

① 会社は、常時使用する労働者に対し、1年以内ごとに1回、定期に、医師等（医師、保健師その他の厚生労働省令で定める者）による心理的負担の程度を把握するための検査（ストレスチェック）を実施しなければなりません。ただし、特にメンタルヘルス不調の場合など、すでに受診中でありストレスチェックが悪影響を与える場合などは、検査を受けるのを強制することはできないと考えられます。

② 会社は、ストレスチェックを受けた労働者に対して、医師

過労自殺

労働災害として位置づけられ、現在では会社の安全配慮義務違反を問う民事訴訟が数多く起こされている。たとえば、精神障害の労災支給決定件数は増加傾向となっており、脳・心臓疾患に係る労災支給決定件数は高止まりの傾向にあるが、依然として高い水準を維持している）。
労災に関する事案以外にも、労働者の精神障害や脳・心臓疾患に関する民事訴訟が数多く起こされており、会社は、これまでにないほど、労働者の業務上のストレスを軽減する対策を講じることが求められているといえる。

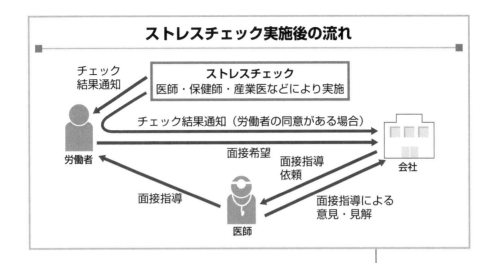

等からのストレスチェックの結果を通知します。一般の健康診断とは異なり、労働者のプライバシーを保護する必要が高いため、結果は医師等から直接労働者に通知されます。医師等は、労働者の同意なくストレスチェックの結果を会社に提供してはいけません。

③ 会社は、ストレスチェックを受けて医師の面接指導を希望する労働者に対して、面接指導を実施しなければなりません。この場合、会社は、面接指導の申し出を理由に、労働者に不利益な取扱いをしてはいけません。

④ 会社は、面接指導の結果を記録しなければなりません。

⑤ 会社は面接指導の結果に基づき、労働者の健康を保持するために必要な措置について医師の意見を聴く必要があります。

⑥ 会社は、医師の意見を考慮し、必要がある場合は、就業場所の変更・作業の転換・労働時間の短縮・深夜業の回数の減少などの措置を講ずる他、医師等の意見の衛生委員会等への報告その他の適切な措置を講じなければなりません。

⑦ ストレスチェック、面接指導の従事者は、その実施に関して知った労働者の秘密を漏らしてはいけません。

労働者の個人情報の保護

ストレスチェックに関する労働者の個人情報を保護するセキュリティ体制も整えておく必要がある。また、ストレスチェックを実施する医師や保健師などの専門的な人材をいかに確保するのかという問題もある。
特にストレスチェックを受けた後、労働者が会社に対して医師の面接希望を申し出るシステムになっているが、労働者が申し出を躊躇することも考えられるので、この点の対策も必要である。会社が労働者に対してストレスチェックを受けるメリットなどを周知・教育する機会の確保も重要である。

セクシュアル・ハラスメント

労働者のセクハラが認められれば、会社も損害賠償責任を負う場合がある

■ 職場におけるセクシュアル・ハラスメント（セクハラ）とは

職場におけるセクシュアル・ハラスメント（セクハラ）とは、職場において行われる、労働者の意に反する性的な言動により、その労働者が労働条件について不利益を受けたり、就業環境が害されることです。職場におけるセクハラには、「対価型」と「環境型」の2つの類型があります。

「対価型」とは、職場において行われる労働者の意に反する性的な言動への対応により、当該労働者が解雇、降格、減給等の不利益を受けることです。「環境型」とは、職場において行われる労働者の意に反する性的な言動によって労働者の就業環境が不快なものとなったため、能力の発揮に重大な悪影響が生じる等、当該労働者が就業する上で看過できない程度の支障が生じることです。

セクハラの範囲は非常に幅広く、「まだ結婚しないの？」「髪がきれいだね」など、世間話の一環のつもりでかけた言葉でもセクハラと判断されることがあります。つまり、わいせつな言動でなくても、「労働者の意に反する性的な言動」に該当すればセクハラと判断される可能性があります。

セクハラは被害者を不快・不安にさせる許せない行為であるとともに、企業内秩序を乱す行為です。そのため、男女雇用機会均等法11条は、職場でセクハラが行われないようにするための必要な体制の整備などを事業主に義務付けています（雇用管理上の措置義務）。職場とは、勤務先だけでなく、取引先の事務所や出張先も含みます。また、セクハラの被害者となる労働

セクハラの対象は女性や異性間だけではない

セクハラが発生する原因のひとつに、誤った認識の存在が挙げられる。たとえば、被害者が女性である場合に、極端なミニスカートを履いており、セクハラをするように誘っていたと主張する加害者がいる。また、被害者が抵抗しなかったため、同意があると思ったと主張する加害者もいる。そのため、職場で発生するセクハラの多くが、男性社員から女性社員に対して行われるケースが多いことは否定できない。

しかし、女性社員だけでなく男性社員に対するセクハラ被害を訴えるケースも増えてきたことから、現在の男女雇用機会均等法は、男性に対するセクハラも対象に含めている。さらに、異性間だけでなく同性間の言動であってもセクハラは成立する。

職場におけるセクシュアル・ハラスメントの2類型（対価型と環境型）

対価型セクシュアルハラスメント	職場において行われる労働者の意に反する性的な言動への対応により、当該労働者が解雇、降格、減給等の不利益を受けること
環境型セクシュアルハラスメント	職場において行われる労働者の意に反する性的な言動により労働者の就業環境が不快なものとなったため、能力の発揮に重大な悪影響が生じる等、当該労働者が就業する上で看過できない程度の支障が生じること

者には、正社員だけでなく、パートタイム労働者・契約社員なども含みます。さらに、労働者派遣法により、事業主は、派遣労働者に対しても、セクハラ防止について自社の労働者と同様の措置をとらなければなりません。

セクハラの程度によっては、被害者に対して損害賠償責任を負ったり、名誉毀損などの犯罪が成立する場合があります。その他、不同意わいせつ罪などの犯罪行為に該当する場合もあり、その場合の加害者は、捜査機関に逮捕・勾留されたり、刑事裁判で有罪判決を受けたりする可能性があります。

■ 職場のセクハラについて会社はどんな責任を負うのか

会社は、民事上の責任（民法などの私法に基づく責任のこと）として使用者責任（民法715条）を負います。使用者責任とは、労働者が不法行為（他人の権利や利益を違法に侵害する行為のこと）により他人に損害を与えた場合、その使用者である会社も労働者とともに損害賠償責任を負うという制度です。セクハラは不法行為に該当しますので、セクハラの被害者に対して、会社は、セクハラの加害者である労働者とともに損害賠償責任を負うことになります。

セクハラの加害者の負う責任

無理やり女性の胸に触るようなセクハラをした場合は、不同意わいせつ罪（刑法176条）が成立することがある。また、被害者が嫌がる性的な言葉を発するようなセクハラをした場合は、名誉毀損罪（刑法230条）または侮辱罪（刑法231条）が成立することがある。たとえば、職場で「あの人は不倫をしている」「あの人の異性関係は乱れている」などと噂をするような場合である。
さらに、セクハラの際に暴力を伴っていた場合は、暴行罪（刑法208条）または傷害罪（刑法204条）が成立する。

ただし、使用者責任が認められるのは、セクハラの加害者である労働者の行為が「事業の執行」に関して行われた場合に限られます。つまり、労働者が業務に関連する行為の中で、被害者に対してセクハラに及んだ場合のみ、会社が使用者責任を負うということです。たとえば、ある労働者が上司である地位を利用して、他人に対してセクハラを行っていた場合は、「事業の執行」に関連してセクハラが行われたと評価できます。

もっとも、使用者責任は免責される場合があります。具体的には、会社がセクハラの加害者である労働者に対する監督義務を果たしたと評価できる場合は、監督義務について「注意を尽くした」と評価されるため、会社は使用者責任を免れます。しかし、会社が「注意を尽くした」と認められることは、裁判などではほとんどなく、会社が使用者責任を免責されるケースはほとんどありません。

なお、使用者責任は特別な不法行為責任として民法で規定されていますが、雇用契約（労働契約）に基づく責任として、被害者である労働者が会社に対して損害賠償請求を行うことも可能です。どちらも損害賠償責任を追及する点では同じですが、使用者責任は不法行為に及んだ加害者の使用者として監督義務があることに基づく責任です。これに対し、雇用契約に基づく責任の場合は、会社自身の責任が追及されるため、責任の構造が異なる点に注意しなければなりません。

具体的には、会社は、労働者との雇用契約に基づく付随義務として、労働者が働きやすい労働環境を形成する義務を負っています。そして、セクハラが行われる職場は労働者にとって働きやすい環境とはいえないので、会社は、雇用契約に基づく義務を履行していないことを理由として、債務不履行責任を負う可能性があります（民法415条）。

さらに、会社は、前述した男女雇用機会均等法によるセクハラ防止のための雇用管理上の措置義務を負っています。会社内

相談窓口を設けることの重要性と注意点

ハラスメント被害に対して迅速かつ適切な対応をとるために、会社側は、専用の相談窓口を設置しておくことが重要である。相談窓口は、会社内部の相談窓口と会社外部の相談窓口に大別できる。

・会社内部の相談窓口
ハラスメントをめぐる問題は、会社内部のコンプライアンスに関する問題のひとつとして取り扱われることが多いため、人事部門の担当者の他、コンプライアンス担当部門や、法務部門が専用窓口を担当することがある。

・会社外部の相談窓口
内部の相談窓口ではハラスメント問題へ十分に対応することが困難なケースに備えて、会社と提携している法律事務所や社会保険労務士事務所を、専用窓口として定めることも可能である。

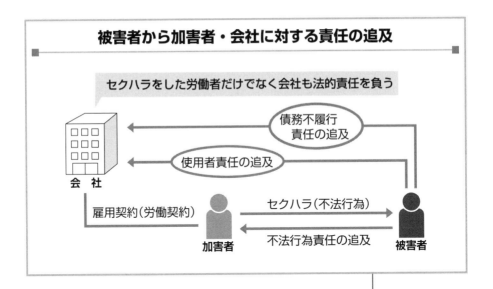

でセクハラがあり、厚生労働大臣の指導にも従わなかった場合には、会社名が公表されます。

■ 被害者が訴訟を提起した場合

　セクハラの被害者が、会社の対応に非があったとして、会社に対して、前述した使用者責任に基づく損害賠償請求をする訴訟を提起する可能性もあります。

　会社としては、まず、本当にセクハラがあったのか調査する必要があります。セクハラ被害を受けた労働者側は、セクハラに関するメモなどの記録を残す（日時、場所、話の内容、周囲の状況などの他、上司や人事部への相談内容など）、セクハラに該当する言動について録音する、などといった形で、セクハラの証拠を確保していることがあります。

　そのため、会社側も、適切な事実関係を把握すべく、加害者とされる労働者やその同僚・上司などからヒアリングを行い、セクハラ被害の事実の有無やその具体的内容・程度を正しく把握した上で、訴訟への対応を考えなければなりません。

事実認定

会社は、被害者および加害者とされている労働者双方の意見聴取（目撃者などの第三者の意見聴取も含む）によって得られた情報や、ハラスメントの存在を基礎付ける客観的な資料・証拠（メール、手紙、メモ、写真など）の有無およびその内容などを総合的に判断して、ハラスメント被害を相談・申告した労働者の主張どおりの被害が存在するかどうかを決定する。これを事実認定という。
会社が事実認定を行う際は、中立的な立場から、事実であると客観的・合理的に考えられる事項を事実として認定する必要がある。事実認定は、事情聴取や事実調査によって得られた情報を慎重に吟味して、当事者のどちらの供述内容を信用できるかを判断することになる。

PART9 4
安全衛生管理・ハラスメント・労災

マタニティ・ハラスメント

制度等の利用への嫌がらせ型と状態への嫌がらせ型に分類できる

■ マタニティ・ハラスメントとは

　マタニティ・ハラスメント（マタハラ）とは、簡単にいえば、職場における妊娠、出産などに関するハラスメントです。男女雇用機会均等法では、職場におけるマタハラについて、「女性労働者が妊娠したこと、出産したこと、産前産後休業の請求や取得をしたこと、その他妊娠・出産に関する事由に関する言動によって、当該女性労働者の就業環境が害されること」であると定義されています。

　厚生労働省が定めるマタハラ指針によれば、職場におけるマタハラは、①「制度等の利用への嫌がらせ型」、②「状態への嫌がらせ型」の2類型に分けられます。①の類型は、女性労働者が産前産後休業などの妊娠・出産に関する制度または措置を利用したことに関する言動によって就業環境が害される形式のマタハラをいいます。②の類型は、女性労働者の妊娠・出産に関する事由に関する言動によって就業環境が害される形式のマタハラをいいます。

> **厚生労働省が定めるマタハラ指針**
> 正式名称は「事業主が職場における妊娠、出産等に関する言動に起因する問題に関して雇用管理上講ずべき措置等についての指針」。

■ 企業がマタハラを防止するために雇用管理上講じるべき措置

　男女雇用機会均等法11条の3は、事業主に対し、職場におけるマタハラを防止するために雇用管理上必要な措置を講じなければならないと定めています。この「雇用管理上必要な措置」の具体的な内容については、厚生労働省が定めるマタハラ指針において、次ページ図のような内容が定められています。

厚生労働省のマタハラ指針によるマタハラの分類と具体例

企業が講じるべき措置	具体的な内容
① 方針等の明確化およびその周知・啓発	・職場におけるマタハラの内容、妊娠・出産等に関する否定的な言動がマタハラの原因や背景となり得ること、マタハラを行ってはならない旨の方針を明確にする ・妊娠・出産等に関する制度等を利用できる旨を明確にする ・厳正に対処する旨の方針および対処の内容を、就業規則などに規定し、管理監督者を含む労働者へ周知・啓発する
② マタハラに関する相談（苦情を含む）に応じて適切に対応するために必要な体制の整備	・相談窓口をあらかじめ定めて労働者に周知 ・相談窓口の担当者が相談に対してその内容や状況に応じて適切に対応できるようにする
③ マタハラに関する事後の迅速かつ適切な対応	・事実関係を迅速かつ正確に確認する ・マタハラの事実が確認できた場合には、速やかに被害者に対する配慮のための措置を適正に行うとともに、マタハラの行為者に対する措置を適正に行う ・改めてマタハラに関する方針を周知・啓発する等の再発防止に向けた措置を講じる（マタハラの事実が確認できなかった場合も、同様の措置を講じる）
④ マタハラの原因や背景となる要因を解消するための措置	・業務体制の整備など、その企業や妊娠等をした労働者、その他の労働者の実情に応じて、適切な業務分担の見直しや業務の点検による業務の効率化等、必要な措置を講ずる
⑤ ①から④までの措置と併せて講ずべき措置	・相談への対応やマタハラに関する事後の対応にあたっては、相談者・行為者等のプライバシー保護のために必要な措置を講ずるとともに、その旨を労働者に対して周知する ・労働者がマタハラに関する相談等をしたことを理由として、解雇その他不利益な取扱いをされない旨を定め、労働者に周知・啓発する

パワハラ防止法（労働施策総合推進法）

PART9
5

安全衛生管理・ハラスメント・労災

パワハラを行った従業員の他に会社も責任を負うことがある

■ パワハラの定義

　職場におけるパワハラ（パワー・ハラスメント）の定義について、厚生労働省は、①職場において行われる優越的な関係を背景とした言動であって、②業務上必要かつ相当な範囲を超えたものにより、③労働者の就業環境が害されるものであって、①から③のすべてを満たすものとしています。暴行・傷害などの身体的な攻撃はもちろん、脅迫・暴言・無視などの精神的な攻撃も含む、幅広い概念です。

　パワハラを行った従業員は、パワハラの被害者に対して、不法行為（民法709条）に基づき、慰謝料等の損害賠償責任を負う可能性があります。また、使用者である会社は、パワハラが生じないように職場環境を整える義務を負っています。そのため、パワハラが起きた場合、会社は被害者に対し、この義務を怠ったとして債務不履行に基づき損害賠償責任を負う可能性や、加害者の使用者としての使用者責任（民法715条）に基づき損害賠償責任を負う可能性もあります。

　令和2年6月施行の労働施策総合推進法の改正により、事業主に対してパワハラ防止のための雇用管理上の措置が義務付けられました（中小企業は令和4年4月から義務化）。具体的には、パワハラ防止のための事業主方針の策定・周知・啓発、相談・苦情に対する体制の整備、相談があった場合の迅速かつ適切な対応や被害者へのケアおよび再発防止措置の実施などが求められることになりました。

損害賠償請求の方法

いきなり裁判を起こすのではなく、まずはパワハラを受けた被害者が、加害者や会社宛てに内容証明郵便などの文書を送り、損害賠償を請求する方法がよく行われている。

裁判になった場合

裁判所に自分の主張を記載した書面と証拠を提出し、パワハラが行われたかどうかを裁判所が認定する。裁判所がパワハラの事実があったことを認定し、被害者に生じた損害を賠償するべきであると判断すれば、加害者や会社は被害者に対して、裁判所が認定した金額を損害賠償として支払わなければならない。

パワハラ防止法（労働施策総合推進法）の概要

パワハラ防止法（労働施策総合推進法）
→ 令和2年6月1日施行の改正法…大企業を対象
　 令和4年4月1日施行の改正法…中小企業も対象

企業（事業主）は主な以下のパワハラ防止義務を負う

- 義務① 事業主の方針等の明確化及びその周知・啓発
- 義務② 相談に応じ、適切に対応するために必要な体制の整備
- 義務③ 職場におけるパワハラについて事後の迅速かつ適切な対応
- 義務④ 相談者・行為者等のプライバシー保護　など

■ 具体的なパワハラの類型

パワハラの代表的な類型として以下の6つがあり、いずれも職場における優越的な関係を背景に行われたものであることが前提です。

① 身体的な攻撃

暴行や傷害が該当します。たとえば、殴打、足蹴りを行ったり、物を投げつけたりする行為が該当すると考えられます。

② 精神的な攻撃

「ふざけるな」「役立たず」などの暴言を含め、人格を否定するような言動や、業務上の失敗に関する必要以上に長時間にわたる厳しい叱責、他人の面前における大声での威圧的な叱責などが該当すると考えられます。

③ 人間関係からの切り離し

自分の意に沿わない相手に対し、仕事を外し、長期間にわたって隔離する、または集団で無視して孤立させることなどが該当すると考えられます。

④ 過大な要求

業務上明らかに不要なことや遂行不可能なことの強制が該当

します。必要な教育を施さないまま新卒採用者に対して到底達成できないレベルの目標を課す、上司の私的な用事を部下に強制的に行わせることなどが該当すると考えられます。

⑤ 過小な要求

業務上の合理性なく能力・経験・立場とかけ離れた程度の低い仕事を命じることなどが該当します。自ら退職を申し出させるため、管理職に対して雑用のみを行わせることなどが該当すると考えられます。

⑥ 個の侵害

私的なことに過度に立ち入ることが該当します。合理的な理由なく従業員を職場外でも継続的に監視したり、業務上入手した従業員の性的指向・性自認や病歴、不妊治療等の機微な情報を、本人の了解を得ずに他の従業員に漏洩したりすることが該当すると考えられます。

職場におけるパワハラに該当するかどうかを個別の事案について判断するためには、その事案におけるさまざまな要素を総合的に考慮することが必要です。

■ パワハラに該当する事例

パワハラに該当するかどうかは、パワハラと指導の区別がつきにくいということもあり、個別に判断する必要があります。たとえば、部下が上司から与えられた業務を適切に処理できなかったとして、上司が部下を厳しく叱責する場合、叱責の仕方・内容によってはパワハラに該当することがありますので、指導の範囲を超えるような乱暴な物言いや威圧的な態度をとらないように気を付ける必要があります。

■ パワハラ対策

パワハラを防止するには、さまざまな角度から複数の対策を講じる必要があります。具体的には、相談窓口の設置、一般の

従業員に対する研修の実施

就業規則などの文書に記載した後には、従業員に対する研修の実施が必要である。従業員に対する研修は、管理職とその他の一般の社員を分けて行う。

従業員を直接指揮監督する管理職に対する研修では、自分自身がパワハラの加害者になる可能性があることを意識させる内容の研修を行うことが必要である。逆に、一般の従業員に対する研修では、パワハラの被害者となった場合にはどうするか、同僚からパワハラの相談を受けた場合の対応方法などを中心に研修などを行う。

また、パワハラは、人権問題などとの関連が深いため、パワハラ研修を他分野の研修と同時に行うことが、より効率的・効果的であると厚生労働省などが推奨している。

パワハラ指針におけるパワハラ行為の6類型に関する具体例

① 身体的な攻撃	【具体例】	殴打、足蹴り、物を投げつける
	【非該当例】	誤ってぶつかる
② 精神的な攻撃	【具体例】	人格を否定する言動、長時間の叱責、威圧的な叱責など
	【非該当例】	遅刻などを繰り返す者への一定程度の強い注意など
③ 人間関係からの切り離し	【具体例】	意に沿わない者を仕事から外す、別室に隔離する、集団で無視するなど
	【非該当例】	新規採用者に対する別室での研修の実施など
④ 過大な要求	【具体例】	業務とは無関係の雑用処理の強制など
	【非該当例】	繁忙期に通常より多くの業務処理を任せることなど
⑤ 過小な要求	【具体例】	気に入らない者に仕事を与えないことなど
	【非該当例】	能力に応じた一定程度の業務量の軽減など
⑥ 個の侵害	【具体例】	労働者の社内・社外での継続的な監視、写真撮影など
	【非該当例】	労働者への配慮を目的とする家族の状況などに関するヒアリング

従業員や管理職への教育研修の実施、社内調査の実施、被害者の職場復帰へのサポート、弁護士などの専門家を入れての体制の強化といった事項です。

次に、就業規則や従業員の心得の中にパワハラ防止のための項目を作成することが必要です。パワハラの定義、パワハラの具体例、パワハラの加害者にはどのような処分（懲戒処分など）をするか、パワハラの被害者にはどのような措置を講じるかなどを記載します。就業規則の本則にパワハラに関する詳細なルールまで盛り込むと、就業規則が膨大になるので、別途ハラスメント防止規程などを作成し、他のハラスメントを含めて詳細なルールを定めるとよいでしょう。

労災保険制度

仕事中・通勤中のケガ・病気を補償する

■ 医療保険や年金保険との違い

　労災保険制度は、業務中・通勤中のケガや病気に対して必要な給付を行います。業務外のケガや病気に対しては、医療保険から必要な給付を行うため、どちらが適用されるかどうかが問題になる場合があります。たとえば、過労による脳・心疾患や職場のいじめによる精神疾患などについては、統一した基準によって私生活の状況なども加味して労災認定されます。

　また、労災保険制度には障害が残った場合や死亡した場合に障害給付や遺族給付があります。これらは、国民年金や厚生年金制度の給付と重複することがあるため、併給調整のルールが設けられています。

■ 労災保険の給付は業務災害と通勤災害に分かれている

　労働者災害補償保険の給付は、業務災害と通勤災害の2つに分かれています。業務災害と通勤災害は、給付の内容は基本的に変わりません。しかし、給付を受けるための手続きで使用する各提出書類の種類が異なります。

　業務災害の保険給付には、療養補償給付、休業補償給付、障害補償給付、遺族補償給付、葬祭料、傷病補償年金、介護補償給付、二次健康診断等給付の8つがあります。

　一方、通勤災害の保険給付には療養給付、休業給付、障害給付、遺族給付、葬祭給付、傷病年金、介護給付があります。これらの保険給付の名称を見ると、業務災害には「補償」という2文字が入っていますが、通勤災害には入っていません。

労災保険の対象

一般的に業務が傷病等の有力な原因であると認められれば、労災保険の適用対象に含まれることになる。
労災保険の適用対象になる労働者とは、正社員であるかどうかにかかわらず、アルバイト、日雇労働者や不法就労外国人であっても、事業主から賃金を支払われているすべての人が対象である。しかし、代表取締役などの会社の代表者は労働者でないため、原則として労災保険は適用されない。労働者にあたるかどうかは、①使用従属関係があるかどうか、②会社から賃金（給与や報酬など）の支払いを受けているかどうか、によって判断される。

労災保険の給付内容

目的	労働基準法の災害補償では十分な補償が行われない場合に国（政府）が管掌する労災保険に加入してもらい、使用者の共同負担によって補償がより確実に行われるようにする	
対象	業務災害と通勤災害	
業務災害（通勤災害）給付の種類	療養補償給付（療養給付）	病院に入院・通院等した場合の費用
	休業補償給付（休業給付）	療養のために仕事をする事ができず給料をもらえない場合の補償
	障害補償給付（障害給付）	傷病の治癒後に障害が残った場合に障害の程度に応じて補償
	遺族補償給付（遺族給付）	労災で死亡した場合に遺族に対して支払われるもの
	葬祭料（葬祭給付）	葬儀を行う人に対して支払われるもの
	傷病補償年金（傷病年金）	治療が長引き1年6か月経っても治らなかった場合に年金の形式で支給
	介護補償給付（介護給付）	介護を要する被災労働者に対して支払われるもの
	二次健康診断等給付	二次健康診断や特定保健指導を受ける労働者に支払われるもの

これは、業務災害については、労働基準法によって事業主に補償義務があるのに対して、通勤災害の場合は、事業主に補償義務がないためです。たとえば、休業補償給付と休業給付は療養のため休業をした日から3日間は支給されません。この3日間を待期期間といいます。ただ、業務災害の場合は、上記のように労働基準法によって事業主に補償義務があるため、待期期間の3日間については休業補償をしなければなりません。一方で、休業給付については、通勤災害に起因することから、事業主は休業補償を行う必要はありません。

なお、業務災害と通勤災害の保険給付の支給事由と支給内容はほとんど同じです。

労災保険における労働者の過失の考慮

労災保険においては、労働者の通常の過失を考慮することはない。ただし、労働者が故意で傷病等を負った場合や、過失の程度が重大である（重過失）場合は、保険の給付が認められないケースがある。これに対し、労働者が負った傷病等について、事業主に故意や過失が認められない場合（事業主が無過失の場合）にも保険給付が認められる。

PART9-7 過労死・過労自殺

安全衛生管理・ハラスメント・労災

過重業務や異常な出来事といった基準で判断する

■ 過労死の認定基準

業務上の過重な負荷による脳血管疾患・心臓疾患を原因とした死亡、業務における強い心理的負荷による精神障害を原因とする自殺、死亡には至らないが、脳血管・心臓疾患、精神障害を発症することを総称して過労死等といいます。過労死等を予防するための会社側の手段として、適正な労働時間管理による長時間労働の防止、ハラスメントの予防・解決、労働安全衛生法上の安全衛生管理体制の構築、ストレスチェックなどによる労働者のメンタルヘルスケアなどがあります。

過労死等については、激務に就いたことで持病が急激に悪化し、脳や心臓の疾患などを発生させた場合には、業務が有力な原因となったと考えられ、労災となる可能性があります。

具体的には、厚生労働省の「脳血管疾患及び虚血性心疾患等（負傷に起因するものを除く）の認定基準」に基づいて労災認定が行われます。認定基準では、業務において次のような状況下に置かれることによって、明らかな過重負荷を受け、そのことによって発症したと認められる場合に、「労災」として取り扱う、としています。

① 異常な出来事に遭遇した

発症直前から前日までの間に、急激で著しい精神的負荷、身体的負荷または作業環境の変化が生じた場合などをいいます。

② 短期間の過重業務に就労した

発症前約1週間の間に、特に過重な業務に就労することによって身体的・精神的負荷を生じさせたと客観的に認められる

実際に裁判となったケース

過労死等を予防するための会社側の手段に対する取り組み方の不足を、会社が従業員の健康に配慮する義務に違反したとして、会社の責任を認める裁判例も増えているが、労働者側の過失を一定範囲で認める裁判例もある。

過労死の対象疾病

過労死の対象疾病として以下のものが挙げられている。
・脳血管疾患
脳内出血（脳出血）、くも膜下出血、脳梗塞、高血圧性脳症
・虚血性心疾患等
心筋梗塞、狭心症、心停止（心臓性突然死を含む）、解離性大動脈瘤

過重負荷

脳・心臓疾患の発症の基礎となる病変などを、自然経過を超えて著しく増悪させる可能性があると客観的に認められる負荷。

過労死につながりやすい勤務実態の代表例

労働時間
- 平日の労働時間（残業時間・サービス残業）
- 休日の労働時間

経営方針
- 個人に課されたノルマ
- セクションごとに課されたノルマ
- 人員の配置・変化
- リストラの有無と状況
- 仕事量・質の変化
- 新規事業参入の有無と状況

人間関係
- パワハラ・セクハラ・差別の有無と状況
- 周囲のサポートの有無と状況
- 職場の人間関係（トラブルの有無）

出来事
- 配置転換（慣れない業務・職種）
- 昇進・昇級（仕事量・質の変化）
- 納期トラブル（残業・心理的負荷）

→ 本人

場合をいいます。

③ 長期間の過重業務に就労した

発症前約6か月間の間に、著しい疲労の蓄積をもたらす特に過重な業務に就労することによって身体的・精神的負荷を生じさせたと客観的に認められる場合をいいます。

■ 過労による自殺について

過労による自殺についても、厚生労働省の「心理的負荷による精神障害の認定基準」により労災認定される可能性があります。認定基準では、業務により一定の精神障害が発病しており、発病前のおおむね半年間に強い心理的負荷を受けている場合には、その精神障害によって正常な認識、行為選択ができず、または自殺行為を思いとどまる精神的な抑制力がなかった状態にあると推定して労災認定することがあります。ただし、業務以外の心理的負担や本人の個性による自殺でないと判断される必要があります。

Column

労働審判

　労働審判とは、労働者と使用者の個別の労働紛争について、裁判官である労働審判官1名と労働関係における専門的な知識・経験をもつ労働審判員2名で組織する労働審判委員会によって、簡易・迅速に紛争を解決するための手続きです。

　労働審判員は中立公正な立場で事件の解決に携わるものとされ、労働審判では、労働審判委員会が調停を試み、調停による解決に至らない場合には審判を行い、実情に即した柔軟な解決を図ることになります。

　労働審判は、簡易迅速な手続きによって解決を図る制度のため、原則として、3回以内の期日で終了し、おおよそ90日程度で終了します。通常の訴訟手続きの場合は、一般的に1年半以上かかることが多いため、労働審判はかなり早く紛争を解決できる可能性が高い手続きとなっています。ただし、労働審判で解決ができない場合は、その後は通常の訴訟手続きで争うことになるので、その場合は紛争解決まで長期間の時間を要することになります。

　労働審判を利用するためには、地方裁判所に申立書を提出することが必要です。申立手数料は通常の民事訴訟の半額であり、たとえば、80万円の未払い賃金の支払いを求める場合には4,000円の申立手数料が必要です。

　労働審判の手続きは、非公開で行われ、労働審判委員会が相当と認めた者だけが傍聴することができます。審理の結果、調停による解決に至らないときは、一定の法的拘束力をもつ審判が行われます。審判に不服のある者は、2週間以内に異議申立てをすることができ、異議申立てがあれば通常の訴訟手続きに移行します。また、労働審判委員会は、事案の性質上、審判を行うことが紛争の迅速・適正な解決につながらないと考えるときは、審判手続きを終了させることができ、この場合も異議申立てがあれば通常の訴訟手続きに移行します。

PART 10

配転・出向・
労基署調査

PART10 1 配置転換と転勤

配転・出向・労基署調査

業務上の必要性と労働者の不利益などを考慮する

転勤
配転のうち勤務地の変更を伴うものを特に「転勤」という。

■ 配転命令とは

　配置転換とは、使用者が労働者の職場を移したり、職務を変更することであり、配置換えともいいます。一般的には「配転」と略称されます。配転は労働者やその家族に大きな影響を与えることもありますが、会社には人事権があるため、原則として必要性があれば配転を命じること（配転命令）ができます。

　ただし、労働基準法による国籍・社会的身分・信条による差別、男女雇用機会均等法の性別による差別、労働組合法の不当労働行為などの法令違反に該当する配転命令は認められません。

　なお、配転命令については、従来、配転命令権は使用者の労務管理上の人事権の行使として一方的決定や裁量にゆだねられていると解釈されていました。たとえば、「会社は、業務上必要がある場合は、労働者の就業する場所または従事する業務の変更を命ずることがある」と就業規則に一般条項を定めている場合、使用者は一方的に配転命令権を行使できました。

　ただし、配転命令権の行使が労働契約の範囲を超える場合は、使用者側から労働契約の内容を変更する申し出をしたものととらえ、労働者の同意がない限り、配転は成立しないと考える立場が有力です。労働契約の内容の変更に該当するかどうかは、配転による勤務地または職種の変更の程度によって判断されます。

　配転が行われる目的は、人事を活性化させて、労働者を適材適所に配置することで、会社の業務の効率を向上させることにあると考えられています。その他にも、新事業に人材を配置する場合や、職務能力の開発・育成を行う手段として、配置転換

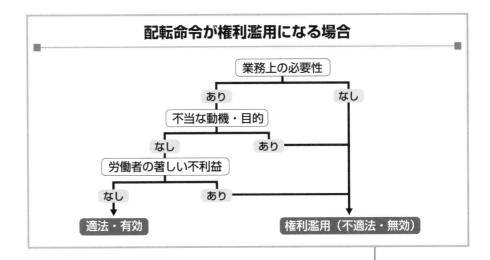

が行われる場合もあります。さらに配置転換により、会社内の各部署の力の過不足を調整することも可能です。

■ 勤務場所の限定

たとえば、新規学卒者（特に大学以上の卒業者）は労働者と会社との間で勤務地を限定する旨の合意がある場合は別ですが、全国的な転勤を予定して採用されるのが一般的だといえます。この場合は、住居の変更を伴う配転命令であっても、使用者は業務上必要な人事権として行使することができます。

これに対して、現地採用者やパート社員などのように採用時に勤務地が限定されている場合は、本人の同意なく一方的に出された他の勤務地への配転命令は無効とされます。また、勤務地が労働契約で定まっていない場合の配転命令は、業務上の必要性や労働者の不利益を考慮した上で有効性が判断されます。

■ 職種の限定と配転命令

採用時の労働契約や、労働契約の締結の過程で職種を限定する合意がある場合、原則として他の職種への配転には労働者の

承諾が必要になります。

たとえば、医師、弁護士、公認会計士、看護師、ボイラー技師などの特殊な技術・技能・資格をもつ者の場合、採用時の労働契約で職種の限定の合意があると見るのが通常です。

このような場合、労働者の合意を得ずに出された一般事務などの他の職種への配転命令は無効とされます。

また、厳密な職種の概念が定義されていない職場でも、職種の範囲を事務職系の範囲内に限定して採用した場合は、職種のまったく異なる現場や営業職への配転は同様に解釈することができます。実際の裁判例では、語学を必要とする社長秘書業務から警備業務へ職種を変更する配転命令を無効としたケースがあります。その一方で、不況の時期には、整理解雇を防止するために新規事業を立ち上げて異動させることもあります。単に同一の職種に長年継続して従事してきただけでは、職種限定の合意があったとは認められにくいといえます。

■ 配転命令を拒否した場合

使用者が配転命令を出す場合、労働契約の中で労働者が配転命令に応じることに合意していることが前提で、合意がなければ配転命令は無効です。就業規則の中で「労働者は配転命令に応じなければならない」と規定されていれば、配転命令に応じる内容の労働契約が存在すると一般に考えられています。

ただし、配転は労働者の生活に重大な影響を与えることがあるため、配転命令に応じると合意していても、正当な理由があれば配転命令を拒否できる場合があります。たとえば、老いた両親の介護を自分がしなければならないといった場合です。

労働者が配転や出向の命令拒否したい場合、最終的には裁判所に判断をゆだねるしかありませんが、判決が出るまでには長い期間がかかってしまいます。そのため、判決と比べて早く結論が出る仮処分を申し立てるのが通常です。申立ての内容とし

仮処分
判決が確定するまでの間、仮の地位や状態を定めること。

労働者が裁判で争っている場合
労働者は裁判で争っている間でも、仮処分が認められるまでは命じられた配転や出向に応じない限り、業務命令に違反したという理由で懲戒解雇されることが予想される。それを防ぐため、労働者としては配転命令を争いつつも、とりあえず命じられた業務につくという方法をとるケースも見られる。

転勤の有効性についての判例の立場

転勤に伴う家庭生活上の不利益は原則として甘受すべき

全国に支店や支社、工場などがあり、毎年定期的に社員を転勤させるような会社の社員	転勤を拒否することは難しい
共稼ぎのため、転勤すると単身赴任をしなければならない	権利の濫用がない限り、社員は転勤を拒否できない
新婚間もない夫婦が、月平均2回ぐらいしか会えない	会社側の事情を考慮しても、転勤命令は無効となり得る
老父母や病人など、介護が必要な家族を抱えているケース	一緒に転居するのが困難な家庭で、他に介護など面倒をみる人がいないような事情があれば、社員は転勤命令を拒否できる

ては、配転命令は無効であり、配転先で勤務すべき義務のないことを求めるのが一般的です。

■ 権利の濫用とされる場合もある

必要な時に、必要な部署に、自由に労働者を配転できるのが経営合理化のために望ましいといえます。ただし、当初の労働契約で労働者の勤務場所や職種を限定しているにもかかわらず、使用者が一方的に配転命令を命じることはできません。

配転命令をめぐり労働者とトラブルが生じた場合は、各都道府県にある労働委員会や労働基準監督署などに相談するのがよいでしょう。労働者の場合は労働組合に相談するのも一つの方法です。嫌がらせがあった場合は不当労働行為となりますので、労働者や労働組合は、都道府県の労働委員会や中央労働委員会に対して救済を申し立てることもできます。

不当労働行為
公正な労使関係の秩序に違反する使用者の行為のこと。

出向

労働者の同意を得るようにする

■ 出向の種類

「出向」には2種類あります。ひとつは、労働者が雇用元企業に身分（籍）を残したまま一定期間、他の企業で勤務するもので、在籍出向といいます。単に出向といった場合は、この在籍出向を指すことが多いといえます。在籍出向では、通常、出向期間終了後は出向元へ戻ることになります。もうひとつは、雇用元企業から他の企業に完全に籍を移して勤務するもので、移籍出向または「転籍」と言われます。

労働者にとっては、労働契約を締結しているのは雇用元、つまり出向元の企業ですので、労働契約の相手方でない別の企業の指揮命令下で労働することは、労働契約の重要な要素の変更ということになります。そのため、出向命令を行うためには労働者の同意が必要とされています。

ただし、在籍出向については、就業規則、労働協約に具体的な規定（出向義務、出向先の範囲、出向中の労働条件、出向期間など）があり、それが労働者にあらかじめ周知されている場合は、労働者の包括的な同意があったものとされます。

■ 人事権の濫用に該当しないことが必要

在籍出向について、上記にいう労働者の包括的な同意があったとしても、無制限に出向命令が有効となるわけではありません。出向命令が、その必要性や対象労働者の選定についての事情から判断して、権利を濫用したものと認められる場合には、その出向命令は無効となります（労働契約法14条）。

労働者の包括的同意の例

たとえば、就業規則に「労働者は、正当な理由なしに転勤、出向または職場の変更を拒んではならない」などの条項がある場合、これが出向命令の根拠規定となり、労働者に周知されていれば包括的な同意があったことになる。そのため、企業は在籍出向について、労働者の個々の同意を得ることは必要ない。

出向についての裁判例

出向規定の整備、出向の必要性、労働条件の比較、職場慣行などを総合的に考慮して労働者の同意があったかどうかを判断している。

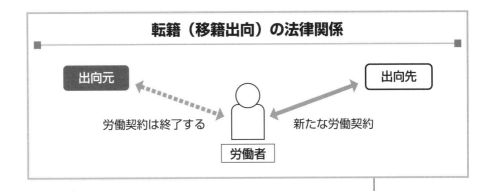

そのため、有効な出向命令として認められるためには、労働者の同意の存在と具体的出向命令が人事権の濫用にあたるような不当なものでないことが必要といえます。

■ 転籍には労働者の個別、かつ明確な同意が必要

転籍は、雇用元企業から他の企業に身分（籍）を移して勤務するもので、移籍出向とも言われます。類型としては、現在の労働契約を解約して他の企業と新たな労働契約を締結するものと、労働契約上の使用者の地位を他の企業に譲渡するもの（債権債務の包括的譲渡）があります。最近では、企業組織再編に伴って、後者の地位の譲渡による転籍も少なくありません。

転籍の場合、労働契約の当事者は労働者本人と転籍先の企業になります。したがって、労働時間・休日・休暇・賃金などの労働条件は、転籍先で新たに決定されることになります。

■ 転籍条項の有効性

以上のことから、転籍を行うにあたっては労働者の個別的な同意が必要と考えられています。在籍出向とは異なり、就業規則や労働協約の転籍条項を根拠に包括的な同意があるとすることは認められていません。したがって、労働者が転籍命令を拒否しても、使用者は懲戒処分を行うことができません。

在籍出向との違い

長期出張、社外勤務、移籍、応援派遣、休職派遣、などと社内的には固有の名称を使用していても、「転籍」は、従来の雇用元企業との労働関係を終了させるものであり、この点が「在籍出向」と大きく異なる。

個別的同意がない転籍命令

①転籍条項について労働者が具体的に熟知していること、②転籍によって労働条件が不利益にならないこと、③実質的には企業の他部門への配転と同様の事情があること、のすべての要件を満たせば、個別的同意がなくても転籍命令を有効とする判例も見られるが、極めて異例といえる。

労働基準監督署の調査

PART10 3 配転・出向・労基署調査

違法行為の調査のため、調査や出頭を命じられる

労働基準関係法令

労働基準監督官が取り扱う法律のことを労働基準関係法令という。具体的には、労働基準法、最低賃金法、労働安全衛生法、じん肺法、家内労働法、賃金の支払の確保等に関する法律などのことを指す。

労働基準監督署

厚生労働省の第一線機関として、全国に321署がある。労働基準監督署の内部組織は、監督署の規模などにより異なるが、主なものとしては、労働関係法令に関する届出の受付、相談対応、監督指導を行う「方面」（監督課）、職場の設備や機械の設置に関する届出の審査、職場の安全・健康の確保に関する技術的な指導を行う「安全衛生課」、仕事で負傷した場合などに労災保険給付などを行う「労災課」がある。

■ 労働基準監督署の調査とは

　労働基準監督署は、労働基準法や労働安全衛生法、最低賃金法などの労働基準関係法令に基づいて、労働者の労働条件を確保するために、会社の監督・指導、特定の機械の検査、労災保険の支給の調査などを行う労働監督行政機関です。

　労働基準監督署の調査とは、労働条件の確保・向上や労働者の安全・健康の確保を図るために、労働基準監督官が、労働基準関係法令に基づき、事業主が労働条件や安全衛生の基準を守っているかチェックし、必要であれば指導を行うものです。

　労働基準監督署の調査のうち、特に多いのが労働時間に関する調査です。具体的には、違法な長時間労働の有無や適正な残業代が支払われているかという点について、就業規則や三六協定、賃金台帳、出勤簿、タイムカードといった書類を確認したり、事業場（工場や事務所など）に勤務する労働者や関係者に対する聴き取りを実施するといったことが行われます。

■ 調査・指導の種類

　労働基準監督署が行う調査の手法には、「呼び出し調査」と「臨検監督」の2つがあります。

　呼び出し調査とは、事業主（実際には事業主の担当者）を労働基準監督署に呼び出して行う調査です。事業主あてに日時と場所を指定した通知書が送付されると、事業主は労働者名簿や就業規則、出勤簿、賃金台帳、健康診断結果票など指定された資料を持参の上、調査を受けることになります。

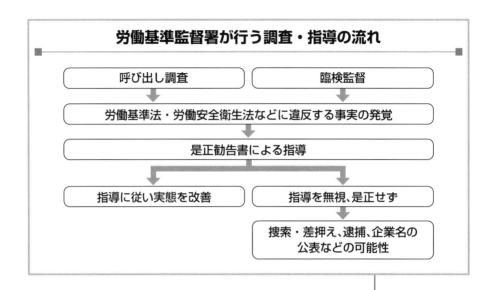

　臨検監督とは、労働基準監督署が事業場に立ち入りをして調査を行うものです。事前に調査日時を記した通知が送付されることもありますが、適正な調査を行うために、多くの場合は事業場に予告をせずに突然行われます。

　臨検監督の主な種類として、「定期監督」や「申告監督」があります。定期監督とは、厚生労働省が作成した方針に基づき、対象となる事業場を選定した上で行われる臨検監督です。申告監督とは、事業場で働いている労働者からの相談・申告に基づいて行われる臨検監督です。

　労働基準監督署の調査の結果、労働基準関係法令に違反している点や、違反行為とまではいえないものの改善すべき点が発見された場合、まず、その点を改善するように是正勧告書という書面によって指導がなされます。指導が何度も行われたにもかかわらず、事業主がそれに従わない場合、改善の意思が見られないと判断され、事業場の捜索・差押えの他、悪質であると判断されると、事業主の代表者などの逮捕や企業名の公表などが行われる可能性があります。

【監修者紹介】
森　公任（もり　こうにん）
昭和26年新潟県出身。中央大学法学部卒業。1980年弁護士登録（東京弁護士会）。1982年森法律事務所設立。おもな著作（監修書）に、『公正証書のしくみと実践書式集』『入門図解　親子の法律問題【離婚・親子関係・いじめ・事故・虐待】解決の知識』『三訂版　仮差押・仮処分の法律と手続き』『図解で早わかり　裁判・訴訟の基本と手続き』『特定商取引法・景品表示法・個人情報保護法の法律入門』『ネットビジネス運営のための法律と手続き』『図解で早わかり　民事訴訟・執行・保全の法律知識』『知っておきたい金融商品取引法の法律知識』など（小社刊）がある。

森法律事務所
家事事件、不動産事件等が中心業務。
〒104-0033　東京都中央区新川2－15－3　森第二ビル
電話 03-3553-5916　　http://www.mori-law-office.com

図解で早わかり
最新　労働法のしくみと実務

2024年11月20日　第1刷発行

監修者		森　公任
発行者		前田俊秀
発行所		株式会社三修社
		〒150-0001　東京都渋谷区神宮前2-2-22
		TEL　03-3405-4511　FAX　03-3405-4522
		振替　00190-9-72758
		https://www.sanshusha.co.jp
印刷所		萩原印刷株式会社
製本所		牧製本印刷株式会社

©2024 K. Mori Printed in Japan
ISBN978-4-384-04951-0 C2032

JCOPY〈出版者著作権管理機構　委託出版物〉
本書の無断複製は著作権法上での例外を除き禁じられています。複製される場合は、そのつど事前に、出版者著作権管理機構（電話 03-5244-5088　FAX 03-5244-5089　e-mail: info@jcopy.or.jp）の許諾を得てください。